ДМИТРИЙ НЕВСКИЙ

ТАРО И ПСИХОЛОГИЯ ПСИХОЛОГИЯ И ТАРО ТЕОРИЯ, ПРАКТИКА, ПРАКТИЧНОСТЬ

МОСКВА

Медков С. Б.

18+

2014

УДК 133.43
ББК 86.3
Н 40

Невский Д.

Н 40   Таро и психология. Психология и Таро. Теория, практика, практичность. — М.: Медков С. Б., 2014. — 320 с., илл.

Таро и психология? Какая между ними может быть связь? С одной стороны — психология, официально признанная наука, получившая этот статус в XIX веке, имеющая древние корни и зародившаяся еще во времена Гиппократа, Платона и Аристотеля (300–400 гг. до н. э.). С другой — Таро, которое официально и публично было признано в XIX веке (совпадение?), но неофициальная история признания уходит корнями аж в I век до нашей эры, когда впервые упоминаются критерии и формы, ставшие частью структуры Таро. Получается, что возраст возникновения, а также наличие или отсутствие общественного признания не могут служить доводом к тому, чтобы признавать или отвергать ту или иную точку зрения, выраженную в форме определенной концепции.Так что же поможет понять и верно оценить совместимость или несовместимость Таро и психологии?

ВСТУПЛЕНИЕ

Таро и психология? Какая между ними может быть связь? С одной стороны — психология, официально признанная наука, получившая этот статус в XIX веке, имеющая древние корни и зародившаяся еще во времена Гиппократа, Платона и Аристотеля (300–400 гг. до н. э.). С другой — Таро, которое официально и публично было признано в XIX веке (совпадение?), но неофициальная история признания уходит корнями аж в I век до нашей эры, когда впервые упоминаются критерии и формы, ставшие частью структуры Таро. Получается, что возраст возникновения, а также наличие или отсутствие общественного признания не могут служить доводом к тому, чтобы признавать или отвергать ту или иную точку зрения, выраженную в форме определенной концепции.

Так что же поможет понять и верно оценить совместимость или несовместимость Таро и психологии? На что можно опереться для сравнения того, что не так просто сравнить?

Нормы и меры

Любая наука, любое философское или эзотерическое воззрение — это прежде всего точка зрения на какой-либо процесс, ситуацию, форму. Она задает определенный круг вопросов и отвечает на эти вопросы согласно своему базису, который существует на данный момент времени. Какие вопросы ставит перед собой Психология и какие вопросы ставит перед собой Таро? Давайте попробуем беспристрастно ответить.

Психология — наука, изучающая недоступные для внешнего наблюдения структуры и процессы, с целью объяснения поведения человека и животных, психологических особенностей отдельных людей либо их групп.

Психология отвечает на вопросы:

— Почему человек ведет себя так или иначе?

— Каковы психические процессы (внутренние эмоционально-интеллектуальные процессы), происходящие в человеке?

— Какие творческие процессы существуют в человеке и как они развиваются?

— Каковы способности человека и от чего они зависят?

— Как человек воспринимает окружающий мир и почему?

— Какова природа неосознанной составляющей человека?

— Какова связь между осознанной и неосознанной составляющей человека?

— Какие существуют типажи личностей?

Это общий перечень вопросов, которые затрагивает психология, основываясь на научных и эмпирических данных, собранных за историю науки.

Таро отвечает на вопросы:

— Почему человек ведет себя так или иначе?

— Каковы внутренние (эмоциональные или интеллектуальные) процессы, происходящие в человеке?

— Что может достичь человек, основываясь на своих возможностях?

— Каковы способности человека и от чего они зависят?

— Как взаимодействует человек и окружающий мир? Каковы итоги взаимодействия?

— Что творится в душе человека?

— Какие существуют поведенческие типажи личностей?

Как вы видите, перечень вопросов и тем, которые раскрывает Таро как эзотерическое учение, ничуть не меньше, чем у Психологии. А темы настолько схожи, что возможно было бы утверждать, что мы говорим об одном и том же, просто другими словами.

Так ли это? И да и нет.

Формы оценки

В отличие от Психологии, которая основывается на ограниченном (официальными требованиями) круге ответов, которые «можно» дать человеку, Таро ограничивает себя лишь базой — опорными формами или, как говорят в эзотерике, Архетипами, которые трактуются и толкуются в зависимости от ситуации.

Ключевая оценка Таро основывается на внутреннем восприятии человека — как он воспринимает окружающий мир и как он адаптирует тот или иной процесс, исходя из своих убеждений и стремлений. Не форма, а человек ставятся во главу угла.

Почему так ведет себя человек? Спрашивает психология.

Что может достичь человек, ведя себя так, как он себя ведет? Спрашивает Таро.

В одном случае интерес распространяется на статичное определение личности, в другом — на проявление личности «в движении».

В одном случае важно то, как личность себя ощущает, в другом — что личность достигает, реализуя свое ощущение.

Свобода и рамки

Как и в психологии, ограниченной рамками «официального ценза», в Таро присутствует подобная форма. Сама форма оценки — карта, которая является ограничителем значения. Но в отличие от психологии, рамки Таро гораздо более либеральные, нежели в психологии.

Что нужно психологу в первую очередь? Знания предмета и меры оценки.

Что нужно тарологу в первую очередь? Хорошее мироощущение (интуиция), знание предмета и умение делать (или ощущать) выводы.

Разница есть? Безусловно, но она не столь разительна, как может показаться с первого взгляда.

Вульгарно и упрощенно

Большинство воспринимают Таро как некую «цыганско-бытовую» схему работы с ожиданиями людей. Мол, что хочет человек, то карты и покажут. И действительно может сложиться такое впечатление, если «идти на поводу» у карт или человеческих стремлений, оценивая ситуацию субъективно. Так выглядит Таро через призму бульварных тестов или книг «Стань тарологом за 3 дня».

Но Таро — это видимый краешек системы эзотерических знаний, тесно связанных и с философией, религией, Каббалой. Все это «включено» в структуру Таро.

И если опираться только на видимое, то, безусловно, на этой странице все может и закончиться. Но если постараться «погрузиться» в тему вопроса, понять, как и какую именно информацию предоставляет Таро, то, возможно, суждение может измениться.

Кто делает выводы

Итак. Я привел несколько доводов в пользу Таро. Привел несколько сравнений для того, чтобы если это и не примирит две формы исследования человека, то позволит посмотреть на Таро с иной стороны, без предвзятости и с минимальным уровнем критичности. Возможно, кто-то захочет попробовать воспользоваться знаниями Таро, чтобы помочь тем, кто действительно нуждается в помощи.

Ведь на самом деле цель Таро и цель психологии — помощь человеку. Разумная, своевременная, адекватная. И если это может дать еще какой-то инструмент, не входящий в «обойму» социально-разрешенных, то почему бы и нет?

ТАРО И ПСИХОЛОГИЯ. ФОРМЫ ОЦЕНКИ

Прежде чем приступить к практической работе с картами Таро и начать использовать значения карт, расклады с целью определения тех или иных психологических составляющих личности, необходимо уделить несколько слов тому, как Таро, а вернее эзотерика, оценивает человека. Ведь не секрет, что оценка со стороны официальной науки психологии и со стороны не официальной науки эзотерики отличаются. Но настолько ли сильно?

В самом начале мы дадим общие определения оценочным формам, к которым прибегают в эзотерике, а затем, выделив каждую форму в отдельную главу, подробно опишем. Это крайне важно, поскольку оценочная форма, как верно настроенный микроскоп, позволит увидеть все детали и нюансы личности.

Формы оценки:
1. Психологические типажи — 4 поведенческих типажа, определяемых природной формой поведения и выраженные в Картах Двора.
2. Базовые формы Личности — неизменные и вложенные компоненты, продемонстрированные в виде карт Старшего Аркана.
3. Уровни реакции — цифровые карты Младшего Аркана Таро, выраженные в виде карт от 1 до 10.
4. Детализация информации относительно пола человека — понимание адаптации форм, описанных в п.1-3 в мужском и женском типажах.
5. Поведенческая адаптация данных — использование информации, полученной относительно предыдущих пунктов в исследовании личности, использование психологических раскладов Таро.

После того как мы описали предстоящий план подготовки к работе с Таро в среде психологии человека, можно приступить к рассмотрению каждого из пунктов плана.

МАСТИ КАК ОТРАЖЕНИЕ ОПРЕДЕЛЕННЫХ ТИПАЖЕЙ[1]

Огонь, вода, воздух, земля. Пики, червы, трефы, бубны. Мечи, кубки, жезлы, динарии. Все это перечисления обозначения различных личностных типажей, объединенных в группы, в зависимости от природы поведения человека. (Вы сможете заметить эту особенность при описании карт Двора.) Это необходимо вынести в отдельную тему, поскольку это, по мнению эзотерики, является краеугольным камнем поведения человека в тех или иных ситуациях[2].

Каждая из групп обладает своей неповторимой характеристикой и каждая в состоянии продемонстрировать нам те или иные особенности поведения. По сути, зная, к какой из групп относится человек, вы можете сказать о нем очень многое, даже не прибегая к картам и к детальному изучению его характера.

Стихия

Стихия — это форма ассоциативного сравнения поведения человека, соотнесенная с определенной стихией. Важно понимать следующие факты, относя человека к той или иной стихии:

1. Стихия принадлежности человека является постоянной от рождения и до смерти. Например, рожденный «водой», то есть обладающий чувственной и эмоционально восприимчивой природой, человек не сможет стать «огнем» — жестким, целеустремленным и прямолинейным. *Человек не сможет изменить свою природную стихию рождения.*

2. Стихия принадлежности не ограничивает человека в использовании схем поведения других стихий. Так человек «воздуха», рассудительный и вдумчивый, может прекрасно испытывать эмоции «воды» или проявлять жёсткость в поведении, характерную «огню». Но при этом, в своей сути, он так и останется «воздухом».

---

[1] Расклад и помощь в поиске Стихийного типажа см. Расклад «Определение стихийного типажа».

[2] Тема поведенческих типажей также описана в книге Д. Невского «Таро Манара. Магия любви».

Человек может использовать «инструментарий» поведения любой стихии, но при этом не сможет перестать быть самим собой — см. п. 1.

3. Стихия принадлежности человека определяется по его поведению, поступкам и схемам действий, которые он реализует. Ни к Зодиаку, ни к дате рождения, ни к иным факторам стихия принадлежности не имеет прямого отношения. Так, например, Рыба, рожденная под знаком воды, может быть и «огнем», и «землей».

Стихия принадлежности человека определяется по ярким поступкам и в ситуациях, когда он не думает, а действует. В иных ситуациях возможна «подмена» поведения.

Каждый типаж, каждая стихия обладают определенным чертами, по которым проводится оценка принадлежности, а также рассчитываются дальнейшие перспективы поведения человека.

Обращаем ваше внимание!!!

Обращаем ваше внимание на то, что определить типаж человека можно только «обратным способом», то есть оценив его поведение и ключевые реакции в тех или иных ситуациях (лучше всего в критических, когда не мешает «личина» человека). Типаж НЕ ИМЕЕТ отношения ни к мнению — «мне такое поведение больше нравится», ни к Знаку Зодиака — «я — Рыба, а значит — Вода», и т. д. Типаж — это то, что определяется природой человека и понять эту природу можно, только реально оценив человека.

— *Идеология поведения человека и его «девиз».* Это то, с чем человек идет по жизни, на что опирается в своих поступках и какие характерные черты поведения ему присущи. Важно понимать, что «девиз» — это его подсознательный, ведомый «рефлекс» типажа, который мотивирует человека независимо от его понимания или самоконтроля. Более того, включив самоконтроль или одев личину, человек может быть похож на другой типаж. Это своего рода маска. Но стоит давлению обстоятельств стать максимальным, маска спадает и человек действует так, как диктует ему его природа — проявляется типаж поведения.

— *Общий психологический портрет.* Это общее описание поведения человека, его схемы поведения и отношения к жизни. Это так называемые базовые или идеальные схемы поведения. Они могут разниться от человека к человеку, но суть, которую придает стихийный типаж, всегда остается неизменной.

— *Сильные стороны типажа* — умения, навыки и природно-доминирующие формы типажа. Своего рода инструментарий, при помощи которого человек взаимодействует с окружающим миром.

— *Слабые стороны типажа* — то, что человеку, принадлежащему к определенному типажу, удается хуже всего. Обычно это сферы «соседних стихий», в которых человек плохо ориентируется. Так, например, «огонь» плохо понимает эмоции «воды» и это своего рода слабость типажа.

— *Как строятся взаимоотношения с другими знаками*. Немаловажный момент во взаимоотношениях между людьми, поскольку одни знаки дружат с другими, но конфликтуют с третьими. И попытка построить взаимоотношения со знаком-врагом обречена на провал. Да, временное взаимодействие возможно. Но если время избыточно, то в случае «конфликтующих» знаков затяжка по времени всегда приводит к конфликту и прекращению отношений — на время или навсегда.

ОГОНЬ

Идеология поведения человека и его «девиз»

Девиз стихии огня: «Цель превыше всего». И ради цели, и во имя цели люди этой стихии способны предпринимать самые неординарные действия и поступки. И останавливаются в достижении цели «люди огня» только в двух случаях: когда цель перестала их интересовать или стала абсолютно недосягаемой, когда они достигли поставленной цели.

Общий психологический портрет

Это психически сильные и уверенные в себе люди. Прямолинейны и излишне грубы, хотя способны на проявление изящных манер (но это в том случае, если им надо). Жестки, иногда жестоки и расчетливы. Хладнокровны, обладают хорошей памятью и прекрасной логикой. Враги их боятся, а друзья уважают. Те же, кто не попал ни в одну из категорий, стараются примкнуть или к первым, или ко вторым.

Сильные стороны типажа

Целеустремленность, надежность, уравновешенность, непоколебимость, находчивость и предусмотрительность.

Слабые стороны типажа

Отсутствие гибкости, жесткость, бескомпромиссность, низкая эмоциональная чувствительность, холодность и категоричность.

Как строятся взаимоотношения с другими знаками

— Огонь. Прекрасные взаимоотношения в случае движения параллельными курсами, но если начнут делить одну цель (или добычу), то могут стать страшными врагами.

— Вода. Недопонимание друг друга, и как следствие весьма напряженное общение. Огонь общается с водой только тогда, когда надо. А вода вообще старается не общаться с огнем.

— Воздух. Часто взаимоотношения с воздухом превращается в продолжительную дружбу или долгие партнерские отношения. Эти знаки дополняют друг друга. Воздух структурирует огонь, делая его поступки более продуманными и логичными. Огонь стимулирует воздух, который может очень и очень долго размышлять над верным шагом.

— Земля. Земля «любит» огонь, так как это те, кто может решать любые проблемы. А земля их порождает в достатке. Но огонь такое сотрудничество не прельщает, поскольку он не понимает излишней материалистичности и меркантильности земли.

ВОДА

Идеология поведения человека и его «девиз»

Девиз воды: «Главное, это внутренний мир человека, где правят чувства и эмоции». И преследуя эту цель, люди «воды» движутся по жизни. Их больше всего интересует то, как они относятся к миру, и как мир относится к ним. Впечатлительные и эмоциональные, они все «чувствуют кожей». Для них важно собственное эмоциональное состояние и цель, которая всегда связана с эмоциями. Например, завоевать первое место в соревнованиях для людей воды — это получить признание общества и испытать гордость. А для тех же динариев это выгодно — приз, известность, перспективы.

Общий психологический портрет

Это игроки, но цель их игры — произвести впечатление... на самого себя. Конечно, реакция окружающих тоже принимается в расчет, но то самолюбование, которому способны предаваться люди воды даже в одиночестве, не превзойдет ни один из знаков. В жизни их интересует лишь то, что порождает эмоции, где есть чувства и присутствует страсть. Во всем остальном они абсолютно бесполезны.

Сильные стороны типажа

Способность чувственно и эмоционально воспринимать окружающий мир. Не случайно среди людей воды большое количество представителей творческих профессий, где эмоции играют важнейшую роль. Иной гранью типажа воды является их умение влиять при помощи собственных эмоций на эмоции других людей. Они, как никто другой из знаков, могут играть на чувствах так, что оппонент не заметит того, что им только что управляли.

Слабые стороны типажа

Низкая бытовая приспособляемость. «Ни воды натаскать, ни дров наколоть», лишь сложить песнь о героическом труде или написать поэму. Именно «низкая бытовая практичность» подталкивает людей воды к связям с землей — максимально практичным и материалистичным.

Как строятся взаимоотношения с другими знаками

— Огонь. Стараются не пересекаться, поскольку друг друга практически не понимают. Вода может часами страдать над вопросом, который огонь решает за минуты. Но цель воды — переживания, цель огня — контроль. Несовпадение в целях, равно как и в путях их достижения — вот камень преткновения знаков.

— Вода. Прекрасно себя чувствуют вместе, но лишь какое-то время. Затем возникает конфликт из-за разногласий впечатлений на ту или иную тему. Затем все затихает и потом начинается заново. Но это вполне нормально.

— Воздух. Контакты слабые, поскольку воздух, как и огонь, не понимает воду.

— Земля. Контакты стабильные и постоянные. Они часто находят друг друга, поскольку вода дает земле то, что делает их более значимыми в своих глазах.

ВОЗДУХ

Идеология поведения человека и его «девиз»

Девиз воздуха: «Главное сам процесс, а цель второстепенна». Они педантичны и скрупулезны, деловиты и любят порядок. Все, что они делают, стараются делать по плану, где важен каждый пункт. И не беда, что план может быть пустым, главное его выполнить в срок.

Общий психологический портрет

Конечно, относительно плана это шутка, но все же люди воздуха очень любят порядок и расчет. Не такой, как у их друзей огня, но точный настолько, насколько они могут себе это позволить. Они надежны, преданны, покладисты и деловиты. Хорошие исполнители и посредственные начальники. Любят комфорт и уют, теплые тапочки и свежий суп.

Сильные стороны типажа

Наличие порядка всегда и во всем. Люди воздуха не любят эксперименты и авантюры, поэтому на них всегда можно положиться. И хотя консерватизм воздуха может слегка раздражать, он, несомненно, является сильной стороной типажа.

Слабые стороны типажа

Низкая инициативность и инертность, которая не позволяет вовремя реагировать на изменение ситуации. Они как бы ждут, что все вернется на круги своя. На самом деле это не так — они стараются разобраться в ситуации, построить план и действуют только после того, как обрели полное понимание ситуации.

Как строятся взаимоотношения с другими знаками

— Огонь. Добавляет необходимую активность и идейность в планы и мысли воздуха. Подталкивает и рисует новые горизонты развития.

— Вода. Общение слабое, поскольку воздух не очень хорошо понимает, о чем поет утром соловей, если в это время надо доить корову.

— Воздух. Общение ровное и размеренное. Конфликты возникают, но лишь на почве приоритетов выполнения тех или иных задач.

— Земля. Общение слабое, хотя воздух вынужден некоторое время проводить в обществе людей земли, но чаще всего это связано с работой или каким-либо делом. В дружбе и межличностном общении ничего путного не получается.

ЗЕМЛЯ

Идеология поведения человека и его «девиз»

Девиз земли: «А что мне за это будет?» или «В чем моя выгода?». Они всегда ищут выгоду и преследуют интерес там, где всем остальным знакам даже в голову не придет его искать. Высокая приспособляемость людей земли делает их вездесущими, но все же их больше там, где можно хоть что-то получить или на крайний случай «урвать».

Общий психологический портрет

Не очень умны и не являются идейными бойцами. Но там, где они правят бал, важен хороший нюх, хитрость и изворотливость. А также у них низкий моральный порог, который не помешает делать разные дела с легкостью, не переживая за других людей.

Сильные стороны типажа

Природный нюх на выгоду и возможность получить что-то полезное для себя. Если человек земли что-то ищет или чем-то озадачен, то стоит обратить на него внимание, поскольку то, что он ищет, может пригодиться и вам. Вот только вы это никогда не найдете, если не принадлежите к стихии земли, а у него сможете поучиться. На будущее.

Слабые стороны типажа

Понятия морали и чести очень часто отличаются от общепринятых, и посему поступки людей земли вызывают у других людей откровенное раздражение.

Как строятся взаимоотношения с другими знаками

На самом деле люди земли одни из немногих, кто в состоянии построить взаимоотношения с любым из знаков. Они обладают высокой гибкостью и подвижным умом, что позволяет им имитировать другой знак и находить с ним общий язык. Конечно, если это надо самому человеку земли.

Как вы видите, у каждого из приведенных стихийных типажей есть свой неповторимый личностный стиль поведения, который можно с легкостью обнаружить как в себе, так и в окружающих людях.

Но разговор о том, что представляют собой люди, принадлежащие к той или иной стихии, еще не окончен. Он будет продолжен в главах «Поведенческие типы мужчин в 12-ти домах» и «Поведенческие типы женщин в 12-ти домах», где мы рассмотрим более подробно женские и мужские стихийные типажи относительно реальных событий и процессов, которые происходят в жизни этих людей.

БАЗОВЫЕ ФОРМЫ ЛИЧНОСТИ

Базовые формы Личности — это скелет, «собранный» той или иной личностью как в силу своей природно-стихийной принадлежности, так и в силу своего понимания и умения взаимодействовать с влиянием окружающего мира.

Попросту говоря, База личности — это итог приспособляемости человека под влияние тех или иных обстоятельств, оказывающих на него влияние. Но итог не столько совокупный, не основанный на некоей идеальной форме, а основанный на том, как и из чего собрал человек этот итог[3].

Базовые формы Личности прописаны в виде 22-х карт Старшего аркана Таро — карт, формы которых присутствуют абсолютно во всех людях, независимо от половой или знаковой принадлежности, уровня развития и иных факторов. Это как органы тела, которые есть у каждого.

Появление одной или нескольких карт Старшего аркана в любом раскладе, помимо известной и описанной информации, дополняет картину Личности, демонстрируя нам его базовые формы — те компоненты, на которые он опирается. А выглядят они следующим образом:

1. Маг — человек реализует себя и поступает в ситуации сообразно своим интересам, желаниям и стремлениям. Даже если кажется, что он делает это для кого-то или во имя чего-то, это не так — он делает это потому, что он этого хочет. Карта демонстрирует эгоизм и нередко эгоцентризм поведения.

2. Жрица — реализация этого компонента может быть определена как «природное любопытство»: человеку интересно, любопытно что-то сделать, понять, как это устроено, разобраться в ситуации. Его цель — раскрытие тайны или поиск информации. Для него важно понимание и ясность.

---

[3] Можно сколько угодно рассуждать на тему того, что первоначально все люди равны от рождения и все зависит от воспитания. Но эзотерика придерживается иной точки зрения — все различны от рождения прежде всего потому, что Душа, рожденная в человеке, имеет путь, багаж, навыки, которые начинают реализовываться в настоящем времени.

3. Императрица — активность и действенность, некоторая суетливость и излишняя подвижность. Человек делает что-то, потому что его внутренний мир подталкивает его что-то делать. Он не может сидеть на месте, он не может быть в состоянии покоя — он всегда должен двигаться.

4. Император — человек, который стремится контролировать любую ситуацию и все, что попадает в орбиту его интересов. Это тиран, в большей и меньшей степени, стремящийся подчинить все и всех своим интересам.

5. Первосвященник — человек, который ориентирован на интересы общества. Он делает то, что хочет окружающий мир, но не уподобляясь ему, а соглашаясь с его установками. Это не столько подчиненный, сколько высоко социальный субъект.

6. Влюбленные — человек, колеблющийся по своей натуре. Это можно назвать неуверенностью в себе, но в то же самое время это может быть и неуверенность в происходящем. Ему всегда кажется, что есть другие варианты, пути решения, выходы из ситуаций. Ему крайне сложно принять окончательное решение, потому как оно может быть не совсем верным.

7. Колесница — реализация этого компонента активна и нацелена на успех в любой области. Это можно назвать азартом, стремлением получать удовольствия, наслаждаться жизнью, не задумываясь о последствиях. Сегодня хорошо, а остальное не важно.

8. Правосудие — это стремление сделать все правильно, верно, корректно, по правилам, нормам, указаниям и требованиям. Человек всегда находится в рамках ситуации, общества или собственных рамках, которые позволяют ему сохранять внутренний баланс.

9. Отшельник — стремление делать акцент только на личные достижения, опыт и знания. Этот человек будет принимать решения только в рамках собственного опыта и понимания, советы, рекомендации не в счет — они чужие. Он искренне считает, что знает все лучше других или просто знает.

10. Колесо фортуны — реализация компонента с непременными эмоциональными переживаниями. Все, что происходит в жизни, вызывает эмоциональный всплеск — отклик на то или иное событие в эмоциональной среде человека. Эмоции ярче, чувства острее, переживания сильнее.

11. Сила — наличие силового потенциала подталкивает человека к поступкам как с маленькой, так и с большой буквы. Этот элемент позволяет человеку делать большие и сложные процессы, которые требуют приложения больших усилий.

12. Повешенный — это «установка» Жертвы, которая присутствует в любом процессе. Человек не готов к «подаркам судьбы» — он делает все через преодоление трудностей, через личную жертву, демонстрируя, что только так можно добиваться результатов. Для него вся жизнь — борьба.

13. Смерть — установка к развитию и прогрессу. Человек не просто что-то делает, предпринимает или прикладывает усилия. Все это часть понятного или не вполне понятного плана по развитию и росту. Ему важно с каждым шагом подниматься на новые рубежи, «покорять очередную гору».

14. Умеренность — реализация компонента в полной гармонии с окружающим миром. Спокойствие, размеренность, бесконфликтность — вот ключевые схемы реализации Умеренности.

15. Дьявол — подчиненность, управляемость, зависимость. Для человека с описываемым компонентом — норма вещей. Для него важно, чтобы кто-то или что-то диктовали ему правила, нормы поведения, поступки, а он лишь делал то, что ему «говорят».

16. Башня — деструктивные тенденции, разрушительные наклонности. Человек будет стремиться к конфликту в ситуации, к разрушению процесса, к уничтожению той или иной формы. И это не зло — просто он считает, что есть что-то, что не должно существовать.

17. Звезда — оптимизм, сопряженный с умением мыслить. Это своего рода генерация идей, которая всегда приносит большие или малые плоды деятельности.

18. Луна — скрытность, сопряженная с пассивным деструктивным элементом. Человек не отдает себе отчета в своих стремлениях, но всегда и во всем ищет подвох, заговор, стремится «избавиться» от мифических врагов. Это проявление сродни мании, только без психологической подоплеки.

19. Солнце — реалист и оптимист в одной схеме поведения. Человек нацелен на расширения собственного благополучия и получения максимальной выгоды от происходящего. Он стремится быть по-настоящему счастливым, делая все для этого.

20. Суд — «ностальгический» компонент или «эффект прошлого» — человек ориентирован на свои прошлые свершения, события и поступки. Удачи, не удачи или просто проходящие дела. Для него важнее то, что было, но не то, что будет завтра.

21. Мир — прагматизм, фундаментальность и ориентированность на достижение реального результата. Человек «крепко стоит на ногах» и его заботят только вопросы настоящего.

0. Шут — легкость, беззаботность, бесшабашность в поведении и ведении дел. Человек просто, а иногда и избыточно просто относится ко многим вопросам. Его мало волнуют последствия — главное, чтобы все продолжало двигаться, не создавая избыточную напряженность.

Теперь, когда вы получили описания Базовых форм личности, вы можете наложить их на стихийные типажи, увидев, как это выражено в людях.

Например, 7 Колесница:

Колесница + огонь — стремительность, молниеносность, победа любой ценой.

Колесница + вода — радость, наслаждение, яркие положительные эмоции, праздник.

Колесница + воздух — верные мысли, интересные идеи, правильные расчеты и реальные перспективы.

Колесница + земля — получение выгоды, приз, прибыль, выгодное развитие ситуации.

Как вы можете видеть, каждый типаж «извлекает» свою составляющую из общей базовой схемы. Но и это еще не все, поскольку следующим шагом мы можем увидеть уровень «извлечения» или, проще говоря, насколько ярко, глубоко или сильно тот или иной человек реализует свои внутренние возможности.

Уровни реакций

Уровни реакций — это то, как и до какой степени человек реализует те компоненты, которыми он обладает. Уровни реакций — это уровни внешних влияний, их сила и оценка предполагаемых последствий. Уровни реакций — это шкала оценки события, сопоставимая со шкалой землетрясений — чем выше цифра, тем страшнее могут быть последствия.

Единица — начало, исход, появление нового. Это начальная реакция, ее зачаточное состояние. Уровень незначителен и практически не ощутим.

Двойка — соединение, объединение и взаимодействие. Указание на то, что в первичную форму дополнена другая составляющая. Это может быть и стороннее влияние и дополнительная информация, которая возникла в человеке.

Тройка — нерешительность и неуверенность, имеется явно что-то лишнее (третий лишний и т. д.). Чаще всего демонстрирует вмешательство в стороннюю ситуацию — двое что-то делают и третий дополняет собой ситуацию. Обычно является первичной формой конфликта.

Четверка — стабильность, ограниченность и замкнутость человека или ситуации. Выглядит как легкая усталость, апатия, нежелание что-либо предпринимать.

Пятерка — активность, целеустремленность, действенность. Человек обрел уверенность в себе и начал двигаться к намеченной цели.

Шестерка — баланс, пассивность и инертность. Это демонстрация внутренних метаний, сомнений, переживаний, которые могут исказить предыдущую ситуацию (пятерка).

Семерка — рождение, создание и формирование. Человек обрел не только уверенность в себе, но и получил контроль за происходящим. Он меняет или создает процесс, основываясь на собственные интересы.

Восьмерка — реализация, появление ситуации в реальном мире, формирование материи. Любая форма, которую дополняет восьмерка, становится реальной, ощутимой, весомой. Ее можно видеть в реальном мире и давать ей оценку. Она уже практически неизменимая.

Девятка — Личность, человек, все усилия акцентированы на желании одного. Форма проявления крайнего эгоизма — все нацелено на удовлетворение личных потребностей.

Десятка — окончание, завершение, прекращение дела, ситуации. Человек успокаивается, получив желаемое (или не получив). Но ситуация уже необратима — она стала конечной.

Также уровни реакций человека можно оценить, рассмотрев цепочку событий:

— Человек обрел идею;

— Начало ее реализации вызывает у него сомнения и переживания;

— Он пытается вступить в союз с кем-то, кто поможет ему (союз может быть фактический, но и интеллектуальный);

— Человек получает первичную уверенность и эмоционально успокаивается;

— Человек начинает реализацию, имея вполне достаточную базу;

— Волнуется и переживает, все ли будет так, как он задумал;

— Ситуация уже ощутима;

— Она стала реальной; — Реализация ситуация, переход от периода рождения к периоду самостоятельной жизни;

— Человек акцентирует процесс на себе; — Это его ситуация, его собственность;

— Завершение процесса, конечность ситуации.

В раскладах и схемах анализа применение описанной шкалы может продемонстрировать весьма любопытные элементы ситуации. Например, видя ситуацию относительно уровня тройки любой масти, вы можете сказать, что своей волей человек пытается вмешаться в чей-то процесс. А девятка масти говорит о том, что человек акцентируется только на своем мнении, проявляя крайний эгоизм.

Также «шкала оценки» дает возможность оценить уровень ситуации. Чем выше ее уровень, тем сложнее ей управлять. Чем ниже уровень — тем слабее процесс, находящийся только в стадии формирования и развития. Им возможно управлять, его можно корректировать.

В следующей главе мы детально рассмотрим мужскую и женскую схемы построения личностного восприятия. Именно эти схемы могут дать огромное количество информации, помогая понять природу мужчины и женщины.

МУЖСКАЯ И ЖЕНСКАЯ КОНСТРУКЦИИ ЛИЧНОСТИ

Мужская и женская природа различна как по своей конструктивной особенности, так и по схемам реализации. Это, безусловно, не новость. Но именно это часто является камнем преткновения при оценке и анализе личности. Факт различия просто «забывается» и оператор описывает общую картину, которая применима как по отношению к мужчине, так и по отношению к женщине. Но этот подход скрывает тонкости и нюансы, которые не позволяют в полной мере оценить картину происходящего.

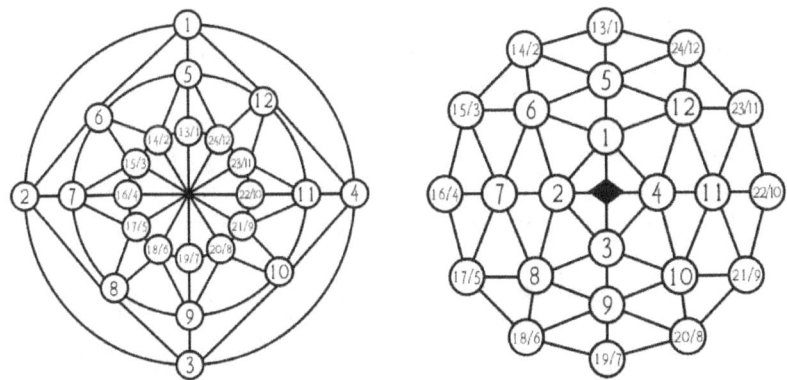

На левом рисунке вы видите поведенческо-оценочную схему женщины. Справа — поведенческо-оценочную схему мужчины. Как вы можете заметить, они кардинально отличаются друг от друга. И хотя набор компонентов одинаков, а вот схема реализации и распоряжения различны.

Женщина акцентирует внимание на мире, в котором она живет (12 Домов), направляя все свои силы на взаимодействие с ним. Мужчина акцентирует свое внимание на достижение цели — реализации себя и своих интересов в схеме окружающего мира (12 Домов). Это одна из причин, почему женщина достаточно легко адаптируется к новым условиям — они просто часть ее мира. А мужчина достаточно сложно переживает внешние факторы и обстоятельства, поскольку они вступают в противоречия с его стремлениями, мешая реализовывать задуманное.

Давайте посмотрим, из каких компонентов состоит структура. Уровни:

1-2-3-4 — уровень информации, оценки, осмысления происходящего.

5-6-7-8-9-10-11-12 — уровень эмоций, отношение и реакции на те или иные процессы.

12-24 — 12 Домов — реальные процессы, в которых происходит адаптация человеческих стремлений.

1. Имею — оценка человеком того, что он имеет на данный момент времени. Оценка личная и часто субъективная.
2. Есть — реальная база, которую сформировал человек и обеспечили ему его родители. Стартовая форма для большинства начальных процессов.
3. Надо — стремления человека, направленные к реализации в окружающем мире. Это то, что человек считает нужным и важным для себя.
4. Хочу — желания человека, которые часто не могут быть реализованы, так называемые, общие перспективные стремления.
5. Реальность — внутренняя оценка человека окружающей реальности.
6. Взаимодействие — реакция человека на процессы окружающего мира.
7. Требования — реакция на требования, которые возложены на человека.
8. Получение — реакция на получение различных компонентов из окружающего мира.
9. Адаптация — реакция на реализацию себя относительно других людей и партнеров.
10. Запросы — реакция на запросы и их восприятия в мире. Капризы, требования и пожелания — оценка своих стремлений.
11. Интересы — реакция на реализацию своих интересов или как общество реагирует на то, что делает человек.
12. Осмысление — реакция на свое понимание действительности. Уверенность в себе и своей Личности.

13/1. Дом – Дом жизни (Личность)

В данном доме отображаются такие понятия, как Личность и Характер человека.

Важно отметить, что это в первую очередь Личина, Образ, Маска, которую видит окружающий мир и для которого сам человек создает свой Образ. Картина дома «первичная» и не всегда соответствует тому, что представляет собой человек.

Отношение. Демонстрация того, как человек относится сам к себе и своему образу в социуме.

14/2. Дом – Дом прибыли (Доходы и владения)

В этом доме присутствуют такие материальные понятия для человека, как имущество, доходы, различные виды трат. Естественно, идет рассказ и о его источниках дохода или поступления денег.

Но важно помнить, что Дом прибыли отображает лишь реальное и прошлое материальное положение дел человека. Перспективы поступления денег или изменения материального состояния проходят в других Домах.

Отношение. Демонстрация того, как человек относится к деньгам как таковым, так и к различного рода тратам в частности.

15/3. Дом – Дом братьев (Ближайшее окружение, знакомые)

Здесь хранится информация о взаимоотношениях с окружающими людьми — родными, соседями, близкими родственниками, а так же теми, кто входит в круг повседневного общения человека.

Об этом доме иногда говорят: «Это контакты человека, которые могут перерасти в нечто большее или могут дать человеку то, чего у него нет».

Отношения. Демонстрация базовых форм отношения человека к окружающим людям.

16/4. Дом – Дом родителей

В этом доме описываются сами родители, взаимоотношения с ними, и все то, что они имеют и дают ребенку. Прежде всего, это понятия семьи, дома и его бытоуклада, наследство, внутрисемейные договоренности.

Родители обладают определенными устоями, возможностями, недостатками, взглядами и многим другим. Все эти компоненты участвуют в формировании нового воплощения человека: какие-то усиливают, какие-то ослабляют, трансформируют то, что первично попало к ним в руки в их ребенке. Это шанс души-человека на исправление, но и неизбежность, которую он заслужил.

Отношение. Не только отношение человека к родителям, но и к тому, что дают человеку родители. Это вложенная психологическо-поведенческая база, а также реакция человека на то, как происходит «воспитание» человека.

17/5. Дом — потомки (Творчество)

В 5 доме совместились два направления человеческих интересов — дети и творчество.

Дети — вопросы воспитания детей, отношения к ним и влияния детей на его жизнь.

Творчество — это реализация своих внутренних потребностей в окружающем мире: хобби, интересы, предпочтения. А так же Дар или Талант, которым обладает человек. Это тоже приходит с ним из прошлого. Не становятся великими музыкантами, или художниками, или писателями в одночасье — это труд и накопления, сформировавшиеся в человеке за череду воплощений и способные дать плоды.

Отношение. Позиционирование человека относительно собственного таланта и способностей. А также эмоциональная оценка того, к чему стремится человек.

18/6. Дом — Дом здоровья (Болезней)

В доме рассказывается о том, что дали человеку родители и род, вложивший свою лепту в генетическую цепочку данной династии. Описание его генетического потенциала, слабых и сильных сторон его организма. А также то, что человек заслужил на настоящий момент времени. Его отношение к собственному здоровью, болезни, в том числе и скрытые.

Отношение. Реакция и восприятие физического здоровья, общего состояния организма и базовые реакции на различного рода аномалии.

19/7. Дом — Дом супруга (Партнеры)

В этом доме в первую очередь рассматриваются вопросы брака, а также партнерства (в том числе и делового). Общественные связи и союзы так же отображаются в этом доме.

Но прежде всего дом важен как рассказ о супруге. Ведь он — это своего рода шанс для любого человека, ограниченного рамками своего рода и своих наработок. Вступая в брак, муж (жена) получает возможность пользоваться наработками и иной личности, и иного рода. И, естественно, не стоит забывать о том, что человек получает того партнера, которого достоин сам.

Отношение. Демонстрация отношений человека к супругу в общем, к теме супружества и реакция на различные бытовые процессы, происходящие в жизни человека.

20/8. Дом – Дом секса и смерти (Реализация)

Дом отражает сексуальные предпочтения человека, его склонности и интересы, образ партнера и его желания, в том числе и невысказанные.

Но помимо секса, как формы получения эмоционально удовлетворения, дом рассказывает и об иной возможности человека, которая нашла свое отражение в этом доме, — это реализация или творение.

Рассматривая этот дом, мы можем видеть, на что способен человек в этой жизни и что он реально может сделать.

Отношение. Демонстрация отношения человека к сексу и его сексуальные предпочтения.

21/9. Дом – Дом благочестия (Мораль)

В Доме морали рассматриваются вопросы интеллектуальной жизни человека, его религиозные принципы и стремления, а так же путешествия.

Мораль — это прежде всего личные ответы и личное мнение человека на вопросы «что такое хорошо» и «что такое плохо». Можно сколь угодно долго считать человека хорошим или плохим, но он ровно такой, какой есть на самом деле. И понимание того, что скрыто у человека в этом доме, даст вам возможность понять, что он представляет собой на самом деле. Как он относится к окружающему миру, к людям, которые рядом с ним.

Помните, что подлец это не тот, кого таковым считают, а кто таковым является.

Отношение. Демонстрация отношения человека к морально-нравственным аспектам собственного поведения и поведения других людей.

22/10 Дом – Дом царства (Карьера)

Это профессиональные и социальные успехи человека, его карьера, как способ и место реализации своих возможностей и своих талантов.

Дом отражает реальное положение вещей на работе или в том деле, которым занимается человек, а также перспективы его роста и развития. Конечно, если таковые имеются.

Также в этом доме может вестись речь о том, как человек общается с сослуживцами, коллегами по работе, партнерами.

Отношение. Демонстрация отношения человека к реализации человека к своему таланту, к работе и к карьерному росту.

23/11. Дом — Дом добрых дел (Планы)

Дом говорит нам о том, что же реально хочет человек от жизни и от тех, кто рядом с ним.

Все, что связано с перспективой, о которой думал и к которой стремится человек, будет отображено в этом доме. Здесь и планы отдохнуть, и встретиться с кем-то, и сменить место работы и прочее, и прочее, что волнует человека.

Отношение. Демонстрация реакций на реализацию своих планов, стремлений, развития перспектив.

24/12. Дом — Темница (Недостатки и препятствия)

То, что не нравится человеку, то, что его ограничивает, раздражает, но в конечном счете управляет человеком, заставляя либо решать проблему, либо менять траекторию движения, если он решит эту проблему обойти.

Обычно этот Дом называют темницей, поскольку именно в нем указывается на ограничение свободы, выраженное или в виде тюрьмы, больницы, а возможно и несчастные случаи. Но стоит понимать, что несчастный случай или проблема, с которой сталкивается человек, — итог его поступка и его отношения к жизни. Вот поэтому в первую очередь стоит рассмотреть то, что реально вызывает конфликт в самом человеке.

Отношение. Демонстрация отношения человека к собственным недостаткам, возникающим проблемам, сложным и негативным ситуациям.

Примеры раскладов Мужчина и Женщина

Обращаем ваше внимание на то, что расклады, приведенные в данной главе, являются глобальными и для полного понимания всей информации вам необходим опыт и тренировки. Если прочтение и

Женский расклад

№	Карта	Описание и вывод	Адаптация и выводы
1. Имею	9 мечей	Разочарование, печаль, депрессия — все это на фоне поведения самого человека. Как говорят: «За что боролся, то и получил». Это именно то, что мы видим в реальности. Человек подавлен, растерян, он получил удар, от которого ему еще только предстоит оправиться. О надеждах пока речь не идет, равно как и о перспективах — слишком свежо состояние утраты чувства собственного достоинства.	Вывод — оценка самим человеком того, что он имеет, крайне искаженная. Он не оправился от удара (удар, равно как и его причины, мы увидим далее) и не в состоянии адекватно оценивать реальность.
2. Есть	Дьявол	Люди с подобным проявлением чаще всего мучаются и, можно сказать, страдают от того, что обладают им. Они не в состоянии им управлять, а схемы общения, построенные на этом элементе, чаще всего приводят к большим и малым проблемам. Поэтому большинство тех, о ком идет речь, более стеснительны, скрытны, не уверены в себе, поскольку «не хотят, чтобы их воспринимали только по одной характеристике».	Выводы — человек имеет несколько больше, чем в состоянии использовать или реализовать. Род оставил ему «наследство» в гораздо большей мере, чем тот того заслуживает.
3. Надо	7 Колесница	В ситуации человек с подобной чертой характера стремится двигаться по пути наименьшего сопротивления с одной лишь целью — быстрее завершить тот путь, который он наметил. Он не будет искать компромиссы или обходные пути — слишком долго для его характера. Возможно и почти достоверно, что он «пойдет по головам».	Вывод — «что хочу, то ворочу», лишь бы мне было хорошо. А будущее — не важно. Важно то, что происходит сейчас.
4. Хочу	10 Фортуна	В ситуации люди с подобной чертой характера будут вести себя так, как им заблагорассудится. Если что-то не понравится — скандал, если что-то обрадует — бурное выражение радости. Они не будут скрывать свои чувства и не будут держать себя в руках — просто этого не умеют.	Вывод — укрепляет вывод, сделанный в ячейке № 3: делаю все, что заблагорассудится.
5. Реальность	3 жезлов	Компонент реализуется с полной уверенностью в себе и своих возможностях. У человека нет сомнений, как это было в 2 жезлов, что теперь он в состоянии управлять процессом, поскольку получил дополнительный аргумент, который позволяет ему это сделать. Все по плану, все под контролем, все так, как хочется.	Вывод — эмоционально человек уверен в себе. Эту уверенность дает ему хорошая родовая база — № 2, а также крайняя недальновидность — он попросту не в состоянии понять, если что-то будет происходить в его жизни или что-то пойдет не так.
6. Взаимодействие	10 мечей	Это полный конец, причем в прямом и переносном смысле. Агрессия, развивающаяся безудержно и бесконтрольно, заканчивается трагедией или для того, кто ее проявляет, или для того, в отношении кого она проявляется. В любом случае итогом ситуации является поражение человека. Сам компонент реализуется по принципу «до полной победы» (или до полного поражения).	Вывод — сектор «удара», который мы видели выше. Кто-то или что-то из окружающего мира полностью подавил его способность взаимодействовать с ним.
7. Требования	9 кубков	Реализацию компонента проще увидеть в образе ребенка, который, находясь в окружении еще нескольких детей, ест сладкий леденец. Он доволен — не столько тем, что ему нравится конфета, сколько завистью, с которой на него смотрят его товарищи.	Вывод — сложно что-то требовать от того, кто живет только для себя. Он попросту никому не нужен и от него никто ничего не требует.
8. Получение	18 Луна	В человеческом восприятии это человек, обладающий каким-то дефектом, изъяном, искажением в личности или образе. Это не видимая травма, не аномалия поведения, не изъян внешности. Но человек, смотря на такого индивидуума, может сказать, что «в нем что-то не так». Причем он как прав, так и ошибается, поскольку эта испорченность может так и оставаться в пассивном состоянии, не беспокоя других. Но может стать активной — кому как повезет.	Вывод — человек из окружающего мира получает проблемные, искаженные, «дефектные» компоненты, но он этого не видит.

9. Адаптация	Паж динариев	Суетливо-деловито, как на базаре: хочешь купить — купи, не хочешь покупать — проходи. Так часто выглядит образ человека, для которого деньги являются идолом, кумиром и смыслом существования.	Вывод — взаимодействие с окружающим миром строится через посредника — реального человека, который нанят рассматриваемым нами индивидуумом за деньги. Это слуга, наемный помощник, который сделает все, что скажет Хозяин.
10. Запросы	7 кубков	Неожиданности могут подстерегать нас на каждом шагу. И часто мы попросту не замечаем того, что жизнь приготовила нам сюрприз. Небольшой, невещественный или не очень важный, но весьма и весьма приятный. Так может быть в реальности. Так может быть в отношении человека к жизни, когда он рассчитывает на то, что в будущем его ожидает только успешное развитие событий.	Вывод — запрос простой: «я не хочу проблем» или «я не хочу, чтобы меня беспокоили». Просто, примитивно, но такова реальность.
11. Интересы	6 жезлов	Одним из наиболее точных описаний реализации данного компонента будет слово «задумчивость» или размышление — в зависимости от того, говорим мы о том, как это выглядит или что происходит с человеком. Он никогда не будет принимать решение, не взвесив всего и не учтя всех доводов. Возможно это будет «неспешно», но такова плата за умение думать.	Вывод — общество пока не сформировало однозначной оценки человека. Оно «думает», видимо ожидая развития ситуации.
12. Осмысление	8 Правосудие	Человек не сделает ни шага и не примет решения, пока все как следует не взвесит. Он будет выяснять, копаться, уточнять и «брать время на размышление», пока не будет готов огласить вердикт. Но если он его огласит, то практически никто не сможет поколебать его в этом решении.	Вывод — «удар», который мы видели выше, заставил человека задуматься. Возможно он сделает верные выводы — посмотрим в других ячейках.
13. Личность	10 жезлов	Человек устал, измотан, он почти выбился из сил. Да, он при этом достиг желаемого и может считаться победителем, но пока он просто не способен радоваться — уже нет сил для эмоций.	Вывод — он такой же, как и описание ситуации. Человек выглядит крайне изможденным, измотанным, обессиленным.
14. Доходы	16 Башня	В ситуации описываемый нами человек активен. Он старается вмешиваться во все, но при этом его участие в большинстве случаев ограничивается уровнем идей или мнений. Они есть в огромном количестве и по любому поводу. Причем негативного характера. Делать что-то сам он не хочет и чаще всего отлынивает от этого.	Выводы — убытки, разрушения, неконтролируемые траты, потери денег — и все это из-за его собственного поведения.
15. Окружение	Дама динариев	Типаж Королева динариев — типаж деловой женщины, которая обрела власть над одним из важнейших инструментов. Но управлять всеми типажами динарии не могут. Это важно помнить и не использовать один инструмент во всех случаях жизни.	Выводы — в его окружении доминирует Дама динариев, значит у человека в данный момент времени происходит что-то, что связано с деньгами и финансами. И, как указывает карта № 14, это не самое лучшее общение, которое ему нужно в данный момент времени.
16. Родители	6 кубков	В жизни любого человека рано или поздно возникает ситуация, в которой он сравнивает прошлые эмоции с будущими. Кажется, что категории несопоставимы, но на самом деле в человеке с легкостью уживается ностальгия и грезы, приятные воспоминания и предвкушения будущего праздника. И никто не может сказать, что именно предпочтет человек, прошлое или будущее.	Выводы — ностальгия по тому времени, «когда он был маленький» и его ничего не заботило, кроме простых и приятных вещей. Это попытка эмоционально укрыться от проблем и забот, которые нахлынули на человека.

17. Дети	Всадник жезлов	Форма поведения авторитарна и может показаться, что немного надменна. Человек как бы диктует свою волю и свой план действий, не желая слушать ничего вопреки. Но он редко вступает в конфликт — чаще молча продолжает действовать.	Вывод — взаимодействие с ребенком на командно-приказном уровне. Не слушает мнение ребенка, более того, часто это мнение его даже не интересует.
18. Здоровье	20 Суд	В ситуации человек немедленно начинает «копаться» в прошлом — в причинах, которые создали эту ситуацию. Чаще всего это бывает полезно и дает определенные плоды, но в то же самое время нередко раздражает людей, тех, кто привык жить сегодняшним днем или нацелен в завтра.	Вывод — человек крайне мнителен в вопросах собственного здоровья, переживает, заботится.
19. Супруг	14 Умеренность	В ситуации человек с описываемой чертой характера ведет себя спокойно, взвешенно, рассудительно. Говорит не громко, жестикулирует плавно, старается никого не обидеть и не задеть. Всегда готов к компромиссу и разумным уступкам.	Вывод —- спокойное и ровное отношение к супругу, что не вяжется с общей картиной поведения человека. Чаще всего подобное состояние указывает на то, что человек не в браке (пока или вообще).
20. Секс	2 кубков	Компонент, описываемой данной картой, реализуется в виде эмоциональной растерянности. С одной стороны ситуация вызывает положительные эмоции, с другой — в силу новизны или неизвестности она немного пугает или настораживает. Человек пока не может раскрыться полностью — волнуется, переживает, сдерживает свои эмоции: все должно быть в рамках.	Вывод — наличие более чем одного партнера, либо желание того, чтобы их было несколько партнеров (сочетается с общей картиной личности) — постоянная неудовлетворённость.
21. Мораль	6 мечей	Реализация компонента пассивная — человек выглядит растерянным и подавленным, и ощущает себя точно также. Причем он не волен что-либо изменить, поскольку давление ситуации или обстоятельств выше его.	Вывод — ему не важен вопрос морали, а важно, что он чувствует, ощущает и что ему нравится. Все остальное не в счет.
22. Карьера	6 Влюбленные	В любой ситуации человек старается сделать так, чтобы выбор был совершен кем-то другим, но не им. Он не то чтобы сваливает ответственность на другого, просто другой не выдерживает столь продолжительного колебания и принимает решение сам.	Вывод — в карьере человек ведомый. Он ни к чему не стремится и не готов к серьезным шагам. Чаще всего такая карта, равно как и состояние, описывает банального лентяя.
23. Планы	1 жезлов	Генерация идей, появление новых мыслей, активное и логичное мышление — таковы общие схемы реализации компонента. Жезлы — форма власти, управления, распоряжения, контроля за всем, что происходит вокруг человека. Контроль этот основан на ПРАВЕ и ПРАВИЛАХ, которые существуют как в реальном мире в виде социальных законов, так и в форме Законов Вселенной.	Вывод — мысли есть, идеи есть, стремления тоже. Но на фоне общей картины они не представляют большого интереса.
24. Враги	1 мечей	Человек видит цель, он понимает или ощущает, что увиденное им представляет определенный интерес. «Глаза загорелись» — так можно охарактеризовать начало реализации карты. В ней нет понимания, осознания, оценки — в ней есть только указание «хватай». Но еще нет самого поступка.	Вывод — враг человека его собственные поступки, импульсивные, необдуманные, которые могу довести его до серьезных проблем.

Мужской расклад

№	Карта	Описание и вывод	Примечание и дополнение
1. Имею	7 жезлов	Реализацию компонента очень хорошо можно отследить в детском возрасте — о таких обычно говорят «забияка» или «задира». Человек всегда чем-то недоволен, всегда пытается настоять на своем, «качает права», выводит на скандал, давит, настаивает, третирует.	Вывод — все, что он имеет, он должен завоевать, захватить, заработать. Он будет идти до конца, настаивать на своем — в его понимании это единственный путь достижения цели.
2. Есть	15 Дьявол	Люди с подобным проявлением чаще всего мучаются и, можно сказать, страдают от того, что обладают им. Они не в состоянии им управлять, а схемы общения, построенные на этом элементе, чаще всего приводят к большим и малым проблемам. Поэтому большинство тех, о ком идет речь, более стеснительны, скрытны, не уверены в себе, поскольку «не хотят, чтобы их воспринимали только по одной характеристике».	Вывод — «родовые» и родители вложили в ребенка искаженную схему. Возможно расклад ее покажет. Но уже сейчас стоит обратить внимание на возможные проявления этого искажения в дальнейшем анализе ситуации.
3. Надо	9 мечей	Разочарование, печаль, депрессия — все это на фоне поведения самого человека. Как говорят: «За что боролся, то и получил». Это именно то, что мы видим в реальности. Человек подавлен, растерян, он получил удар, от которого ему еще только предстоит оправиться. О надеждах пока речь не идет, равно как и о перспективах — слишком свежо состояние утраты чувства собственного достоинства.	Вывод — он пока ничего не хочет и ни к чему не стремится. Это бывает в случае глубокого разочарования, которое возникло из-за того, что желаемое не совпало с действительностью. Это пройдет, со временем, но следы этого могут оказать влияние на другие ячейки.
4. Хочу	Паж динариев	Суетливо-деловито, как на базаре: хочешь купить — купи, не хочешь покупать — проходи. Так часто выглядит образ человека, для которого деньги являются идолом, кумиром и смыслом существования.	Вывод — как и предположили выше, в ячейке № 3, человек развил высокую активность, стремясь компенсировать то, что возникло в п. 3.
5. Реальность	10 жезлов	В данном типаже можно увидеть завершение ситуации, которая описывалась в 8 жезлов. Но теперь уже все — машина разгружена, вещи подняты на 10-й этаж без лифта и осталась последняя коробка. Человек устал, измотан, он почти выбился из сил. Да, он при этом достиг желаемого и может считаться победителем, но пока он просто не способен радоваться — уже нет сил для эмоций.	Вывод — для оценки реальности нет ни сил, ни желания. Сейчас человек апатичен и расслаблен — он хочет отдохнуть.
6. Взаимодействие	18 Луна	Поведение человека с подобным описанием можно охарактеризовать как «всегда чуть-чуть не так»: подленько, гаденько, злобненько. Не ярко, не демонстративно, но тем не менее заметно. И все дела человека будут непременно приправлены этим проявлением.	Вывод — взаимодействие не столько негативно, сколько «с подозрением» — видимо проблема п. 3 возникла из-за взаимодействия с кем-то из окружения. И теперь все, кто окружают человека, проходят проверку через его внутренний «детектор лжи».
7. Требования	4 жезлов	Компонент реализуется по принципу «если все хорошо, зачем нужно лучше?» Это своего рода житейский консерватизм, который основан на существующих достижениях. Нет смысла к чему-то стремиться или что-то искать — действительность вполне устраивает.	Вывод — человек пока не готов что-либо делать или выполнять. Он все будет «спускать на тормозах» и откладывать на потом — причина этому была объяснена выше.
8. Получение	3 динариев	Когда нет идей в своей голове, а жажда выгоды толкает вперед, человек с описываемым типажом часто прибегает к помощи других людей. Это активное стремление воспользоваться чужой схемой, чтобы получить что-то для себя. Часто ошибочное стремление, поскольку чужое имеет своего хозяина-инициатора, который умеет контролировать процесс.	Вывод — человек вполне доволен тем, что он взаимодействует с более успешными людьми. Он готов присоединиться к ним, поскольку это сулит выгоду (равно как и возможные проблемы).

9. Адаптация	Всадник мечей	Он не спрашивает совета, он не интересуется происходящим. Он не извиняется и не вступает в полемику. Он просто делает то, что нужно и целесообразно в данной ситуации. Всадник мечей — это тот, к кому обращаются за помощью в самом крайнем случае и категорически не хотят, чтобы он стал врагом.	Выводы — давит, подчиняет и заставляет. Грубоват и прямолинеен — это мы узнали в п.1.
10. Запросы	4 Император	В ситуации человек действует по определенному плану, стремясь не отходить от него и двигаться к намеченной цели. Жертвы, средства, эмоции — все это не важно, когда на кону стоит победа.	Выводы — он сам хозяин своих желаний и сам знает, что он должен делать.
11. Интересы	Паж кубков	Человек (или источник информации), содержащий это влияние, ярок, эмоционален и почти не сдержан. Его интересует две составляющие — «заразить» окружающих той эмоцией, которую он испытывает и эмоционально насладиться своим влиянием.	Выводы — человек старается понравиться другим. Возможно подсознательно, поскольку осознанной формы не видно в предыдущей части расклада, а видно лишь то, что для человека важно, как именно его воспринимают окружающие.
12. Осмысление	Всадник жезлов	Форма поведения авторитарна и может показаться, что немного надменна. Человек как бы диктует свою волю и свой план действий, не желая слушать ничего вопреки. Но он редко вступает в конфликт — чаще молча продолжает действовать.	Выводы — осмысление есть, но не в отношении своего поведения, а в отношении своих действий. Важно достичь цели, а остальное второстепенно, в том числе и понимание того, почему и как он поступает.
13. Личность	2 динариев	Суета, которая возникла в связи со вновь открывшимися обстоятельствами, подобна поведению Буриданова осла. Есть два варианта развития событий, из которых желательно выбрать один. И важно не прогадать, не упустить свой шанс, получить максимальную выгоду!	Выводы — суетлив, «тревожен», меркантилен. Все о деньгах и вокруг них.
14. Доходы	3 Императрица	Человек привык брать всю полноту ответственности на себя, привык принимать решения и распоряжаться всем, что может помочь в сложившейся ситуации. Он Лидер, прирожденный и признанный.	Выводы — зарабатывает, тратит, умеет распоряжаться.
15. Окружение	0 Шут	В большинстве ситуаций человек с подобной характеристикой будет искать нестандартные пути решения, делать непривычные ходы и принимать необычные решения. Его можно предугадать, но далеко не всегда, поскольку многое из его схем поведения «не прописано» в общественных нормах. Но при этом редко выходит за рамки разумного.	Выводы — периодически ведет себя «странно», не сообразно ситуации или поведению других людей. А происходит это из-за желания понравиться, о котором мы говорили выше и полного непонимания того, как именно это лучше сделать.
16. Родители	9 кубков	Реализацию компонента проще увидеть в образе ребенка, который, находясь в окружении еще нескольких детей, ест сладкий леденец. Он доволен — не столько тем, что ему нравится конфета, сколько завистью, с которой на него смотрят его товарищи.	Выводы: он окружен заботой и вниманием, и это ему нравится. Для него родители — ниша, в которую он может спрятаться и отдохнуть от собственной гиперактивности.
17. Дети	6 динариев	В жизни каждого бывают моменты, когда нужно «помочь ближнему», причем помочь реально и помочь в той ситуации, в которой человек не может справиться сам. Каждый делает это по своему — описываемый нами персонаж делает это несколько высокомерно и, как говорят в народе, «с барского плеча». Да, он может объяснить, почему он помогает или отказывает. Но это не объясняет, почему он себя так ведет.	Выводы — взаимоотношение с детьми практичное, построенное на реальных шагах. Помогает, уделяет внимание, поддерживает. Эмоций нет.
18. Здоровье	3 жезлов	Компонент реализуется с полной уверенностью в себе и своих возможностях. У человека нет сомнений, как это было в 2 жезлов — теперь он в состоянии управлять процессом, поскольку получил дополнительный аргумент, который позволяет ему это сделать. Все по плану, все под контролем, все так, как хочется.	Выводы — здоровье хорошее и ничто пока не омрачает этот дом. Поэтому и человек не думает о том, чего нет — проблем.

19. Супруг	1 Маг	Поведение такого человека в ситуации можно описать как двойственное. Если ему это нужно — он подчиняет процесс своей воле и старается обрести контроль над происходящим. Но если ситуация ему безразлична, он может быть крайне апатичным и беспристрастно наблюдать за тем, что происходит рядом с ним.	Выводы — взаимоотношения односторонние: избыток эгоизма и акцент только на свои интересы, роль супруги второстепенна.
20. Секс	8 Правосудие	Человек не сделает ни шага и не примет решения, пока все как следует не взвесит. Он будет выяснять, копаться, уточнять и «брать время на размышление», пока не будет готов огласить вердикт. Но если он его огласит, то практически никто не сможет поколебать его в этом решении.	Выводы — секс для такого человека дело «пракически-физиологическое», без тени эмоций и большого интереса.
21. Мораль	Туз динариев	В мире денег все начинается с денег и заканчивается ими же. Чувства, эмоции, отношения, иные межчеловеческие процессы — все это находится между «началом и концом» процесса и часто приносится в жертву ради достижения цели. Принцип реализации компонента такой же, как во всей масти — выгода, получение фактического материального преимущества перед остальными.	Выводы: мораль — это деньги или цена вопроса, за который можно закрыть глаза на любое нарушение.
22. Карьера	9 динариев	Богатство, роскошь, достаток и довольство — вот четыре ключевых характеристики компонента. Человек наслаждается богатством, живет в роскоши, доволен своим достатком и кроме этого его мало что интересует. Эдакий богатый сноб — но, как вы понимаете, «у богатых свои причуды». Единственное, что важно отметить, что «сума богатства» является индивидуальной — для кого-то это совсем не много, для кого это «рог изобилия в собственности».	Выводы — успешно, практично, доходно. Умеет зарабатывать хорошие деньги и умеет ими распоряжаться к собственной выгоде.
23. Планы	Король динариев	По форме поведения Король динариев слегка суетлив (пытлив и подвижен), старается вникнуть в процесс как для того, чтобы его «не надули», так и для того, чтобы иметь возможность контролировать процессом. Нетерпелив и капризен, если что-то идет не по его плану или это может оказать влияние на оппонента.	Выводы: планы человека зависят от Короля динариев — они продиктованы им, и человек не может ничего с этим поделать и просто вынужден подчиняться.
24. Враги	Король мечей	Король мечей может быть практически любым, поскольку хорошо подстраивается под манеры поведения любого знака — никогда не знаешь, какая «личина» поможет сегодня. Но это всего лишь личина, которая быстро уступает место истинному типажу Короля мечей — властному, сильному и целеустремленному человеку.	Выводы — а это еще один персонаж, которому рассматриваемый нами человек «перешел дорогу». Впереди у него лишь серьезные проблемы, если он не урегулирует ситуацию с этим Королем.

анализ данного расклада вызовет у вас трудности, обратите свое внимание на более простые расклады, приведенные далее.

Работа с психологическими раскладами Таро ведется только полной колодой.

Женский расклад

Можно подвести некоторый итог данного расклада. Он не обязателен и в данном случае мало что может изменить. Перед нами

Личность, которая является полностью асоциальной. Ее интересы акцентированы на себе самой и весь мир, по ее мнению, должен «вращаться вокруг нее». Пока в жизни такого человека не начнут происходить серьезные изменения, нет никакого смысла в каких-либо советах, рекомендациях и иных действиях, направленных на помощь ему (в чем, он, собственно говоря, не нуждается).

Мужской расклад

Как вы можете видеть, расклад получился довольно емкий и содержательный. Главное, он образует общую целостность: вы видите описание человека, и у вас не возникает вопроса, а почему он себя так ведет? Это видно в раскладе — он такой, со всеми достоинствами и недостатками и со своей манерой взаимодействия с окружающим миром.

ПОВЕДЕНЧЕСКИЕ ТИПЫ МУЖЧИН В 12 АСТРОЛОГИЧЕСКИХ ДОМАХ

После того как вы разобрались с тем, что такое астрологический дом, каковы его характеристики и чем он может помочь вам в изучении человеческой природы, можно смело приступать к рассказу о том, что представляют собой люди различных стихий относительно астрологических Домов.

Необходимо сказать сразу, что данная схема близка к идеальной, она дает представление о том, как ведут себя люди той или иной стихии. А также о том, как обстоят дела в каждом Доме, как решаются различные вопросы, то есть как и чем живет и дышит человек стихии.

Рассказ мы начнем с описания мужских типов стихий — Огня, Воды, Воздуха и Земли. Но начнем мы с них не потому, что отдаем им предпочтение, а потому, что мужчины проще в описании (да простят меня они!), следовательно, начиная с простого, вы сможете разобраться и в более сложном.

КОРОЛЬ ОГНЯ
Все во имя цели!

Это самый тяжеловесный и сложный персонаж из всей психологической четверки стихийных персонажей. Почему? Потому, что он может быть абсолютно любым.

Естественно, что согласно огненной стихии он прямолинеен, жёсткий (а иногда и жестокий), расчетлив, хладнокровен, иногда даже резок и груб. Впрочем, не стоит думать, что это солдафон, который просто носит цивильную одежду. Ни в коем случае. Просто для него важна цель и ее достижение, а для этого необходимо найти кратчайший путь и сохранить максимум сил для ее реализации, оставив реверансы и иные любезности на потом.

Но все же необходимо сказать, что строгость и резкость Огня совершенно спокойно могут уживаться с высокой восприимчивостью и даже чувственностью.

1 Дом – Дом жизни (Личность)

В целом Король Огня спокоен и уравновешен, но, тем не менее, может впасть в ярость из-за того, что по его мнению что-то идет не так. Он упрям и категоричен, но только в тех вопросах, в которых сам хочет быть таким, то есть в тех вопросах, которые касаются его интересов. Если же интереса нет, то он вполне лоялен и покладист.

Не любит быть на виду, но и особо не прячется. Внешняя привлекательность может его интересовать лишь как средство получения желаемого.

Стремится контролировать все, что только возможно контролировать. Его стремление получать информацию, а по сути быть в курсе всего на свете, часто переходит в откровенное любопытство, которое, впрочем, не бывает бесполезным.

Хорошо развитый ум и логика позволяют ему вполне рационально распоряжаться информацией, а также находить выход из многих ситуаций, которые поставили бы в тупик представителей других стихий.

2 Дом – Дом прибыли (Доходы и владения)

В материальном плане он всегда стремится к стабильности. Но не из-за любви к деньгам, а исключительно из-за честолюбия и потому, что прекрасно понимает, что деньги — часть жизни и исключать их из нее, значит исключать и ту часть, которую они формируют.

У толковых людей Огня деньги есть всегда. Их может быть больше или меньше в какой-то определенный момент времени, но это происходит только потому, что они на время забывают о них и начинают упускать контроль.

3 Дом – Дом братьев (Ближайшее окружение, знакомые)

На равных он общается только с теми, кого считает равными себе по уму или более умными: у более умных есть чему поучиться, а с равными можно чувствовать себя вполне комфортно.

Конечно, люди Огня могут общаться и с более слабыми персонажами, но с плохо скрываемой скукой и внутренним раздражением, которое может в любой момент вырваться наружу.

Недостаток ума другим они не прощают, хотя с годами начинают относиться к ним более снисходительно.

В общении с женщинами (не женами) обычно ожидают подвоха. Хотя это в основе своей базируется на непонимании их поведения. С целью обеспечения личной безопасности они, как правило, дистанцируются и напускают холодность.

Независимость — основной их принцип в отношениях. Им проще что-то сделать самим, чем обратиться с просьбой к постороннему.

Чужих близко не подпускают, а чтобы стать своими, надо заслужить их доверие.

4 Дом – Дом родителей

Отношение к родителям теплое и уважительное. Но частенько Король Огня забывает о них заботиться, поскольку считает, что если он может с чем–то справиться, то могут и они, упуская при этом элементарную заботу.

Король Огня вполне способен на строгость или кажущуюся жестокость, если границы его влияния подвергаются изменениям и кто-то покушается на его самостоятельность. Он готов был слушаться в детстве, но в зрелом возрасте это недопустимо.

5 Дом – Дом потомков (Творчество)

Идеи, которые посещают Короля Огня, как правило, опережают свое время. Он хорошо видит цель, но не всегда может соотнести ее со временем, необходимым для достижения, или актуальностью ее реализации в настоящем. Из-за этого периодически возникают проблемы в реализации идей, особенно тогда, когда речь идет о контактах с другими людьми, которые не в состоянии так быстро думать и действовать.

6 Дом – Дом здоровья (Болезни)

Одна из ключевых проблем у Короля Огня — его нервная система. Активность огненной стихии очень легко переходит в агрессивность, после которой случаются кратковременные периоды депрессии. Тогда он зол на весь мир, запирается на пару дней в доме и тихо всех ненавидит. Но если разобрался в ситуации, то быстро отходит и забывает старые обиды.

7 Дом – Дом супруга (Партнеры)

Дома у Короля Огня царят патриархат и дисциплина, поскольку он — ярый приверженец порядка и логики даже там, где ей не место.

Считает, что его недостаточно ценят и любят, тогда как на самом деле должны боготворить, хотя бы периодически. Правда, этот период в его жизни наступает только тогда, когда происходит эмоциональный откат, о котором мы говорили выше. В остальных случаях требования к своей персоне не выходят за рамки разумного.

Проявление излишне завышенной самооценки часто приводит к конфликтам, поскольку она, по мнению Короля Огня, должна быть подтверждена реальными поступками окружающих. В противном случае он начинает провоцировать окружающих, заставляя их демонстрировать свое отношение.

К созданию семьи Король Огня подходит основательно и даже несколько по-звериному, как хищник, который подкрадывается к добыче. С другой стороны, такая манера позволяет изучить объект его интереса, «обнюхать» его и понять, насколько глубоко он его интересует.

В браке он стабилен и вполне прогнозируем, если верно выбирает партнера и не ошибается со стихией. В противном случае распад союза неминуем, поскольку такой человек не способен долго находиться в «моральном рабстве».

8 Дом – Дом секса и смерти (Реализация)

Большие возможности достичь успеха в любом занятии, требующем ментальной активности. По сути, Король Огня может сделать все, что захочет, но многое зависит от того, захочет ли.

В плане секса не отличается большим разнообразием. Его интересы скорее обычны и просты и не требуют изысков или иных вольностей. Предпочитает классические и проверенные схемы поведения, а остальное его может заинтересовать лишь в плане самообразования.

9 Дом – Дом благочестия (Мораль)

Все, что помогает добиться намеченного, для него вполне приемлемо. Легко нарушает нормы общественной морали, но никогда не выходит за рамки общечеловеческой. Критичен и нередко безжалостен к людским порокам и слабостям, что сильно усложняет ему жизнь. При случае может сказать гадость или высмеять человека, поскольку считает, что это позволит тому увидеть свои слабости и исправиться. По сути — идеалист.

10 Дом – Дом царства (Карьера)

Мог бы сделать успешную карьеру, например в политике, если бы не полное непонимание того, для чего это нужно. Поскольку характер Огня требует реализма, то и области для карьерного роста и самореализации он выбирает с таким расчетом, чтобы можно было реально увидеть плоды своего труда.

Предпочитает упорядоченные и понятные занятия, иногда бизнес, но чаще — управление людьми, независимо от количества и сути порученного ему дела, поскольку то, чего он пока не знает, может быстро узнать за счет высокой самообучаемости.

11 Дом – Дом добрых дел (Планы)

Поскольку жизнь Короля Огня часто весьма активна, если не сказать гиперактивна, то одним из ключевых его планов является обретение спокойной жизни. Он искренне считает, что когда-нибудь эта гонка должна закончиться, правда, не факт, что это случится раньше, чем у него еще останутся силы. Но вы сами понимаете, что эта гонка никогда не закончится, потому что выпускать что-либо из-под своего контроля не в его правилах. Да и остановиться он уже не в силах, поскольку немедленно начинает «покрываться паутиной» и «ржаветь», поэтому предпочитает продолжить свой бег.

12 Дом – Дом темница (Недостатки и препятствия)

Главным препятствием в получении задуманного, да и в собственной жизни, является высокий уровень консерватизма и требовательности к окружающим. Это порождает множество конфликтов, и часто Королю Огня приходится перестраивать схемы поведения, для того чтобы обойти проблемный участок.

Врагов у него не слишком много, поскольку мало кто хочет связываться с таким типом, для которого все средства хороши. Но враги, впрочем, есть, поскольку всегда есть те, кто недоволен таким человеком просто потому, что считают себя не хуже его.

В целом жить с Королем Огня не просто, но поскольку сила и разум всегда привлекают к нему внимание противоположного пола, то на некоторые слабости характера стоит закрывать глаза. Конечно, если не случится «переворот» масти, о котором мы поговорим немного позже.

КОРОЛЬ ВОДЫ
Как вам это нравится?!

1 Дом – Дом жизни (Личность)

Альфонс, жиголо и актер — вот яркие проявления такого типажа. Он играет на своих и чужих чувствах, поскольку и те и другие необходимы ему как… вода. Трагичен в меру, если того требует ситуация и если это соответствует его представлению о ситуации.

Готов сделать все, чтобы все без исключения было сделано за него и для него. Капризен, истеричен и изнежен, но это внутри, а снаружи он галантен, приятен в общении и обходителен.

Большая часть таких мужчин в случае жизненного фиаско являются яркими представителями алкоголиков и бомжей, которые готовы часами рассказывать о своей несчастливой судьбе.

2 Дом – Дом прибыли (Доходы и владения)

Деньги тратит на удовольствия и самоудовлетворение. Поскольку планов по зарабатыванию денег, равно как и по тратам, у него нет, то почти всегда бывает в долгах. Даже имея миллионные гонорары, он будет иметь и миллионные долги.

3 Дом – Дом братьев (Ближайшее окружение, знакомые)

Типичный тусовщик. У него миллион знакомых и друзей, причем разницы между ними он не видит, поэтому его часто используют в своих целях. Король Воды тяжело переживает такие факты собственной биографии и готов помнить обиды до скончания веков.

Любит дружить с женщинами просто потому, что общение с мужчинами дается ему гораздо труднее. Умеет к себе расположить и вызвать сочувствие и участие.

4 Дом – Дом родителей

Как правило, сидит на попечении родителей до победного конца. Причем это чаще всего определяют сами родители, но не он. Родители вкладывают в него последние средства, которые он тут же разбазаривает и считает, что ему этого мало. Но на прямое выяснение отношений или конфликт не идет, стараясь так обыграть ситуацию, чтобы ему опять помогали.

5 Дом – Дом потомков (Творчество)

Завышенная самооценка Короля Воды не позволяет адекватно общаться с теми, от кого зависит его судьба. Считает себя гениальным в принципе. Чтобы весь мир узнал о нем, не хватает пустячка: денег и связей.

Впрочем, есть еще и «тихий» вариант Короля Воды, когда такой вот «гений» что-то творит для самоудовлетворения и редко кому показывает. И что характерно, чаще всего именно эти творения действительно являются гениальными.

6 Дом – Дом здоровья (Болезни)

Здоровье слабое, проблемы тянутся с детства. Причем разобраться, где настоящая болезнь, а где — симуляция, не могут даже хорошие врачи. Истеричность и капризность характерны для подросткового периода жизни Короля Воды.

7 Дом – Дом супруга (Партнеры)

Может завести семью, если выберет женщину с нереализованным материнским инстинктом и станет для нее великовозрастным ребенком. Чаще всего женщинам такой подарок надоедает, но есть и те, кто готов нянчиться с ним до конца жизни. При этом наличие семьи и обязательств не мешает Королю Воды вести разгульную жизнь, часто не скрывая ее следы от второй половины.

8 Дом – Дом секса и смерти (Реализация)

Реализация Короля Воды находится в сфере культуры и искусства, при условии, что обстоятельства сложатся удачно. Сам он не сможет это организовать, поэтому рядом с ним, если он одарен и талантлив, часто находятся те, кто может помочь реализовать свои таланты. И чаще всего это — Короли Земли.

В области секса интересы Короля Воды крайне разнообразны. Он редко бывает удовлетворен одним партнером, если тот предоставляет ему возможность получить лишь небольшую часть того, что он хочет получить от секса.

9 Дом – Дом благочестия (Мораль)

Нет морали в общепринятом смысле слова, поскольку представление о добре и зле или о хорошем и плохом, проходя через призму эмоций Короля Воды, превращаются в кисель. Но в то же время, в угоду ситуации или делу, он может имитировать некие моральные устои и принципы, в которые, по большому счету, не верит.

10 Дом – Дом царства (Карьера)

Основная цель карьеры — это стремление пристроиться потеплее и жить за счет других. Исключение составляют представители творческих профессий, которые помимо поиска самоудовлетворения дают что-то тем, кто находится рядом с ними. Карьера для Короля Воды — лишь способ получить удовлетворение: собой и своими возможностями. По сути, он позер.

11 Дом – Дом добрых дел (Планы)

Скорее мечты и грезы, но не планы как некий жизненный вектор. Король Воды искренне считает, что в его жизни все само собой сложится так, что он станет известным и богатым. Он готов ждать этого великого события, но не предпринимает каких-то реальных шагов и уж тем более не осознает, что это попросту для него недостижимо.

12-й Дом – Дом темница (Недостатки и препятствия)

Главный его недостаток и главное препятствие — неспособность организовать собственную жизнь, а главное — крайнее нежелание это делать. Из-за этого у Короля Воды много мелких проблем, которые никогда не заканчиваются, поскольку по-настоящему их никто и не решает. Однако умение сбрасывать проблемы, как ящерица сбрасывает хвост, позволяет ему достаточно долго избегать серьезного кризиса.

Король Воды — личность весьма противоречивая. Вам может попасться гений, а может — и нет. Но и с тем, и с другим жить будет очень и очень непросто. И по силам это только людям Земли, которые видят во всем выгоду. Или тем же людям Воды, если они найдут в этом какое-то удовлетворение.

В остальном общение с Королем Воды поверхностное и не может продолжаться долго, поскольку жизнь в любом случает больше, чем их мир, которым все обязаны любоваться.

КОРОЛЬ ВОЗДУХА
Могу улучшить мир или отдельно взятое помещение.

1 Дом – Дом жизни (Личность)

Это человек, для которого понимание того, что происходит вокруг, важнее чем сам процесс. Прежде чем принять решение, он должен как следует вникнуть во все и разобраться.

Хорошо развита память, и если он получает хорошее образование, то становится достойным исполнителем. С неба звезд не хватает, но за счет исполнительности и ответственности может достичь многого.

Аккуратен, педантичен, нередко занудлив в быту.

Домосед, любит уют и комфорт и, что характерно, многое делает своими руками.

Король Воздуха сдержан по натуре, поэтому эмоции гасит в себе, а не выплескивает их на тех, кто его раздражает. Но в то же время эти же эмоции, если они не успели перегореть, могут быть излиты на того, кто попадется под горячую руку.

2 Дом – Дом прибыли (Доходы и владения)

Имеет хороший достаток, позволяющий создать для своей семьи комфортные условия жизни. Деньги для него не самоцель, но они сопутствуют его успеху.

С одной стороны, Король Воздуха умеет распоряжаться деньгами, но с другой — возникают приступы жадности и крайней скупости, поскольку ему может казаться, что вот-вот что-то пойдет не так.

3 Дом – Дом братьев (Ближайшее окружение, знакомые)

Знакомых у Короля Воздуха много. Друзей мало, но они есть. Возможно, это дружба, идущая со студенческих лет. Знакомые в основном из окружения, связанного с профессией. Людям рядом с ним комфортно.

Король Воздуха умеет понять настроение и приободрить, поэтому к нему частенько обращаются за советом или просто приходят поплакаться в жилетку.

Очень любит принимать гостей или ходить в гости, поскольку это позволяет ему почувствовать себя нужным.

4 Дом – Дом родителей

Родителей почитает, заботится о них, даже в том случае, если те не особенно проявляли заботу о нем в детстве. Но Король Воздуха часто этого не понимает. А когда понимает, то старается не делать выводов из страха, что его дети могут поступить с ним точно так же. Сам он для родителей является авторитетом или объектом поклонения, чьи заслуги и даже самые маленькие успехи выставляются на всеобщее обозрение.

5 Дом – Дом потомков (Творчество)

Может проявлять себя в творчестве, если для этого есть задатки. Может быть хорошим спортсменом, музыкантом. Но все эти «может» часто ограничиваются уровнем художественной самодеятельности или хобби, которое нередко сопровождает его по жизни.

Король Воздуха не очень хорошо чувствует мир, поскольку его привычное восприятие не выходит за пределы реальных потребностей. А какие потребности может удовлетворить музыка?

6 Дом — Дом здоровья (Болезни)

В целом от природы Король Воздуха обладает хорошим здоровьем, и если он заботится о себе, что бывает довольно часто, то до старости не знает серьезных проблем. Как правило, мнителен и в случае подозрения на заболевание старается быстрее найти способ лечения.

7 Дом — Дом супруга (Партнеры)

В семье Короля Воздуха отношения вполне гармоничные. Семью он создает чаще всего довольно поздно. Возможны и ранние браки, но в большинстве случаев они обречены на провал.

Семья — тыл, о котором он заботится, стараясь всячески уберечь своих домашних от волнений и прочих неприятностей. Взаимоотношения с супругой старается строить ровные, но с патриархальным душком, под девизом: «Это должна делать жена», а иногда: «Женщина, знай свое место».

Если у Короля Воздуха и есть увлечения на стороне, то семья об этом никогда не узнает и семейную гармонию это не пошатнет.

8 Дом — Дом секса и смерти (Реализация)

Делая все неспешно и основательно, он способен достигать больших высот именно потому, что не стремится жить одним днем. Именно поэтому в бизнесе или политике люди Воздуха встречаются чаще, чем где бы то ни было.

Отношение к сексу ровное, но в то же время присутствуют авантюризм и желание узнать что-то новое. Чаще всего интерес этот быстро проходит, и человек возвращается в привычное русло.

9 Дом — Дом благочестия (Мораль)

Моралист до мозга костей. У него своя идеология, которую он холит и лелеет и всячески старается продемонстрировать окружающим. Он не столько хороший, сколько старается выглядеть таковыми. Поэтому-то люди Воздуха часто проводят различные благотворительные мероприятия или просто помогают окружающим. В то же самое время он не готов к тому, чтобы его использовали.

10 Дом — Дом царства (Карьера)

Карьера Короля Воздуха, как правило, складывается удачно. Ему удается реализовать себя в той сфере, где интересно, или там, где работа приносит определенное удовлетворение.

Часто известен в профессиональных кругах. Трудоголик. Берет на себя большую ответственность и несет ее до последнего, несмотря на то что это может быть уже никому не нужно.

11 Дом – Дом добрых дел (Планы)

Не ставит себе ограничивающих рамок, поскольку его стремление — достижение более глобальной цели. Он, живя под определенным девизом или лозунгом, все делает для того, чтобы его поступки и планы полностью соответствовали этому девизу.

Практически не способен к прожектерству или авантюрным идеям, ограничивая себя обыденными желаниями.

12-й Дом – Дом темница (Недостатки и препятствия)

Часто дома проявляет излишнюю уступчивость, то есть главой семьи фактически является жена. Если она — женщина более слабого знака, то всегда преподносит своему супругу необходимые решения на его одобрение. А с женой равного или более высокого знака Король Воздуха часто становится подкаблучником, год от года пытаясь сдать позиции патриархального управленца.

Из наиболее распространенных недостатков у Короля Воздуха может быть только кризис идей, когда реальность говорит ему о том, что он неверно представляет себе окружающий мир. А поскольку с гибкостью восприятия у него сложности, то это чревато личными переживаниями и недовольством, прежде всего самим собой.

Король Воздуха в меру стабилен, в меру надежен и в меру покладист. Его можно назвать золотой серединой или представителем той породы мужчин, которая чаще всего востребована женщинами. Но стоит помнить, что даже в условном соотношении их не более 25 %.

КОРОЛЬ ЗЕМЛИ
А что я буду с этого иметь?

1 Дом – Дом жизни (Личность)

Для Короля Земли выгода превыше всего. Это не обязательно деньги или имущественные компоненты, но ему непременно хотелось бы пощупать то, что он получит за свои труды. Все или почти все мерит деньгами, статусом и возможностями человека относительно реального мира: у кого автомобиль лучше, штаны круче и ботинки дороже. В этом отношении он схож с Королем Воды. Но есть и отличие: Вода занимается самолюбованием, а Земля любуется своими возможностями.

Трусоват по своей природе и туповат, но это компенсируется колоссальным чутьем в отношении выгоды, денег или перспективных сделок.

2 Дом – Дом прибыли (Доходы и владения)

Поскольку Король Земли по своей сути бизнесмен или делец, то он ищет деньги и выгоду везде, где только можно. Умеет надежно вкладывать и приумножать финансы. Скуп. Бизнес его лежит в основном в сфере торговли.

3 Дом – Дом братьев (Ближайшее окружение, знакомые)

Окружает себя равными по благосостоянию приятелями, теми, кто может быть ему выгоден. Поэтому не спешит рвать связи, расставаться со знакомыми, коллекционируя их в большом количестве.

Любит появляться на публике, чтобы продемонстрировать очередное приобретение, которое забавляет его, как ребенка.

Может найти общий язык со многими людьми, поскольку влезает в душу, дабы определить потребности человека и затем продать ему товар с большой накруткой.

4 Дом – Дом родителей

К родителям отношение потребительское, по схеме «ты — мне, я — тебе». И посему у Вселенной существует свое мнение по поводу семей Королей Земли. Обычно это неполные семьи или один из родителей в них может рано умереть.

В старости люди Земли могут бросить родителей или отдать в дом престарелых, чтобы снять с себя моральную или материальную зависимость и обузу.

5 Дом – Дом потомков (Творчество)

Умеет интуитивно находить наиболее выигрышные варианты в материальных вопросах. Особый нюх на деньги. Стремление получить знание только в том случае, если это сулит конкретную выгоду.

Отношение к искусству и музыке вполне в духе людей Земли — потребительское. Они слабо разбираются в искусстве и искренне считают, что кому-то ведь надо извлекать из него выгоду, а не только любоваться.

Дети для Короля Земли — объекты для вложения капитала и его приумножения. Поэтому забота о ребенке чаще всего продиктована не любовью, а самим фактом необходимости заботы о вложении сил и средств. Причем если детей несколько, то природный нюх на талант позволяет выбрать то вложение, которое, по его мнению, даст наибольшую отдачу.

6 Дом — Дом здоровья (Болезни)

Стрессоустойчивы, психически мобильны, но при этом редко заботятся о своем здоровье, на определенном этапе приводит к тому, что вылезают все родовые болячки.

Склонны к выпивке и наркотикам (гораздо меньше Воды), что усугубляет общее состояние организма.

7 Дом — Дом супруга (Партнеры)

Если супруга тоже принадлежит к стихии Земли, то, как правило, их отношения только семьей не ограничиваются. Часто они вместе занимаются семейным бизнесом. И в этом случае присутствуют крепкие отношения, основанные на одних и тех же целях и интересах.

Если Король Земли женится в зрелом возрасте, то выбирает жену — Даму Кубков. Супруги ругаются, скандалят, часто с рукоприкладством, улаживая конфликты очередным подарком или мордобоем — все зависит от позиции жены в семье.

8 Дом — Дом секса и смерти (Реализация)

Звезд с неба Король Земли не хватает, поэтому доволен достигнутым уровнем. Это распространенная схема поведения человека Земли — достичь своего потолка и затем наслаждаться достигнутым.

Часто бросается на откровенный плагиат и на использование других в своих интересах.

В сексе проявляет неразборчивость. Обилие партнеров и случайных связей как бы отражает его стремление получать выгоду от всего.

9 Дом — Дом благочестия (Мораль)

Мораль Короля Земли определяется деньгами и выгодой. За все можно заплатить, все можно купить. Причем это совершенно не означает, что Король Земли не понимает хорошего или плохого. Просто он искренне считает, что мораль — это просто чья-то точка зрения, а раз так, то ею можно и пренебречь.

Данное им слово может в любой момент забрать, если сочтет, что потеряет больше, чем приобретет.

10 Дом – Дом царства (Карьера)

Если Король Земли занимается торговлей или бизнесом, связанным с эксплуатацией человека, то все складывается для него удачно. Если же производством или сферой услуг, то возникнут сложности.

Его карьера, независимо от сферы интересов, редко идет гладко, поскольку наступает период «обжорства» и лени, из-за чего в деле начинаются серьезные проблемы.

11 Дом – Дом добрых дел (Планы)

Единственная видимая и осязаемая цель Короля Земли — сытая и довольная жизнь, по возможности слава, хотя бы в ограниченном круге людей.

Хорошо планировать свою жизнь ему не удается, поскольку не наделен отточенной логикой и высоким уровнем мышления. Но природный нюх и умение привлекать на свою сторону толковых людей компенсируют этот недостаток.

12 Дом – Дом темница (Недостатки и препятствия)

Главным недостатком является то, что Король Земли не способен находить общий язык с теми, кто имеет иные ценности, чем деньги и выгода. И в этом случае возникают проблемы, как отражение и назидание, которые связаны именно с общением.

Часто наживает себе врагов, поскольку мерит людей своей меркой, исходя из корысти, что для окружающих нередко бывает оскорбительным.

Король Земли, перефразируя старую пословицу, словно чемодан без ручки. Выбросить жалко, потому что дорогой и выгодный, а нести тяжело, поскольку не все его взгляды приемлемы.

Поэтому чаще всего такой «чемодан» несут Динарии и Кубки.

ПОВЕДЕНЧЕСКИЕ ТИПЫ ЖЕНЩИН В 12 АСТРОЛОГИЧЕСКИХ ДОМАХ

Продолжая свой рассказ о том, как выглядит человек через призму 12 астрологических Домов, мы поговорим о женских типажах.

Конечно, в общих чертах женщины и мужчины одной стихии схожи. Но есть и отличия, тонкости, на которые стоит обратить внимание, не забывая о том, что первым и самым важным отличием поведения мужчин и женщин является их природно-общественная ориентация.

По своей природе мужчина — добытчик, охотник и воин, который мало времени проводит дома и много — в поисках пропитания. А женщина вынашивает детей, воспитывает их и, соответственно, большую часть времени проводит дома, занимаясь бытом.

Несмотря на то что описанное положение вещей постепенно меняется вместе с развитием урбанизации и изменениями в культурной среде, память крови, которая насчитывает тысячелетия подобного образа жизни, все еще сохраняется.

КОРОЛЕВА ОГНЯ
Подать его сюда!

1 Дом – Дом жизни (Личность)

В просторечии «стерва» — это женщина, которая добивается своего, независимо от того, рады этому окружающие или нет, готовы дать это или нет. Впрочем, методы она избирает вполне корректные, изредка жесткие и неприятные для многих, но это уже их проблема. Она может быть любой, то есть оборачиваться в Кубки, Жезлы и Динарии, но при этом суть ее не меняется.

Категорична, целеустремленна и своенравна. У нее сильный характер, с которым часто сама не может справиться.

2 Дом – Дом прибыли (Доходы и владения)

Деньги не имеют большого значения для Королевы Огня, они для нее лишь элемент достойного существования, но не единственная цель жизни. Но если их отсутствие ограничивает свободу, то это воспринимается остро и зачастую болезненно. Поэтому она старается решить эту проблему как можно быстрее.

3 Дом – Дом братьев (Ближайшее окружение, знакомые)

Друзей у Королевы Огня, как правило, нет, и в них она не нуждается. Причина этого кроется в том, что друзья часто утомляют, задавая ненужные вопросы или обращаясь за помощью в пустячных ситуациях. У нее есть довольно много знакомых, с которыми она умеет годами поддерживать приятельские отношения, поскольку они могут пригодиться ей в будущем.

4 Дом – Дом родителей

Почти с пеленок Королева Огня ощущает внутреннюю независимость и ответственность за свою жизнь. Опеку родителей воспринимает как лишний контроль. При этом родителей она уважает и почитает, даже если было немало конфликтов, которые порождались ее сильным характером и нежеланием идти на компромисс.

5 Дом – Дом потомков (Дети и творчество)

Считает, что любое умение рождается в голове, поэтому может и дом построить, и козу подоить. При этом периоды активности сменяются периодами пассивности — очень резко и часто незаметно для окружающих. И тогда она впадает в апатию, которая является естественной реакцией организма, требующего отдыха.

Мать из Королевы Огня непростая. Зная, что обладает большой силой и властностью, она, стараясь защитить от этого своих детей, проявляет излишнюю мягкость. Но если перестает контролировать себя, то может сделать из ребенка слабовольного и зависимого субъекта.

6 Дом – Дом здоровья (Болезни)

Здоровье в целом хорошее как от природы, так и от отношения к своему организму. Но существует предрасположенность к заболеваниям сосудов и суставов.

Большие нагрузки, которые морально может вынести Королева Огня, не всегда под силу ее организму, поэтому нередки переутомления и хроническая усталость.

7 Дом – Дом супруга (Партнеры)

Близкие отношения возможны только в том случае, если они исключают подчинение и построены по принципу сотрудничества и дружбы. Королева Огня не выносит нарушения личного пространства. Причем сначала подпускает человека к себе очень близко, а потом сама же начинает от этого задыхаться и резко увеличивает дистанцию.

Из партнеров наиболее распространены Короли Огня и Воздуха. Остальные стихии не могут долго находиться рядом с ней, поскольку все они склонны манипулировать Огнем, что ей категорически не подходит.

8 Дом – Дом секса и смерти (Реализация)

Хороший стратег, но слабоватый тактик. При этом способна на широкий реализационный спектр, который ограничивается лишь своими интересами и целью, которая стоит перед ней.

Отношение к сексу неоднозначное. С одной стороны это — удовольствие, с другой — все то же ограничение, которое может восприниматься так на подсознательном уровне. Из-за этого могут быть периоды охлаждения к сексу, затухания интереса.

9 Дом – Дом благочестия (Мораль)

Понятие морали расходится с общепринятым. Оно не хуже, не лучше, а просто свое. При этом Королева Огня вполне лояльна и к людским слабостями, и к тем, кто наделен этими слабостями. Она всегда себе на уме, и понять, что именно там творится, не всегда возможно.

Не прощает незаслуженных обид, но при этом не мстительна.

10 Дом – Дом царства (Карьера)

Честолюбие способствует ее карьерному росту. В работе всегда присутствует желание прыгнуть выше головы, затем снова поднять планку. Но с тем же успехом Королева Огня может бросить все, если что-то оказалось ей не по нраву.

Редко ходит в подчиненных, но даже если это и складывается таким образом, ее начальник часто не может понять, кто она — его подчиненная или его начальница.

11 Дом – Дом добрых дел (Планы)

В планах стоит задача создать механизм жизнеобеспечения, который бы сам работал. Тогда можно отправиться на отдых — в лес или в горы. Только на время, не навсегда.

Планы хорошо продуманы, реалистичны, без авантюр и прожектерства. Но со стороны может показаться, что некоторые моменты достаточно рискованны.

12 Дом – Дом темница (Недостатки и препятствия)

Эмоциональная нестабильность, часто мешающая адекватной оценке ситуации, возникает как несогласие с чем-то, что происходит в жизни. По натуре Огонь должен смести проблему со своего пути, но общественные законы не всегда это позволяют. И посему приходится терпеть.

Меньшим недостатком является властность, стремление повелевать. Большинство людей согласны на это, поскольку их это устраивает. А вот меньшинство может вступить в борьбу с Королевой Огня, не желая терять контроль над ситуацией или просто не допуская, чтобы ими управляли.

Королева Огня — сильная и целеустремленная женщина, которая стремится к поставленной цели, подчинив себе все, что может помочь ей в этом. Она допускает людскую слабость вообще, но не приемлет в частности. Если контролирует свою силу и мощь характера и в состоянии дозировать ее проявление в зависимости от ситуации, то общение с ней строится довольно гармоничное. Но если контроль теряется по тем или иным причинам, то лучше держаться от нее подальше. Огонь — он и есть огонь.

КОРОЛЕВА ВОДЫ
Ах, какой странный мир!

1 Дом – Дом жизни (Личность)

Любвеобильна, страстна, непостоянна, истерична и капризна. Предпочитает, чтобы все делали за нее или во имя ее. В просторечии их нередко называют суками за умение портить нервы окружающим. Но это в том случае, если они доводят окружающих своим истеричным поведением до белого каления.

2 Дом — Дом прибыли (Доходы и владения)

Мужчина — главный источник ее дохода, касается ли дело шопинга или дома на Карибах. Может временно работать, например, секретаршей, но всегда с прицелом на поиск подходящего партнера.

3 Дом — Дом братьев (Ближайшее окружение, знакомые)

Знакомых может быть много, так как жизненные интересы Королевы Воды хотя и поверхностны, но достаточно разносторонни. Друзья — только в своей среде, поскольку их в основном объединяет образ жизни, а также связанные с ним увлечения, например совместные походы по магазинам. Особенно ценятся те, на кого можно произвести впечатление или даже шокировать. Они как публика в балагане — часто очень низкого пошиба.

4 Дом — Дом родителей

У Королевы Воды доверительные отношения с родителями. Она делится с ними секретами, спрашивает совета, часто им следует. А также манипулирует родителями вовсю, тянет из них все, что можно.

Часто это проблемная семья и плохое воспитание, которое толкает ребенка искать счастья там, где это возможно. И поскольку для Воды самостоятельное построение счастья не входит в программу жизни, то она чаще всего ищет, кому бы продаться.

5 Дом — Дом потомков (Дети и творчество)

Сочиняет стихи, рисует, может увлекаться верховой ездой, читает модные книги, но плохо запоминает фамилии авторов.

К детям отношение потребительское, поскольку они часто являются лишь средством для укрепления брака и манипулирования партнером. Как мать Королева Воды никакая, поскольку не может толком заботиться ни о себе, ни о детях.

6 Дом — Дом здоровья (Болезни)

Со здоровьем проблем нет, не считая мигреней. Внешне старается поддерживать образ слабой девушки, который зачастую позже перерастает в образ зрелой суки.

Только к 40–50 годам, когда весь потенциал, отведенный природой и родителями, исчерпан, болячки начинают сыпаться как из рога изобилия. И тогда такие дамы активно ходят по врачам, косметологам и всем тем, кто ОБЯЗАН им помочь.

7 Дом – Дом супруга (Партнеры)

Стремится избегать конфликтов, быть милой, ласковой, забавной. Но может использовать капризы или порой скандалы для покупки чего-то нового.

Как супруга Королева Воды часто представляет интерес только с позиции статуса или внешней привлекательности, поскольку хозяйка из нее никакая. Да и жена, которая интересуется только собой, способна нравиться лишь тем, кто находит утешение в чем-то другом.

8 Дом – Дом секса и смерти (Реализация)

Обладая весьма низкой способностью делать что-то реальное, она останавливается на том, что имитирует деятельность. Обычно много учится, занимается собой, читает модные журналы и так далее. В общем, делает все то, что позволяет создать образ занятой особы.

К сексу отношение у Королевы Воды неоднозначное. Иногда необузданна и любвеобильна. Иногда холодна и не проявляет никакого интереса. Причем периоды активности и пассивности могут быть как элементом манипуляции, так и естественным ее состоянием.

9 Дом – Дом благочестия (Мораль)

Создает образ ребенка, за которым все должны ухаживать, лелеять, баловать, восхищаться. Кто этого не делает — недалекий, гнусный, тупой, ничего не понимающий в женщинах.

Понятия чести и данного слова размыты, поскольку все это ей не близко и совсем не понятно. Когда же кто-то пытается призвать ее к ответственности, она надевает маску слабой, беззащитной и недалекой бедняжки, от которой сложно что-либо получить.

10 Дом – Дом царства (Карьера)

Карьера Королевы Воды — удачное замужество или небольшой флирт, который принесет ей если не материальное, то моральное удовлетворение. И не то чтобы Королева Воды не могла чего-то достичь, она просто не стремится к этому, считая, что все ей преподнесут в лучшем виде.

Первое время, до замужества или обретения подходящего любовника, она еще создает видимость работы, а потом полностью переходит на иждивение.

11 Дом – Дом добрых дел (Планы)

«Не учите меня жить» — вот ее девиз, сопряженный с получением полного довольства от окружающего мира. И что характерно, у 90 % Королев Воды это не получается, и реальность с ужасающей неизбежностью настигает их. И тогда они начинают мимикрировать в Воздух или Землю, но натура Воды конечно же сохраняется.

12 Дом – Дом темница (Недостатки и препятствия)

Не выносит одиночества. Рядом обязательно должен находиться мужчина. Без этого Королева Воды потеряна и не видит смысла в жизни. Если нет мужчины, то должны быть подруга или несколько друзей, с которым можно часами сидеть в кафе или разговаривать по телефону. Непременно также наличие подруги-врага, которая должна предать Королеву Воды. Иначе как найти хороший повод для страданий?

Королева Воды — вечный ребенок, который требует постоянной заботы, ухода, а также непременного восхищения ее умом, талантами и красотой.

Как вы понимаете, таких героев не так уж много, поэтому очень часто она остается одна, в окружении подруг, у которых жизнь также не задалась. Но благодаря определенной гибкости или текучести ее стихии, остается шанс трансформации Королевы Воды в другой знак.

КОРОЛЕВА ВОЗДУХА
Все должно быть правильно!

1 Дом – Дом жизни (Личность)

Высокая идейность, моральная устойчивость, исполнительность и определенный идеализм взглядов — вот основные черты Королевы Воздуха. Нередко пребывает в задумчивости, растерянности из-за обилия вариантов выбора или из-за полного отсутствия идей. Коммуникабельна, образованна, вежлива, но совершенно не стремится хватать звезды с небес. Домоседка, хорошая хозяйка и жена.

2 Дом – Дом прибыли (Доходы и владения)

Домовитость, умение устроить быт и экономно распорядиться деньгами.

Королева Воздуха чаще всего работает, причем на подчиненных должностях, чтобы иметь возможность уделять внимание детям и семье. Доход невелик, но стабилен, как своего рода поощрение за старательность и исполнительность.

3 Дом – Дом братьев (Ближайшее окружение, знакомые)

Всегда рядом друзья, возможно со школьной скамьи. Однако в первую очередь для Королевы Воздуха важен ее дом. Когда же все постирано, сварено, вымыто, тогда можно пообщаться с друзьями или соседями.

Дружелюбна и располагает к себе окружающих, поскольку общение — одна из важнейших ее потребностей. Если общается ради сплетен и эмоционального удовлетворения, то делает это с интересом и полным пониманием того, что происходит.

4 Дом – Дом родителей

Уважительное отношение к родителям. Даже если их взгляды не совпадают, Королева Воздуха предпочитает выполнить их волю, а не идти наперекор. При этом возможен внутренний конфликт, который не выносится наружу, а переживается внутри.

Когда родители достигают преклонного возраста, то забота о них становится одной из ее главных задач. И совершенно не важно, помогали ли родители ей прежде, она будет делать это даже в ущерб своим интересам.

5 Дом – Дом потомков (Дети и творчество)

Королева Воздуха создает уют и красоту везде, где только можно. Но при этом вкус ее оставляет желать лучшего, поэтому в доме присутствует некоторая несуразица, а также масса мелких и средних фенечек и прочего барахла, которые, как ей кажется, украшают дом, а не собирают пыль.

К детям относится с трепетом и большой любовью. Но при этом часто делает не то, что надо детям, а то, что считает необходимым. Из-за этого дети часто вырастают неприспособленными или излишне требовательными — по привычке, ведь им все доставалось без усилий.

6 Дом – Дом здоровья (Болезни)

Отношение к здоровью довольно консервативное. Королева Воздуха не испытывает желания исследовать на себе неизвестные пути оздоровления, но применить пару тройку проверенных методик вполне способна. Чаще всего здоровье ее хорошее, в первую очередь это касается крепкой нервной системы. Приобретенные заболевания случаются с ней редко, в основном всплывают генетические, с которыми бывает сложно бороться. Не любит лечиться и ходить по врачам из-за того, что боится худшего, а также потому, что не готова потом тратить время на лечение. Тянет до последнего, когда уже нет сил терпеть.

7 Дом — Дом супруга (Партнеры)

Супружеская жизнь будет долгой и благополучной, при условии, что супруг сумеет обеспечить Королеве Воздуха чувство защищенности, стабильности и необходимого комфорта в психологическом и материальном плане.

Часто идеализирует взаимоотношения и, как итог, не может создать нормальную пару, выйти замуж, либо в супружеском союзе присутствует скрытый конфликт. Чаще всего идеализация отношений, как причина конфликта, тянется с детства.

8 Дом — Дом секса и смерти (Реализация)

Для Королевы Воздуха секс скорее обязанность и потребность организма, чем что-то большее. Это не холодность, просто такова ее естественная природа.

Как уже было сказано, Королева Воздуха — хороший исполнитель, который проявляет себя лучше всего в добросовестно и вовремя сделанной работе. Она, как правило, в состоянии сделать то, за что возьмется. Пусть это будет не слишком быстро, зато качественно.

9 Дом — Дом благочестия (Мораль)

Мораль и поступки Королевы Воздуха полностью определяются шаблонами ее воспитания. В этом она непоколебима. Никакие другие точки зрения на мораль даже не рассматриваются. Поэтому так важно родителям такого ребенка показать ему реальные жизненные ценности, без обмана и иллюзий.

10 Дом — Дом царства (Карьера)

Карьера будет складываться удачно при условии, что руководить этим процессом будет кто-то другой — не сама Королева Воздуха. Лидерство ей дается психологически трудно и обычно бывает не под силу. Высот в карьере не достигает, дойдя до уровня комфортного существования, старается оставаться там настолько долго, насколько возможно.

11 Дом – Дом добрых дел (Планы)

Построить дом, вырастить и обучить детей, не иметь материальных затруднений — в этом заключаются планы Королевы Воздуха. Как правило, эти планы реалистичны: от помывки пола до обучения детей, но нередко ограничены собственным представлением о том, как именно все должно быть. Обычно с Королевами Воздуха не спорят, а просто поступают в обход их мнения.

12 Дом – Дом темница (Недостатки и препятствия)

Семь раз отмерит, семь перемерит и отложит на утро. Утром еще раз все взвесит и уже без сожалений начнет думать... а может, еще раз все как следует взвесить?

Иногда устает от своей нерешительности и тогда способна на импульсивные и непродуманные шаги. Скорее всего, так она бунтует против собственной скованности и консерватизма.

Врагов практически не имеет, поскольку старается не мешать никому. А если и помешает, то постарается уладить конфликт раньше, чем он приобретет устрашающие формы.

Королева Воздуха — хорошая хозяйка и заботливая мать. Она спокойна и рассудительна, но при этом не способна на что-то большее. Впрочем, она и не стремится к этому, оставляя инициативу супругу, а сама предпочитает заниматься тем, что ей интересно.

КОРОЛЕВА ЗЕМЛИ
А кому это нужно?

1 Дом – Дом жизни (Личность)

Для Королевы Земли все материальное и имущественное имеет главную ценность. Все вопросы решаются за деньги или при помощи денег. Все цели в жизни так или иначе связаны с деньгами, причем это совершенно не значит, что у нее их много. Однако она к этому страстно стремится.

Цинична, высокомерна и эгоистична. Использует людей, потому что считает, что люди используют ее.

2 Дом – Дом прибыли (Доходы и владения)

Деньги — к деньгам. Королева Земли умеет зарабатывать и сберегать, не экономя. Любит делать подарки. Стремится к роскоши до вычурности и редко знает реальную цену и меру тому, чем пользуется. При этом не исключаются периоды застоя в поступлении денег и сидения на мели. Тогда она спокойно прибегает к кредитам, займам или отправляется в ломбард, поскольку искренне считает, что сможет все наверстать.

3 Дом – Дом братьев (Ближайшее окружение, знакомые)

Общается Королева Земли в основном с представителями своей среды, которая ее полностью устраивает. Однако довольно часто ей становится скучно, поскольку кто-то оказывается лучше нее, и это угнетает, а кто-то оказывается хуже, и это забавляет лишь первые полчаса, позволяя насладиться своим преимуществом.

Для Королевы Земли в целом характерно потребительское отношение к людям, которое сквозит как в ее словах и жестах, так и в делах.

4 Дом – Дом родителей

Заботу о родителях Королева Земли представляет только как обеспечение их бытовых нужд — чтобы были одеты, обуты и сыты. При этом сама забота чаще воспринимается как обуза, которую ей всячески хочется спихнуть на кого-нибудь другого. И если возникает такой шанс, то она не преминет им воспользоваться.

Почитание родителей практически отсутствует, что безмерно их огорчает.

5 Дом – Дом потомков (Дети и творчество)

«Творчество — не хлеб и не масло, так что проку от него мало» — таково мнение Королевы Земли. Она не готова воспринимать мир шире, чем ее естественные потребности и нужды.

В юности она может попытаться заняться чем-то, но лишь для того, чтобы лишний раз удостовериться, что это бесперспективно.

С детьми отношения сложные. С одной стороны, Королева Земли старается быть заботливой матерью, с другой — непременно стремится получить отдачу, которая бы соответствовала ее представлениям. Из-за этого нередки придирки и конфликты. Дети часто стараются дистанцироваться от нее, поскольку желание использовать их в своих интересах — пугает, пусть даже неосознанно.

6 Дом – Дом здоровья (Болезни)

Хороший образ жизни, здоровое питание, достаточно крепкое здоровье. Большое внимание Королева Земли уделяет своему организму. Но это в идеале. А поскольку все же есть сильное желание удовлетворять свои потребности, которые идут иной раз вразрез со здоровым образом жизни, то примерно к 30 годам плохое самочувствие начинает напоминать о себе. Часты болезни нервной системы. Существует риск несчастных случаев из-за невнимательности и нежелания следовать логике, а не эмоциям.

7 Дом – Дом супруга (Партнеры)

Имущество внутри семьи делится между супругами, даже если они и живут вместе, то есть существует четкое разделение — «моя квартира, твоя машина». Брачные контракты — любимое занятие людей Земли. Могут возникать имущественные проблемы, вплоть до развода, если, например, супруг временно лишился работы и семью обеспечивает жена. Однако такой механизм присутствует, если брак заключен в рамках одной стихии. Если муж — Вода, которую часто «приобретают» Королевы Земли, то схема взаимоотношений получается весьма гармоничной. А конфликты, которые могут присутствовать в общении, не что иное, как выброс пара, и ничего серьезного за ними не стоит.

8 Дом – Дом секса и смерти (Реализация)

В сфере секса масса перекосов и случайных связей, которые не украшают жизнь Королевы Земли. Секс очень часто ставится ею во главу угла, как одно из главных удовольствий в жизни.

Реализация и преумножение собственных наработок и возможностей, причем не всегда упорядоченное и гармоничное, характерно для Королевы Земли, поскольку она считает, что деньги «должны работать», да и все вокруг непременно должно работать.

9 Дом – Дом благочестия (Мораль)

Интересы других соблюдаются Королевой Земли лишь в том случае, если это не противоречит ее собственным интересам. При этом она старательно изучает слабые и сильные стороны человека и стремится ими воспользоваться для собственной выгоды. В состоянии оправдать любую гадость или нарушение, на которое пошла, не подумав или из-за выгоды, или просто так, по прихоти. Просто потому, что считает это вполне приемлемым.

10 Дом – Дом царства (Карьера)

В карьере основным критерием является возможность как можно больше зарабатывать.

Умение руководить и сотрудничать, а также пускать пыль в глаза, облапошивать, обводить вокруг пальца, покупать и продавать — характерные черты Королевы Земли. Однако поскольку карьера часто зависит от людей не самых глупых и недалеких, то часто ей приходится мириться с тем уровнем, на котором ей приходится находиться соответственно своим возможностям. Это практически всегда приводит ее в бешенство, поскольку она искренне считает, что ее недооценивают.

11 Дом – Дом добрых дел (Планы)

Обеспечить своих детей и свою старость, не забывая о настоящем положении дел, — вот в общих чертах суть ее планов и целей. Королева Земли работает на перспективу, но при этом не забывает получать удовольствие от настоящего. Однако это не всегда получается так, как она хотела бы, поскольку планирование — не самая сильная сторона Королевы Земли.

12 Дом – Дом темница (Недостатки и препятствия)

Зацикленность на материальной сфере порождает проблемы во всех областях жизни Королевы Земли, которые не относятся к материи, поскольку не все можно решить за деньги. Часты конфликты и недовольство окружающими, которые не позволяют, чтобы ими манипулировали или изливали на них свое недовольство.

У Королевы Земли нет настоящих друзей, зато немало тех, кто готов использовать ее возможности и потенциал.

Королева Земли реальна и прагматична, она не готова поднять свой взгляд ввысь и интересуется только тем, что вполне осязаемо и может быть с успехом ею использовано. Общается с окружающими просто до примитивности, считая это своим неповторимым шармом.

Закончив рассказ о Королях и Королевах различных стихий, продолжим рассказ о том, какие аномалии присущи этим типажам и как при помощи Таро вы сможете их обнаружить.

ПСИХОЛОГИЧЕСКАЯ И СЕКСУАЛЬНАЯ СОВМЕСТИМОСТЬ МАСТЕЙ И ТИПАЖЕЙ

А теперь пора поговорить о том, в чем заключается значение принадлежности человека к той или иной масти стихии, как выглядит взаимодействие различных стихий. Мы рассмотрим более точные схемы поведения человека в психологической и сексуальной сферах.

Иерархия мастей как отражение развития человека

В Таро существует так называемая иерархия мастей. Следует помнить, что вначале идет Вода, затем Воздух, далее Земля и в конце, или на самой вершине, Огонь, который является старшей мастью, самой сильной и сложной. Знание иерархии позволяет понять, как же на самом деле можно взаимодействовать с человеком. Так, например, с Огнем вопросы на равных решать может только Огонь. Всем остальным будет сложно, и чем ниже по иерархии они находятся, тем сложнее. Прошу не воспринимать разговоры об иерархии буквально, не соотносить это с кастовостью и прочими ненужными определениями. Просто так определено природой, но это совершенно не значит, что волк важнее зайца или наоборот.

Развитие человека. Формирование типажа

Когда рождается ребенок, то довольно сложно сказать, к какой стихии он будет принадлежать. Сложно потому, что ребенок примерно до 14–16 лет будет формировать ту схему поведения, которая ему удобна и будет соответствовать его потребностям на основании воспитания, которое он получает. Причем его стихия совсем не обязательно будет соответствовать стихии родителей.

В естественной схеме развития ребенка идет прохождение всех четырех стихий так, как указано выше. То есть от Воды к Воздуху, далее к Земле и в конце — к Огню.

Именно так и развивается человек. Но как показывает практика, становясь Землей в самом начале жизни, человек до старости проживает именно в этой стихии. Как максимум, он к своему базовому знаку добавляет что-то от вышерасположенного, если сознательно развивается, или от нижерасположенного, если деградирует.

Именно в связи с развитием или деградацией личности существуют так называемые смешанные знаки. Но это не совсем так. В базе, основе, личность так и остается принадлежащей к основной стихии, лишь дополняя какие-то компоненты другого знака.

Дружба и вражда стихий

Дружба и вражда стихий чрезвычайно важны для дальнейшего понимания того, как строятся или могут строиться взаимоотношения между людьми. На самом деле они предельно просты.

Огонь дружит с Воздухом, а Земля – с Водой

Это базовые, фундаментальные отношения. В иных видах, таких как Вода с Огнем, Воздух с Землей, отношения возможны на время или в связи с каким-то процессом. Затем они будут прекращены, причем по добровольному решению обеих сторон или вследствие конфликта. Но отношения непременно закончатся. Об этом стоит помнить, когда вы пытаетесь оценивать качество и перспективы союза, пары.

Так что делайте выводы. Если, к примеру, вы — Воздух, а с вами хочет сблизиться Земля, то цель Земли — получение выгоды, желание как-то использовать вас.

Впрочем, если речь идет о работе, партнерстве, то такие взаимоотношения, то есть общение «недружелюбных» знаков, вполне допустимы, поскольку главная идея союза — обоюдная выгода. Однако и там будет немало конфликтов. Ужиться все же можно, если пытаться смотреть на мир глазами другого знака. Не уподобляться или переходить на его язык, поскольку мы уже знаем, к чему это ведет. А попытаться понять его мотивацию. Причем если сделан вывод, но он непонятен или вызывает недоумение, то он верен! Просто таково мышление человека чужой стихии.

Для детей, которые получают воспитание от родителей, принадлежащих к конфликтным знакам, это и хорошо, и плохо. Плохо, конечно, тем, что конфликты неизбежны. Более того, они могут привести к «перевороту» с указанными последствиями. Но хорошо тем, что такую школу ребенок не забудет никогда.

Учиться, но не уподобляться

Уподобление или подражание поведению другого знака считается большим вредом для развития человека. Но вредом является лишь неверное поведение, а вот правильное и корректное поведение сможет дать впечатляющий результат.

Рыба не может ходить

Как мы уже говорили, человек выбирает ту стихию, которая ему соответствует по массе показателей. Но в то же время человек может ощущать нехватку чего-то, что есть у другого человека. Например, ему нравится то, как Вода умеет произвести впечатление на противоположный пол. Но если он начнет копировать поведение Воды, то это приведет к тому, что он получит дезориентацию относительно собственной жизни. Ведь не стоит забывать, что поведение накладывает отпечаток на решения, которые принимает человек, и, следовательно, на результаты этих решений.

Но как же быть, спросите вы, если хочется не только реализовать в себе качества, присущие вашему знаку, но и привнести в жизнь что-то из типажей других стихий? Об этом мы поговорим чуть позже.

Рыба может летать

Помимо уподобления как проявления интереса есть и уподобление как стремление к развитию. Мы уже говорили о том, что человек стихии может развиваться, при этом оставаясь той стихией, к которой принадлежит изначально.

Именно этот способ и эта мера поведения является наиболее приемлемой для того, чтобы получить желаемый результат.

Нужно ли Воздуху вести себя как Вода? Нет, но если есть желание, то можно вести себя как Воздух, используя элементы Воды. Это непросто, поскольку необходимо примерить поведение Воды на себя, адаптировать. В этом случае Воздух приобретает еще один жизненный навык, не скатываясь в своем развитии вниз.

Теперь мы поговорим о том, как выглядит общение стихий между собой в психологической и сексуальной сфере. Для каждого союза будет дан так называемый поведенческий девиз, который позволит лучше понять суть описанных взаимоотношений.

Огонь с Огнем. Сила

Взаимоотношения непростые. Периоды затишья и гармонии сменяются периодами активности.

И если цель одна, а взгляды различны, то возможны серьезное противостояние и конфликты на фоне продвижения к цели.

В качестве смирительного средства помогают логика и здравый смысл. А также некоторая изоляция одного от другого.

Секс так же, как и взаимоотношения, совершенно непредсказуем. Его может быть то мало, то много, то он разнообразен, то вполне предсказуем. Все зависит от настроя пары или одного из партнеров. А также от того, что на самом деле нужно человеку.

Огонь, несмотря на внешнюю активность, весьма сдержанный знак, который способен контролировать свои эмоции.

Огонь с Воздухом. Дружба

Взаимоотношения достаточно ровные и спокойные, если Воздух точно осознает, что старший в паре — Огонь. Это естественное положение вещей, которое нужно принимать и которому следует подчиняться, так же как и подчиняться некоторым требованиям Огня. В ином случае Огонь начнет давить в прямом смысле слова, заставляя Воздух делать так, как хочет Огонь.

Союз может быть неплох, поскольку Огонь может задаться целью и активно двигаться к ней, а Воздух будет влиять на качество достигнутой цели.

Секс может не всегда устраивать Воздух, поскольку сегодня Огонь хочет активности, а завтра спокоен и пассивен. А Воздуху требуется стабильность и упорядоченность во всем. И тогда гармония возможна только на основании разумного компромисса.

Огонь с Землей. Покровительство

На самом деле такой союз вполне реален и дает пользу обоим знакам. Земля от общения с Огнем получает моральную поддержку, так называемое сильное плечо, которого ей может не хватать. Также от Огня Земля получает массу идей, которые даже не приходят ей в голову. Она как бы обогащается практическими знаниями и возможностями.

Для Огня такой союз дает прежде всего материальную подпитку за счет возможностей Земли. Но часто он бывает обузой, поскольку многие методы Земли для Огня просто чужды. И тут приходится либо закрывать глаза, либо расставаться.

В сексе довольно сильны разногласия. Земля любит разнообразный секс. Огонь же во многом зависит от настроения. Поэтому в такой паре возможны несовпадения интересов и конфликты, которые приводят к расставанию.

Огонь с Водой. Изучение

Взаимоотношения могут носить только временный характер. Причем оба знака могут быть крайне заинтересованы друг в друге, поскольку каждый из них видит диковинку. Огонь, не понимая Воду, с интересом может изучать ее. То же делает Вода, восхищаясь Огнем. Это изучение длится недолго, поскольку Огню надоедает избыточная эмоциональность Воды, а Воде — прагматичность Огня и нежелание ею восхищаться.

Секс для них — только способ провести время, и то только после согласия Огня. Он принимает решение и может делать это с интересом или с кажущейся покорностью, чтобы не усугублять конфликт. Но интерес сменяется скукой, а покорность надоедает. Как и отношения.

Вода с Воздухом. Люди разных вселенных

Взаимоотношения этих знаков достаточно странные, поскольку у каждого — свой интерес и свои цели в жизни. Воздух стремится все упорядочить, а Вода — разбросать. Это часто приводит к серьезным конфликтам и выяснениям отношений. Такое взаимодействие в браке практически не встречается, а в жизни возможно лишь по рабочим вопросам, когда ситуация вынужденно сводит вместе эти знаки.

Секс между ними возможет лишь тогда, когда Воздух попадается на удочку любвеобильной Воды, которая ищет приключений. Или тогда, когда Воздух ищет чего-то нового. Но это отношения любовников, но не пары как таковой, где каждый стремится удовлетворить свои потребности, но не жаждет гармонии.

Вода с Землей. Вечные любовники

Это одна из классических схем поведения, где каждый получает то, что он хочет. Земля черпает из Воды моральное удовлетворение, а Вода получает реальную выгоду и возможность делать то, что ей нравится. Такие пары обычно имеют существенную разницу в возрасте, где Вода, независимо от пола, всегда младше Земли.

Секс бурный и активный, с массой отступлений от классической манеры и экспериментов. Но, что часто бывает в паре, партнеры перестают устраивать друг друга достаточно быстро. И тогда возможны конфликты либо измены, которые дают новый всплеск отношениям внутри пары.

Вода с Водой. Омут

Взаимоотношения в такой паре можно назвать ужасающими. Но это если посмотреть со стороны, то внутри же люди получают именно то, чего они хотят. А хотят они эмоций, новых переживаний, обсуждений, мнений и снова эмоций. Каждый день — театр или цирк, в зависимости от амплуа. Но отношениям в такой паре не суждено существовать долго. Чаще всего Вода находит другой знак как отдушину или средство для переключения внимания. А потом, найдя повод, находит и средство для расставания.

Секс страстный и безудержный, который сменяется покоем и блаженством. Однако он быстро становится приторным и пресным, поскольку один день похож на другой. А это для Воды — застой и возможность протухнуть.

Воздух с Воздухом. Крепкая семья

Взаимоотношения ровные, без эксцессов и скачков. Возможны сцены ревности или взаимной подозрительности, чтобы хоть как-то оживить спокойствие и порядок в отношениях. Люди уважают друг друга, заботятся, но слишком придирчивы, что вызывает раздражение. Дом, семья и быт для них важнее всего на свете.

Секс спокойный, «по расписанию». Причем его активность год от года сходит на нет, к взаимному удовольствию партнеров. Они могут искать контакты на стороне, но чрезвычайно редко и только для того, чтобы лишний раз убедиться, что его партнер самый хороший.

Воздух с Землей. Роман с домохозяйкой

Взаимоотношения неровные. Воздуху нужен порядок, а Земле — выгода. Выгода от Воздуха лишь одна — наведение порядка во владениях Земли. Поэтому мы и назвали такое общение «романом с домохозяйкой или управляющим», поскольку иного между этими знаками быть не может.

Секс возможен, но лишь как средство приятно провести время. Причем Воздух может отнестись к нему как к способу укрепления отношений, а Земля — как средству развеять скуку. В целом это разные типажи и, соответственно, разные интересы.

Земля – Земля. Семейный бизнес

Взаимоотношения между такими людьми построены на принципе взаимной выгоды. Любовь и привязанность обычно отходят на второй план, уступая место имущественным и материальным обязательствам. Они могут заниматься одним делом, и их общение является способом укрепления такой связи.

Секс присутствует, но часто не приносит полного удовлетворения. Поэтому они пытаются внести в эту область отношений разнообразие, а если не получают удовлетворения, то стараются найти нового партнера, не разрушая имеющейся связи.

Итак, вы узнали о различных личностных типажах, связанных со стихиями, а также о том, на каких принципах они строят свое общение. Теперь можно перейти к разговору о том, что означает естественное и неестественное поведение людей, разобраться в мотивах их поступков и выяснить, каким образом строить гармоничные отношения.

ПРЯМЫЕ И ПЕРЕВЕРНУТЫЕ МАСТИ

Настало время поговорить о персональных картах Таро, которые в раскладе могут появляться в перевернутом виде. Это знакомые нам Короли и Королевы всех мастей, но не в прямом виде, а в перевернутом. Переворот масти, будем называть это таким термином, приводит к тому, что полностью меняется характеристика, значение карты. Но помимо этого меняется что-то и в жизни человека, на которого гадают. И прежде чем вдумываться в значение и искать смысл каждой карты, стоит разобраться, что же происходит с человеком, когда его карта отображается в перевернутом виде.

Почему человек меняется?

Первое, что стоит сказать о причинах, которые повлияли на перемены в жизни человека, — это то, что он совершил ошибку и продолжает двигаться в неверном направлении.

Другими словами, в силу определенных причин человек начинает вести себя не так, как должен вести в обыденной ситуации. Можно спросить: что значит «должен»? Конечно, по сути, он никому и ничего не должен, но привычка, психологический профиль, манеры — все это диктует ему определенные схемы поведения. Мы о них уже говорили и привели примеры для каждого из 12 Домов. А вот когда карта «переворачивается», она указывает на сбой в такой схеме. Человек мало-помалу начинает терять контроль над собой и своими поступками, но, сохраняя схемы поведения, похожие на обычные, искажает их. Это приводит к тому, что его поведение перестает быть характерным для его типажа.

Несколько примеров

Возьмем Королеву Воды. Она, как известно, эмоциональна, привыкла все получать при помощи капризов, скандалов, истерик. В принципе, куда уж хуже, скажете вы. Да, хуже некуда. А вот если карта переворачивается, то все эти действия не дадут результатов и не принесут никакого эффекта. Да-да, я подчеркиваю, что эффект от всех этих мыльных опер раньше имел место, они, как говорится, работали. Но вдруг перестали. Такая дама теряет контроль над ситуацией и тем, что она в ней делает. Чаще всего это заканчивается депрессиями — периодом эмоционального слома, который может «успокоить» человека, вернуть ему былые возможности, но также и способен завести его в психологический тупик.

Или, к примеру, Король Земли, человек, который привык искать и главное — получать выгоду от своих действий, все и везде мерить земной меркой. Так вот, когда он «переворачивается», то это значит, что он теряет свои деньги. Он начинает совершать ошибки, теряет чутье на выгоду.

Итак, переворот масти или начало череды ошибок возникает тогда, когда в привычной для себя ситуации человек, принадлежащий к определенному типажу, демонстрирует несвойственное ему поведение. Как если бы человек вдруг перестал говорить на привычном ему родном языке и заговорил на чужом, которого и сам бы не понимал.

Как увидеть переворот масти?

Каждый переворот масти в первую очередь отражается на 1-м Доме человека — Личности. И увидеть это достаточно просто.

Давайте посмотрим описание мастей в свете изменений привычной им психологической ориентации. Поскольку Королевы и Короли в перевернутом виде будут иметь схожую характеристику, то делить, как это делалось раньше, не имеет смысла.

Перевернутый Огонь. Спонтанная и бесконтрольная агрессивность, вспыльчивость. Подсознательное желание спорить и конфликтовать. Избыточная жесткость и грубость в общении. Злоупотребление силой и властью.

Перевернутая Земля. Потеря денег, причем не единовременная (что не является показателем), а стабильная и постоянная. Потеря чутья на выгоду, которая связана с потерей денег. Суетливость, скупость, стремление экономить на всем или все получить задаром.

Перевернутый Воздух. Бессвязная речь и нестройные мысли, которые бывает сложно донести до собеседника. Безыдейность, апатия и, как следствие, подавленность, выраженная в абсолютном нежелании что-либо делать. Неопрятность и безразличие к своему внешнему виду.

Перевернутая Вода. Капризы, скандалы и ссоры — стандартные методы манипуляций не дают эффекта, поскольку несвоевременны или плохо реализованы. Депрессия, внутренняя озлобленность, отстраненность могут вылиться в попытку суицида.

Заметив подобные проявления в человеке, вы сможете понять, что с ним на самом деле происходит.

Как происходит переворот масти?

Перечислим ситуации, при которых происходит «переворот». Это позволит вам достаточно быстро найти причину возникновения проблем и позволить создать нужный «рецепт» в виде совета или рекомендации.

Общение с «чужими»

Общение с «недружественной» мастью и уподобление ее поведению. Это можно назвать подражанием. Напомню, что такой мастью для Огня и Воздуха является Вода и Земля, и наоборот. Это может заключать определенную опасность, поскольку связь со своей естественной моделью поведения потеряна, а новая модель, особенно конфликтной масти, не может быть применена в силу реальных природных законов. Не может хищник стать травоядным, а водоплавающее — комфортно чувствовать себя на суше. И мы, хочется нам этого или нет, вынуждены придерживаться той схемы поведения, которая является для нас естественной.

Новый жизненный этап

Следующей причиной сбоя является начало нового жизненного этапа. И в этом случае происходит дезориентация, поскольку привычные схемы поведения и поступков перестают давать тот результат, на который рассчитывали. Как, например, первоклассник, перейдя во 2-й класс, уже не может оперировать старыми данными, не может их адаптировать под новые условия, а вынужден учиться по-новому применять то, что имеет на этом этапе.

Да, это тяжело, непросто — учиться тогда, когда уже кажется слишком поздно, и бывает, что люди срываются, и тогда масть «переворачивается». Человек начинает вести себя совершенно иначе. Но это только усугубляет положение вещей.

Единственно правильным решением будет переучиваться, использовать свои возможности по-новому, в соответствии с новым уровнем.

Нежелание развиваться

Внешнее влияние, которое может быть компенсационным фактором неудавшегося перехода, произошедшего из-за непринятия человеком перемен, происходящих в его жизни. Это следствие вышеописанной ситуации, когда человек не смог или не захотел измениться, и тогда жизнь взяла все в свои руки.

В таких случаях обычно говорят, что «жизнь учит». Человек теряет ориентацию так же, как при переходе на другой уровень развития, но не потому, что развивается, а как бы «в наказание», для того чтобы он всерьез задумался.

Иногда такую ситуацию называют последним шансом, поскольку в этот непростой период можно исправить ошибки и сделать свою жизнь лучше.

Итак, переворот масти, который всегда означает потерю ориентации, ошибочность и неуверенность в себе, происходит из-за того, что человек начинает применять в жизни несвойственную ему схему поведения, по сути, примеряет чужую одежку. Достаточно просто на первый взгляд. Но в жизни все гораздо сложнее, поскольку для человека такой переворот в буквальном смысле означает переворот с ног на голову. И обрести понимание и осознание происходящего бывает очень и очень непросто. Но нет ничего невозможного, особенно если вы понимаете причину происходящего и следуете тем подсказкам, которые дают вам Таро и жизнь.

СТРУКТУРА ИДЕАЛЬНЫХ ОБРАЗОВ — УВЕРЕННОСТЬ В СЕБЕ

Помимо того, что при помощи общего расклада вы можете получить информацию о структуре человека, она дает возможность погружения в структуру идеальных образов человека — образов, на основании которых человек, осознанно и неосознанно оценивает процессы окружающего мира, себя самого, людей. Также в этой структуре кроется информация об уверенности в себе, основанной на осознанных или неосознанных факторах.

Картинка — структура, которая была приведена выше, остается без изменений. Но вот ключевые элементы — значения ячеек — будут иными. И самое главное, что у каждой ячейки имеются свои Базовые значения — идеальные или реальные формы, на которые опирается человек, действуя в рамках той или иной ситуации.

1. Личность — Идеальная целевая установка — Безоговорочный успех

   5. Схема восприятия мира — Интуиция/ощущение

   6. Схема взаимодействия с ожидаемым — Неожиданность/бесконтрольность

2. Род (потенциал) — Идеальная схема работа — Преодоление/структурирование

   7. Схема взаимодействия — Стабилизация/адаптация процесса

   8. Схема получения компонентов — Корректность/своевременность

3. Пол — Идеальное стремление — Гармония/баланс интересов

   9. Схема взаимодействия — Шанс, возможность

   10. Схема демонстрации себя — Акцент на своих интересах

4. Талант — Идеальная схема реализации — Борьба

   11. Схема построения взаимодействия — Выгода, прок, результат

   12. Схема реализации компонента — Смелость, решительность, движение

Пример[4].

1. Личность – Безоговорочный успех – 2 жезлов

Ждать, выжидать, выгадывать, держать паузу, перенести принятие решения на другой день, месяц, год или вообще передать его другому человеку. И важно помнить, что в этой ситуации человек крайне уязвим — он может совершить глупость под давлением другого человека или ошибочной оценки прежних факторов.

5. Интуиция/ощущение – 9 жезлов

Решение принимается только на основании собственного представления о ситуации. Человеку с подобным типажом не требуется помощь или совет — он сам вполне способен понять, что ему нужно от этой жизни. Но чаще всего решения бывают не верными, поскольку не учитывают ничьих интересов, кроме его собственных.

6. Неожиданность/бесконтрольность – 7 мечей

Принцип принятия решения на данном уровне эмоционально-интуитивный — делает то, что хочется. Или, как говорят в народе, «что левая пятка захочет». И не стоит взывать к его рассудку — сейчас он далек от этого понятия.

Итог: человек обладает богатой интуицией и точным ощущением происходящего. Советы, рекомендации и давление не будут им восприниматься всерьез. Если он находится в пассивном состоянии, значит сейчас он не ощущает возможностей для движения. И любая попытка давления приведет как минимум к агрессии — человек будет защищать себя и свои интересы, а как максимум к ошибке — человек, не чувствуя ситуацию, непременно совершит ошибку.

2. Род (потенциал) – Преодоление/структурирование – 8 динариев

Решение принимается на основании тщательного взвешивания ситуации. Когда все «за» и «против» ясны, когда понятны перспективы, когда нет сомнений ни в чем, человек принимает решение. В ином случае ситуация «завешивается» до тех пор, пока в ней не наступит ясность.

7. Стабилизация/адаптация процесса – 5 мечей

Решение принимается без раздумий, легко и непринужденно. Что захотел, то и сделал — он считает, что победителям можно все. Это схоже с поведением пьяного человека, за исключением того, что этот опьянен успехом.

8. Корректность/своевременность — 4 динариев

Человек старается не принимать никаких решений. «Рубль в минус» — уже не нравится. «Рубль в плюс» — а зачем он мне нужен? Только естественная трансформация может заставить его предпринять какие-либо шаги.

Итог: перед нами достаточно противоречивая Личность в контексте Родовой базы и того, что вложено в него. Вы можете видеть две схемы поведения: с одной стороны человек готов совершать поступки, даже рискованные, с другой — будет «ждать» и «выжидать» до тех пор, пока кто-то не сделает за него. Одна из форм «лишняя» и привита Родителями. Какая именно? Обратите внимание на описание п.1 личности и вы увидите, какая именно форма присуща данному человеку, а какая является чуждой[5].

3. Пол — Гармония/баланс — Всадник кубков

Форма поведения зависит от эмоциональной окраски. Если негативная — то яркое неприятие, беспричинная раздражительность, ощущение того, что «брось спичку и человек взорвется эмоциями». Если позитивная — то крайняя любезность, заботливость, проявления лести и беспричинной похвалы. Эдакий образ лисы.

9. Шанс, возможность — 10 мечей

Решения принимаются по принципу палач/жертва. То есть либо перед ним — палач, и нужно держать дистанцию, либо жертва и тогда она «создана» для того, чтобы ее покорили.

10. Акцент на своих интересах — 1 Маг

Поведение такого человека в ситуации можно описать как двойственное. Если ему это нужно — он подчиняет процесс своей воле и старается обрести контроль над происходящим. Но если ситуация ему безразлична он может быть крайне апатичным и беспристрастно наблюдать за тем, что происходит рядом с ним.

Итог: в отношении супруга (или супруги) это «капризный ребенок», который будет требовать максимум внимания к себе и своим интересам, практически не уделяя внимание своей половине. Более

---

[4] Поскольку в раскладе мы рассматриваем Структуру человека в контексте поведения и реализации себя в окружающем мире, то в значениях карт нами будет использован только «принцип принятия решения». Если вы хотите получить более объемную и детальную картинку личности, вы можете последовательно дополнять образ иными значениями карты.

того, в случае сопротивления своей воле возможны проявления агрессии вплоть до насилия[6].

4. Талант – Борьба – 7 Колесница

В ситуации человек с подобной чертой характера стремится двигаться по пути наименьшего сопротивления с одной лишь целью — быстрее завершить тот путь, который он наметил. Он не будет искать компромиссы или обходные пути — слишком долго для его характера. Возможно и почти достоверно, что он «пойдет по головам».

11. Выгода, прок, результат – 6 динариев

Решения принимаются по принципу «выгоды». Помочь — в чем выгода? Дать в долг — под какой процент? Оказать благотворительную помощь — а мне зачтется и от кого? Все только на базе перспективного вложения средств.

12. Смелость, решительность, движение – 6 жезлов

Решение принимается после основательной оценки происходящего, когда взвешены все «за» и «против». Когда человек точно знает, что решение будет верным. А если нет, то будет ждать, и это будет продолжаться до тех пор, пока ситуация «не исчезнет», либо пока он соберет всю необходимую информацию.

Итог: перед нами достаточно корыстный и расчетливый индивидуум. Его удел не творчество и не работа руками или головой — он торговец, делец, человек, который может «ловить рыбу», причем даже в мутной воде.

---

[5] Диссонанс в информации — важный ключ к пониманию ситуации. Человек, независимо от типажа (стихийной принадлежности), достаточно последователен и в определенной степени предсказуем. И если человек начинает что-то делать, что противоречит его базовым личностным качествам, это означает, что существует кто-то или что-то, что повлияло на человека, изменив его схему поведения.

Позиционирование себя в обществе
(реализация Уверенности)

А это уже анализ структуры Уверенности в себе и того, на каких компонентах основана схема уверенности в конкретной личности. Вы можете видеть, что понятие Уверенности совокупное — оно состоит из взаимодействия и реакции на несколько компонентов-процессов.

Особенно важно при рассмотрении этого расклада обратить внимание на наличие или отсутствие связей, которые начинаются от источника (1, 2, 3 и 4) и реализуются в окружающем мире. Это даст вам дополнительную информацию:

— Компоненты (карты) дополняют друг друга — вы видите согласие или принятие личностью той ситуации, которая происходит. Причем она может быть как позитивной, так и негативной. Важно, что дополнение дает человеку полную взаимосвязь со своим внутренним миром.

— Противоречивые или диаметрально противоположные значения — указание на конфликт, наличие слабости (неуверенности) в каком-то из компонентов. В зависимости от источника, вы можете сделать вывод о том, где именно возник диссонанс. Внутри — его создал сам человек, из вне — факторы или люди внесли его в личность.

1. Личность

  13. Внешность, внешний вид, облик, отношение к внешности

  14. Социальный уровень, статус, социальные возможности

  24. Самоудовлетворенность, самоотдача

2. Род

  15. Образы и формы Рода — потенциал

  16. Перспективы развития — уверенность в будущем и поддержка

---

[6] Обратите внимание на п. 7 в описании Родовых взаимодействий. Именно эта форма проявилась в отношении супруга. Чаще всего это демонстрация того, что видел и чувствовал человек. Обычно это ребенок, который подвергался насилию в семье, основанному «на плохом настроении», «нервозности», «беспричинной злости», то есть немотивированной и неконтролируемой агрессии со стороны одного из родителей.

17. Осознание качеств половой принадлежности, требования к полу

3. Пол

18. Ощущение и реализация половых признаков

19. Требования к партнеру

20. Удовлетворенность взаимодействия

4. Талант

21. Удовлетворенность своими действиями

22. Удовлетворенность своим профессиональным уровнем

23. Самоудовлетворенность, самодостаточность

Пример.

1. Личность — 2 Жрица

Человек, обладающий описываемой характеристикой, сторонится большинства ситуаций и процессов. Он отрешен от суеты и старается как можно быстрее удалиться в свой уютный «храм».

13. Внешность, внешний вид, облик, отношение к внешности — 5 динариев

Заискивающий взгляд, тоска в глазах, скромная и часто сильно изношенная, но вполне опрятная одежда — классический стиль «опрятного бомжа». За исключением одной детали, которая все ставит под сомнение, — дорогая сумочка, или часы, или обувь — что-то, что диссонирует с тоской об утраченном счастье.

14. Социальный уровень, статус, социальные возможности — 10 мечей

Решения принимаются по принципу палач/жертва. То есть либо перед ним палач, и нужно держать дистанцию, либо жертва и тогда она «создана» для того, чтобы ее покорили.

24. Самоудовлетворенность, самоотдача — 6 кубков

Решения принимаются, исходя из реальных потребностей. Сами эмоции лишь инструмент, но важно, какая цель преследуется. Если же цели нет, то человек достаточно долго может прибывать в состоянии «между небом и землей», как бы наслаждаясь существующей картиной реальности.

Итог: как личность человек крайне не уверен в себе. Он стесняется себя, своей внешности, реакции окружающих людей на него. Можно сказать, что это не просто неуверенность — это моральная слабость. Возможно дальнейшие карты укажут на то, где и как произошел столь сильный слом.

2. Род – Король жезлов

Спокоен, уравновешен, деловит. Всегда готов прийти на помощь другим людям. Это создает вокруг него обилие друзей и знакомых, которые нередко забирают у него массу свободного времени.

15. Образы и формы Рода – потенциал – Всадник кубков

Форма поведения зависит от эмоциональной окраски. Если негативная — то яркое неприятие, беспричинная раздражительность, ощущение того, что «брось спичку и человек взорвется эмоциями». Если позитивная — то крайняя любезность, заботливость, проявления лести и беспричинной похвалы. Эдакий образ лисы.

16. Перспективы развития – уверенность в будущем и поддержка – 15 Дьявол

Люди с подобным проявлением чаще всего мучаются и, можно сказать, страдают от того, что обладают им. Они не в состоянии им управлять, а схемы общения, построенные на этом элементе, чаще всего приводят к большим и малым проблемам. Поэтому большинство тех, о ком идет речь, более стеснительны, скрытны, не уверены в себе, поскольку «не хотят, чтобы их воспринимали только по одной характеристике».

17. Осознание качеств половой принадлежности, требования к полу – 4 жезлов

В качестве ключевого признака можно отметить уверенность в себе и уверенность «вокруг себя». У человека все получается, жизнь течет так, как хочется, и все кажется контролируемым, прогнозируемым и понятным. К чему больше? Нужно получать удовлетворение от того, что достиг и не думать о завтрашнем дне.

Итог: в Доме родителей присутствует «авторитет отца» — человека, который подчинил себе волю и стремление рассматриваемого нами индивидуума. «Будет так, как я хочу!» — это одна из форм домостроя отца, которая создала максимум проблем для человека. И только то, что в п. 17 человек ощущает в себе силы влияния на противоположный пол, вселяет надежду — брак, как форма выхода из-под избыточной опеки. Впрочем, это мы сможем подтвердить или опровергнуть, рассмотрев п. 3 и сопряженные с ним составляющие.

3. Пол – Паж динариев

Суетливо-деловито, как на базаре: хочешь купить — купи, не хочешь покупать — проходи. Так часто выглядит образ человека, для которого деньги являются идолом, кумиром и смыслом существования.

18. Ощущение и реализация половых признаков – 16 Башня

В ситуации человек, описываемый нами, активен. Он старается вмешиваться во все, но при этом его участие в большинстве случаев ограничивается уровнем идей или мнений, которые есть в огромном количестве и по любому поводу. Причем негативного характера. Делать что-то сам он не хочет и чаще всего отлынивает от этого.

19. Требования к партнеру – Король мечей

Король мечей может быть практически любой, поскольку хорошо подстраивается под манеры поведения любого знака — никогда не знаешь, какая «личина» поможет сегодня. Но это всего лишь личина, которая быстро уступает место истинному типажу Короля мечей — властному, сильному и целеустремленному человеку.

20. Удовлетворенность взаимодействия – 5 мечей

Приподнятое настроение, излишняя общительность, шутки, иногда не к месту и не вовремя. Эмоции яркие и хочется их выплеснуть наружу, чтобы «сосуд» наполнился вновь. От человека, находящегося в таком состоянии, можно получить многое — он почти не контролирует свои поступки со стороны рациональной составляющей.

Итог: рассматриваемого нами человека интересует «сильная личность» — он должен быть активен, иметь массу возможностей и способен «подарить новый мир» для нашего подопечного. Эдакий образ «принца на белом коне». Правда сразу встает вопрос о том, зачем столь сильной и уверенной в себе личности нужен человек с массой личностно-психологических проблем?

4. Талант – 10 динариев

В качестве поведенческого признака необходимо отметить приподнятое настроение, благодушие, довольство. Человек как бы всем видом говорит: у меня получилось, получиться и у вас, будьте оптимистичнее.

21. Удовлетворенность своими действиями – 8 динариев

Деловая неторопливость, неспешность, размеренная речь, скупые и точные жесты — вот яркие описания почерка поведения человека. Он точно знает, когда, как и в каком количестве расходовать свои силы — это не столько опыт, сколько черта характера, отшлифованная с годами.

22. Удовлетворенность своим профессиональным уровнем – 8 Правосудие

Человек не сделает ни шага и не примет решения, пока все как следует не взвесит. Он будет выяснять, копаться, уточнять и «брать время на размышление», пока не будет готов огласить вердикт. Но если он его огласит, то практически никто не сможет поколебать его в этом решении.

23. Самоудовлетворенность, самодостаточность – Королева динариев

По форме поведения Королева динариев слегка суетлива (пытлива и подвижна), старается вникнуть в процесс как для того, чтобы ее «не надули», так и для того, чтобы иметь возможность контролировать процессом. Нетерпелива и капризна, если что-то идет не по ее плану или это может оказать влияние на оппонента.

Итог: реализация талантов вызывает если не восхищение, то уважение к человеку. Он полностью реализует себя в работе, он успешен и уверен в своих силах. Это сектор, в котором у него все получается.

Общий итог: перед нами личность, которая обладает массой комплексов. Отец (и родители) помогли создать в ней искаженную структуру мировосприятия — человек не уверен ни в своей Личности, ни в корректной родовой поддержке. Образ партнера искажен и мало реалистичен. Человек «создан для того, чтобы быть не счастливым». Но есть База Таланта — там человек успешен и самодостаточен. Эта база, при умелой работе и помощи, поможет справиться как с «дефектами личности», так исправить искажения, которые внесли родители.

МУЖЧИНА/ЖЕНЩИНА — СТРУКТУРНЫЕ ОБРАЗЫ

Помимо того, что мы при помощи сетки личности, которая представлена выше, можем сделать оценку того или иного индивидуума, мы имеем возможность рассмотреть мужчину или женщину с позиции природно-структурного набора. Это своего рода оценка человека относительно его компонентов, формирующих тип поведения относительно его пола-принадлежности.

Женщина

1. Женщина-личность — описание того, как видит себя человек относительно своего образа, внешности, принадлежности к полу.

2. Женщина-ребенок — описание того, как сформировали и относились к человеку родители, какие базовые требования они возлагали на нее.

3. Женщина-жена — основные установки и стремления в браке или во взаимоотношениях с партнером.

4. Женщина-мать — методы достижения цели, сохранения семьи, обеспечения защиты и безопасности.

5. Форма выражения личных компонентов — основная схема поведения.

6. Форма воспитания — схема получения информации.

7. Форма подчинения — «слабые» места, формирующие зависимость человека.

8. Форма получения — поведение с целью что-то получить из мира.

9. Форма потребления — как и в каком виде человек готов принимать что-то из мира.

10. Форма достижения цели — как и каким образом человек привык достигать цель.

11. Форма управления — как наиболее приемлемо для человека управлять другими людьми.

12. Форма ограничения — как и каким образом можно ограничить человека.

13-24 — классические дома, которые мы не будем рассматривать по причине того, что там мы увидим реализацию — причина же реализации кроется в 1-12 ячейках структуры.

Мужчина

1. Мужчина-личность — описание того, как видит себя человек относительно своего образа, внешности, принадлежности к полу.

2. Мужчина-ребенок — описание того, как сформировали и относились к человеку родители, какие базовые требования они возлагали.

3. Мужчина-муж — основные установки и стремления в браке или взаимоотношениях с партнером.

4. Мужчина-отец — методы достижения цели, сохранения семьи, обеспечения защиты и безопасности.

5. Форма выражения личных компонентов — основная схема поведения.

6. Форма воспитания — схема получения информации.

7. Форма подчинения — «слабые» места, формирующие зависимость человека.

8. Форма получения — поведение с целью что-то получить из мира.

9. Форма потребления — как и в каком виде человек готов принимать что-то из мира.

10. Форма достижения цели — как и каким образом человек привык достигать цель.

11. Форма управления — как наиболее приемлемо для человека управлять другими людьми.

12. Форма ограничения — как и каким образом можно ограничить человека.

13-24. Классические дома, которые мы не будем рассматривать по причине того, что там мы увидим реализацию — причина же реализации кроется в 1-12 ячейках структуры.

Обратите внимание, что в описании как мужчины, так и женщины отсутствует такое понятие, как карьера или работа. Они являются так называемыми вспомогательными формами, которые позволяют реализовывать п. 4 — сохранение семьи, обеспечение семьи, достаток и продолжение рода.

Теперь, когда вы видите новый уровень структуры типажей, рассмотрим все на конкретных примерах.

Пример: женщина 35-ти лет, причины обращения — невозможность создания семьи, невозможность найти достойного партнера, нет перспектив личной жизни.

1. Женщина-личность – описание того, как видит себя человек относительно своего образа, внешности, принадлежности к полу. Туз динариев

В мире денег все начинается с денег и заканчивается ими же. Чувства, эмоции, отношения, иные межчеловеческие процессы — все это находится между «началом и концом» процесса и часто приносится в жертву ради достижения цели. Принцип реализации компонента такой же, как во всей масти — выгода, получение фактического материального преимущества перед остальными.

Вывод: для нее самое главное — это материальное позиционирование в обществе или полное соответствие лозунгу «по одежке встречают».

2. Женщина-ребенок – описание того, как сформировали и относились к человеку родители, какие базовые требования они возлагали. 5 динариев

Каждый рано или поздно попадает в затруднительную ситуацию, когда чего-то не хватает и это состояние приводит к отчаянию. Кажется, что выхода нет. Но если описываемая ситуация имеет причину, то она может рассматриваться как логичный отклик на существующие обстоятельства. Но есть и «состояние души», при котором человек страдает из-за того, что чего-то не имеет, при этом и сам факт страдания под вопросом, и необходимость того, о чем страдает, сомнительна.

Выводы: родители не научили человека использовать разум, логику, интеллектуальные возможности человека. Основой упор, по мнению родителей, должен быть сделан на душевное спокойствие и эмоциональный комфорт.

3. Женщина-жена – основные установки и стремления в браке или взаимоотношениях с партнером. Король кубков

Ключевая целевая установка — реализация своих эмоциональных потребностей в окружающий мир. Чаще всего там, где это возможно. Если нет такой возможности или «мир черств и эгоистичен», замыкается в себе, страдая в одиночестве.

Вывод: она «не готова» к тому, чтобы быть женой или стать хорошей женой. Брак — это не только эмоциональная удовлетворенность от взаимоотношений, но масса обязанностей, требований и иных вполне практичных форм, которые невозможно реализовать при помощи эмоций — надо просто брать и делать. Такое состояние сектора «Женщина-жена» соответствует подростку, который еще полон эмоциональных идеалов, и «старой деве», которая разочаровалась в мужчинах.

4. Женщина-мать – методы достижения цели, сохранения семьи, обеспечения защиты и безопасности. 7 жезлов

Реализацию компонента очень хорошо можно отследить в детском возрасте — о таких обычно говорят «забияка» или «задира». Человек всегда чем-то недоволен, всегда пытается настоять на своем, «качает права», выводит на скандал, давит, настаивает, третирует.

Выводы: она способна позаботиться о своем ребенке, способна быть ответственной матерью, если будет кого воспитывать (вернее от кого родить).

5. Форма выражения личных компонентов – основная схема поведения. 5 жезлов

«Лезет в бутылку», «спорит по поводу и без», «цепляется к словам» — так общество характеризует поведение человека с описываемым качеством. Он не готов к компромиссу — его интересует только его точка зрения, которую он будет отстаивать не смотря ни на что. Но не нужно переживать — эта форма хоть и раздражает окружающих, но при этом не является агрессивной.

Выводы: комментарии излишни — на лицо крайний эгоизм поведения.

6. Форма воспитания – схема получения информации. Паж динариев

От жизни нужно получить максимум — и человек стремится заработать, получить, урвать все, что можно и что нельзя. Причем чаще нельзя, поскольку типаж еще не вполне созревший.

Выводы: берет от жизни все, что может взять, часто без разбора и вдумывания.

7. Форма подчинения – «слабые» места, формирующие зависимость человека. 10 динариев

Если 9 динариев демонстрирует нам удовлетворение человека от того, чем он обладает, 10 динариев описывает реакцию человека, который что-то достиг. Своим трудом, своими усилиями он реализовал то, к чему так долго стремился. Он доволен, счастлив, он получил реальный отклик своих усилий.

Выводы: «крайняя» оценка своих возможностей — человек считает, что достиг максимума, он успешен, самодостаточен. И сразу возникает вопрос о том, а нужен ли ему кто-то, кроме него?

8. Форма получения – поведение с целью что-то получить из мира. 13 смерть

Скрытым желанием человека является желание перестать себя контролировать, выпустить на волю своего зверя. Именно поэтому таких людей часто можно встретить в силовых структурах — там, где смерть является частью жизни и нормой поведения.

Выводы: стремление подсознания вполне логично — расслабиться и посмотреть на то, что предоставляет жизнь. Собственная схема поведения не дает нужных результатов (см. причины обращения).

9. Форма потребления – как и в каком виде человек готов принимать что-то из мира. 8 мечей

Человек «загнал себя в угол» — он не видит того, что происходит на самом деле. Он не оценивает того, что вокруг него. Он считает, что если он обладает силой, то все остальное не важно. Крайне редко подобное состояние может быть названо нормальным. Например, в случае «штурма крепости» или на спортивных соревнованиях. В реальной жизни мы видим агрессора, который ничего и никого не видит.

Выводы: человек не готов к получению чего-либо. Он сформировал массу нереализуемых или несуществующих требований, которые не позволяют ему получить что-то иное из окружающего мира.

10. Форма достижения цели – как и каким образом человек привык достигать цель. 7 мечей

Человек пожинает плоды своих усилий — он получил то, что мог получить в этой ситуации и происходящее его вполне устраивает. Возможно то, что получил человек немного больше, чем он сможет верно распорядиться, но это покажет жизнь. А пока человек весьма рад удаче, которая наградила его столь неожиданным подарком.

Выводы: цель достигается через схемы эмоционального отклика. Положительные эмоции — все верно, отрицательные — ошибка. Просто и крайне пагубно для личности.

11. Форма управления – как наиболее приемлемо для человека управлять другими людьми. 3 динариев

Когда нет идей в своей голове, а жажда выгоды толкает вперед, человек с описываемым типажом, часто прибегает к помощи других людей. Это активное стремление воспользоваться чужой схемой, чтобы получить что-то для себя. Часто ошибочное стремление, поскольку чужое имеет своего хозяина-инициатора, который умеет контролировать процесс.

Выводы: не делать самому, а сделать так, чтобы сделали за тебя. Это отчасти раскрывает нам отношение к причине обращения — сделайте за меня! Дайте мне семью, детей и т. д.! С таким человеком крайне сложно будет работать — он не готов менять себя и не готов принять то, что его мир крайне искажен.

12. Форма ограничения – как и каким образом можно ограничить человека. 4 жезлов.

Компонент реализуется по принципу «Если все хорошо, зачем нужно лучше?» Это своего рода житейский консерватизм, который основан на существующих достижениях. Нет смысла к чему-то стремиться или что-то искать — действительность вполне устраивает.

Выводы: довольство и «сытость» — вот факторы ограничений. Появления их дает человеку сигнал «стоп». В ином случае, без обратной связи, человек будет идти до конца.

Выводы по причине обращения — невозможность создания семьи, невозможность найти достойного партнера, нет перспектив личной жизни.

Человек не может создать семью, не может найти достойного партнера и сформировать хоть какое-то подобие личной жизни по причине массы искажений, о которых мы говорили выше. Он ведет себя как потребитель, готовый «купить» отношения. Но это не приносит счастья и бросает человека еще глубже в отчаяние.

Рекомендаций масса, но скорее всего человек не прислушается к ним. Для него позиция «он не прав» практически неприемлема. Но его устроит «великое зло», которое мешает ему стать счастливым или «враги», которые встают у него на пути.

Пример: мужчина 23-х лет, причина обращения — помощь в реализации карьерного роста, стремление стать более успешным.

1. Мужчина-личность – описание того, как видит себя человек относительно своего образа, внешности, принадлежности к полу. 8 динариев

Один из ключевых признаков делового человека — это умение правильно распределить силы. Форсирование или избыточное ускорение приведут к тому, что человек истратит силы на данном этапе и в следующем он уже будет не способен к серьезным шагам.

Выводы: человек пока не умеет рационально использовать свои ресурсы. Отчасти (в таком возрасте) это говорит об излишней эмоциональности, отчасти — о неумении контролировать себя и свой потенциал. Все это со временем и надлежащим отношением приходит в норму.

2. Мужчина-ребенок – описание того, как сформировали и относились к человеку родители, какие базовые требования они возлагали. 1 Маг

Скрытым желанием такого человека является желание переложить ответственность за происходящее на кого-то еще. По своей природе он никогда не бросит то, что хочет и к чему стремится. Но у него не всегда хватает сил и умения для того, чтобы достичь цели. Именно из-за этого подобные люди часто встречаются в обществе спокойных, уравновешенных людей, которые, как «мулы», будут везти ситуацию до победного конца.

Выводы: человек хочет «получать», но пока не готов ни «отдавать», ни «платить». Над этим ему необходимо серьезно подумать.

3. Мужчина-муж – основные установки и стремления в браке или взаимоотношениях с партнером. 6 жезлов

Одним из наиболее точных описаний реализации данного компонента будет слово «задумчивость» или размышление — в зависимости от того, говорим мы о том, как это выглядит или что происходит с человеком. Он никогда не будет принимать решение, не взвесив всего и не учтя всех доводов. Возможно, это будет «не спешно», но такова плата за умение думать.

Выводы: к браку не готов. Оно и понятно — возраст.

4. Мужчина-отец – методы достижения цели, сохранения семьи, обеспечения защиты и безопасности. 3 кубков

Карта демонстрирует так называемое компанейское поведение — в какой бы коллектив человек не попал и в какой бы компании он не находился, он чувствует прилив эмоций и радость от общения. Это не общительность, не болтливость, не эмоциональная привязанность — просто ему с кем-то гораздо лучше, чем в одиночестве. При этом он не лидер и не заводила — он простой соучастник процесса.

Выводы: ему необходимо работать с людьми, в коллективе, на людей и для людей — это даст ему преимущества перед другими участниками ситуации.

5. Форма выражения личных компонентов – основная схема поведения. 2 Жрица

Спокойствие — вот то желание, которое преследует человек с описываемой чертой характера. Он хочет тишины, покоя, уединенности и совершенно не готов к тому, чтобы наслаждаться иной, «громкой» стороной мира.

Выводы: данная форма не соответствует его возможностям п.4. Либо он в коллективе, успешен, активен (и учится взаимодействовать с людьми), либо он «серая мышь» со всеми вытекающими последствиями.

6. Форма воспитания – схема получения информации. 15 Дьявол

Скрытым желанием описываемого нами типажа является стремление к полной реализации собственных желаний. Своего рода «Дьявольский маг» — хочу все подряд, и при этом не хочу ничего делать сам.

Выводы: его буквально заставляли жить и поступать «по максимуму». Отчасти он устал — см. п. 5, но именно то, как его «теребили» родители, является единственно верной и успешной линией поведения для него лично.

7. Форма подчинения – «слабые» места, формирующие зависимость человека. 2 кубков

Компонент, описываемой данной картой, реализуется в виде эмоциональной растерянности. С одной стороны ситуация вызывает положительные эмоции, но с другой — в силу новизны или неизвестности она немного пугает или настораживает. Человек пока не может раскрыться полностью — волнуется, переживает, сдерживает свои эмоции: все должно быть в рамках.

Выводы: появление эмоциональной растерянности и дезориентации укажет на то, что существует давление. Сам человек «не теряет голову» без видимой причины.

8. Форма получения – поведение с целью что-то получить из мира. 7 жезлов

Реализацию компонента очень хорошо можно отследить в детском возрасте — о таких обычно говорят «забияка» или «задира».

Человек всегда чем-то недоволен, всегда пытается настоять на своем, «качает права», выводит на скандал, давит, настаивает, третирует.

Выводы: готов к борьбе и достижениям.

9. Форма потребления – как и в каком виде человек готов принимать что-то из мира. 3 Императрица

Ключевое желание человека — порядок в том виде и той форме, которую он себе представляет. Причем критерии порядка могут меняться как в зависимости от обстоятельств, так и в зависимости от отношения к процессу. Но скрытый «двигатель» порядка продолжает работать всегда.

Выводы: необходимо внести «возрастные изменения» в схему, в которой присутствует «подростковый максимализм». Помимо «я хочу» есть еще «мир может» — эти два качества должны быть в гармонии.

10. Форма достижения цели – как и каким образом человек привык достигать цель. Королева кубков

Ключевая целевая установка — реализация своих эмоциональных потребностей в окружающий мир. Чаще всего там, где это возможно. Если нет такой возможности или «мир черств и эгоистичен», замыкается в себе, страдая в одиночестве.

Выводы: нельзя замыкаться, нельзя останавливаться, даже если возникает проблема. Стопор — это ошибка, которая усугубит ситуацию.

11. Форма управления – как наиболее приемлемо для человека управлять другими людьми. 6 динариев

В жизни каждого бывают моменты, когда нужно «помочь ближнему», причем помочь реально и помочь в той ситуации, в которой человек не может справиться сам. Каждый делает это по-своему — описываемый нами персонаж делает это несколько высокомерно и, как говорят в народе, «с барского плеча». Да, он может объяснить, почему он помогает или отказывает. Но это не объясняет, почему он себя так ведет.

Выводы: необходимо уделить внимание всем, кто находится рядом. Это позволит наработать нужные связи, повысит качество и умение общаться, и, наконец, это — «генеральная линия поведения» для данного человека.

12. Форма ограничения – как и каким образом можно ограничить человека. 3 мечей

Принцип реализации, описываемый тройкой мечей, можно назвать агрессивно-эмоциональным. Он чаще всего ранит чувства другого человека, заставляет его переживать, нервничать. Но это стиль «меча» — его схема поведения никогда не отличалась изяществом и грациозностью. Можно ли этого избежать? Скорее всего нет, если выбран этот путь, поскольку поступок, наделенный агрессией, всегда вызывает дискомфорт.

Выводы: мы остановимся только в том случае, если увидим или почувствуем встречную агрессию. Человек плохо чувствует окружающих людей и не понимает, что где-то не прав. Если нужно что-то донести до рассматриваемого нами человека, то сделать это нужно жестко и категорично.

Общий вывод о причине обращения — помощь в реализации карьерного роста, стремление стать более успешным.

Надо действовать, проявлять активность, побольше общаться с людьми, не замыкаться в себе и быть открытым. А поскольку аномалии незначительны, то все получится. Все то, что наметил для себя человек.

Теперь, когда вы знакомы с общими Личностными схемами, у вас, скорее всего, появились вопросы и о том, как получить большую детализацию процессов, и о том, как раскрыть интересующие аспекты расклада. Все это и много другое мы расскажем в следующих главах. Важно чтобы вы помнили, что все последующие расклады-схемы анализа базируются на схемах, описанных в этой главе.

ПСИХОЛОГИЧЕСКИЕ РАСКЛАДЫ ТАРО

Расклады Таро — это форма детализации и акцентного анализа различных процессов, происходящих в отдельно взятом человеке в целом или в человеке в контексте ситуации. Но помимо вопросов сам расклад демонстрирует точку зрения эзотерики на заданный вопрос или тему, которая рассматривается при помощи расклада. Мы намеренно обращаем на это внимание, поскольку описание каждого расклада сопровождается пояснениями — раскрытием тех или иных понятий, входящих в расклад. Это так называемая наглядная работа с картами Таро в психологическом аспекте.

Расклады Таро облегчают работу с картами, позволяя сфокусировать свое внимание на теме вопроса, не отвлекая себе самими вопросами. Тем не менее первый из раскладов, о котором мы расскажем, будет расклад «Три карты» или «Свободный поиск», предназначенный для получения информации по любому вопросу.

Три карты

Расклад «Три карты» отвечает на любой из поставленных картам вопросов. Выглядит он следующим образом — три карты, расположенные слева на право. А ответ на вопрос формируется из сочетания и взаимодействия карт.

Рассмотрим в качестве примера все вопросы, которые можно задать при помощи карт Таро, относящиеся к теме личности и поведения человека.

Все вопросы, заданные в качестве примеров, взяты из описания карт. Это позволит вам не только более подробно ознакомиться с самими картами, но и продемонстрирует их реальные возможности.

Также обращаем ваше внимание на то, что интерпретация значения карты взята из того элемента описания, которое наиболее соответствует вопросу или теме вопроса. Вы можете дополнить ответ, используя иные значения, которые близки по теме задаваемого вопроса.

Почему человек ведет себя подобным образом?

Карта 3	Карта 2	Карта 1
6 динариев	9 Отшельник	Королева Кубков
«Я могу, но буду ли…?» — так выглядит поведение человека. Он как бы делает одолжение, расставаясь с собственными возможностями. Многие воспринимают это за демонстрацию статуса — он ценит себя. Но для тех, кто понимает, его поведение не больше чем обычное высокомерие.	В ситуации человек ориентируется только на свои возможности и свои силы. Он не будет просить помощи, но случится — он придет и окажет помощь другому. Акцент на внутреннее одиночество не распространяется на взаимопомощь. Также важно учитывать то, что человек с подобным элементом в личностном описании будет действовать только по своему усмотрению и прислушается к совету только в том случае, если совет совпадает с его мнением.	Форма поведения может меняться от «тихой и замкнутой», если внутреннее эмоциональное состояние спокойно, до неконтролируемых проявлений эмоций, если ситуация, а чаще внутренний мир, требуют от нее демонстрации собственных эмоций.

Внимание!!! Карта персоны — любая карта Двора — это участие человека с определенным типажом или описанием. Вы должны понимать, что эта карта вводит иной персонаж в ответ — он является одной из ключевых фигур поведения человека. |

Человек ведет себя подобным образом, потому что его внутренний «голос», интуиция, чутье, подсказывают ему действовать именно так. Всему «виной» Королева кубков — человек не понимает эмоциональных людей, сторонится бурных проявлений эмоций. Для того чтобы вернуть восприимчивость этому человеку, достаточно изменить стиль поведения: вести себя собранно, логично, предсказуемо — это снимет внутреннюю напряженность.

От чего пытается защититься человек?

Карта 3	Карта 2	Карта 1
14 Умеренность	2 динариев	3 Императрица
Страх одиночества — для таких людей крайне опасны вакуум и личная не востребованность. Они не могут найти покой, поскольку той внутренней силы, что есть в них, много для одного человека.	В качестве метода защиты от сторонних влияний человек с описываемым типажом использует схему затягивания с решением. Причем затягивание может быть как в области траты денег — «зачем платить сейчас, если можно заплатить через месяц, а может вообще не нужно будет платить». Или затягивание в принятии решения — «давайте я завтра приму решение, а лучше через недельку или через месяц». Но месяц нужен не для того, чтобы все взвесить, а для того чтобы в ситуации произошли изменения и стало очевидно, что выбрать.	В качестве защиты от сторонних влияний человек использует скорость. Как можно быстрее принять решение, как можно скорее достичь цели, быстрее всех оказаться на месте, сказав: «Чур, мое!» И не важно, что думают окружающие — кто успел, тот и съел.

Человек по сути не пытается защититься. Он намеренно затягивает процесс, для того чтобы максимально долго в нем находиться. Он как бы «смакует» ситуацию, чтобы быть в ней как можно дольше. Для того чтобы «расшевелить» такого человека необходимо предложить что-то взамен, что-то в будущем и в вашем обществе — это даст ему необходимую надежду и позволит двигаться и действовать.

Почему он использует эту схему управления?

Человек ведет себя подобным образом, потому что видит выгоду от достижения поставленной цели и не может сдерживать себя. Для него это крайне выгодно и поэтому он буквально сминает преграды на своем пути. Такого человека крайне сложно остановить или переубедить. В случае «противовесного» шага может быть использована только Сила еще большего уровня.

Карта 3	Карта 2	Карта 1
1 динариев	7 мечей	11 Сила
В качестве манипуляции сильными используются Большие деньги. Вернее возможность их получения. Доводы приводятся разные, но итог один — вместе с ним деньги будут и будут большими. А это сила, власть, возможности…. Но все это пока в виде предполагаемых планов, но больших.	Поскольку человек понимает, что «достиг большего» и может больше, он старается наладить контакт с теми, кто сильнее его. Ему кажется, что так он еще больше укрепит свои позиции. Но чаще все заканчивается тем, что выскочку изгоняют. С потерями или без.	Сильно, напористо, непреклонно — так можно охарактеризовать методы достижения цели. А еще можно добавить — человек с подобной чертой остановится, только обессилев или потеряв интерес к цели. Иного быть не может.

Почему он ведет себя так с мужчинами?

Карта 3	Карта 2	Карта 1
Король динариев	2 жезлов	7 мечей
Отношение к людям вообще спокойное до тех пор, пока они не начинают их делить на нужных и ненужных людей — иного деления для Короля динариев не существует. С нужными поддерживаются хорошие отношения, налаживаются «дружеские контакты» и периодически проводятся «ревизии связей». С ненужными разговор короткий — явная демонстрация своего нежелания общаться.	В отношении мужчин человек проявляет крайнюю осторожность. Он зависим от своего внутреннего состояния, не хочет, чтобы кто-то сделал его зависимым еще и от себя. Но при этом внимательно слушает, что говорят люди — возможно в их словах есть что-то, что поможет ему принять решение.	В отношении мужчин — поведение выжидательное. Если кто-то «клюнул» на его крутость, то он будет укреплять свои позиции, подминая под себя человека. Если человек дал отпор, не обратил внимание на столь «великого индивидуума», то постарается быстрее ретироваться, при этом постарается унизить «обидчика».

Человек ведет себя таким образом потому, что в данный момент времени не видит никого из мужчин, кто каким-нибудь образом может его заинтересовать. Он считает, что нет смысла тратить время на пустое.

Почему он ведет себя так с женщинами?

Карта 3	Карта 2	Карта 1
1 мечей	0 Шут	Королева динариев
В отношении женщин груб, прямолинеен, абсолютно не галантен и даже хамоват. Он не понимает смысла во всех «реверансах» и прочих поведенческих глупостях, игнорируя их.	В обществе этот человек является поведенческим изгоем. Его сторонятся, поскольку непредсказуемость чаще всего вызывает опасения. Иногда эти опасения оправданы, поскольку описываемая характеристика может быть усилена негативным элементом и стать поистине всеразрушающей, поскольку у этого человека не так много сдерживающих факторов, как у большинства людей.	По форме поведения Королева динариев слегка суетлива (пытлива и подвижна), старается вникнуть в процесс как для того, чтобы ее «не надули», так и для того, чтобы иметь возможность контролировать процессом. Нетерпелива и капризна, если что-то идет не по ее плану или это может оказать влияние на оппонента.

Человек ведет себя так не с женщинами, а лишь с представителями определенной масти — поведенческого профиля — динариями. Он крайне раздражается от их эмоционально-управленческой схемы поведения. Его буквально бесят те, кто пытается им манипулировать.

С этим поведением ничего не сделать — человека не переучить, как не переучить кошку шипеть на собаку, а собаку лаять на кошку.

Каковы его профессиональные качества?

Карта 3	Карта 2	Карта 1
2 динариев	8 Правосудие	Королева кубков
Решение не принимается до тех пор, пока это вообще возможно. Пока не появится фактор, который склонит чашу весов на сторону принятия решения. А до этого времени суета, неуверенность, избегание поступка.	Цель достигается по правилам, в рамках построенного плана и в оговоренных схемах. Никакой самодеятельности, отступления от курса движения или фривольности. Прогнозируемость, что в большинстве случаев нравится и подчиненным, и начальству.	Ключевая целевая установка — реализация своих эмоциональных потребностей в окружающий мир. Чаще всего там, где это возможно. Если нет такой возможности, или «мир черств и эгоистичен» — замыкается в себе, страдая в одиночестве.

В данном случае дополнения или расшифровка расклада не требуется — ответы карт точные и детальные.

Как именно человек принимает решения?

Карта 3	Карта 2	Карта 1
2 динариев	8 Правосудие	Королева кубков
Решение не принимается до тех пор, пока это вообще возможно. Пока не появится фактор, который склонит чашу весов на сторону принятия решения. А до этого времени суета, неуверенность, избегание поступка.	Цель достигается по правилам, в рамках построенного плана и в оговоренных схемах. Никакой самодеятельности, отступления от курса движения или фривольности. Прогнозируемость, что в большинстве случаев нравится и подчиненным, и начальству.	Ключевая целевая установка — реализация своих эмоциональных потребностей в окружающий мир. Чаще всего там, где это возможно. Если нет такой возможности, или «мир черств и эгоистичен» — замыкается в себе, страдая в одиночестве.

Человек принимает решение взвешенно, обдуманно, неспешно. А в данном случае он медлит с принятием решение потому, что ему мешает сосредоточиться эмоциональность Королевы кубков. Если его не «теребить», он сделает верный вывод и примет нужное решение.

Что чувствует по отношению к женщине человек?

Карта 3	Карта 2	Карта 1
10 динариев	0 Шут	7 динариев
В отношении женщин человек станет более общительным и открытым. Основное стремление — поделиться своими эмоциями и получить адекватный отклик. От женщин этого добиться проще всего.	Свободные отношения — так можно охарактеризовать отношения человека к супругу или партнеру. Есть — хорошо, нет — не страшно. Он не приемлет рамок и не выставляет их сам. Что, чаще всего, негативно сказывается на взаимоотношениях, поскольку большинство ищут стабильность и уверенность в завтрашнем дне, что с этим человеком почти невозможно.	Схема поведения в отношении с женщинами не нравится прежде всего самим женщинам — все по-деловому, практично и даже прагматично. А зачем, собственно говоря, тратить время на пустые разговоры? За это время можно многое сделать.

Человек по отношению к женщине (предположительно задающей вопрос) не испытывает никаких глубоких чувств. Все общение акцентировано на деловой сфере и практических интересах. Он не строит планы, не смотрит в будущее — он ничего не хочет от нее, кроме того, что реально демонстрирует.

Почему человек себя ведет именно так в сложившейся ситуации (почему человек принял такое решение)?

Карта 3	Карта 2	Карта 1
4 мечей	5 динариев	8 жезлов
Путей для принятия решения два — интуитивный и осознанный. Причем часто эти пути пересекаются, давая дополнительный импульс. Человек действует не всегда понятно для окружающих, но если он начал действовать, то это понятно ему самому.	Решение принимается по принципу «мне нужно» — дальше тянется все, что плохо или хорошо лежит. А если кто схватит за руку, у него есть обоснование — он бедный, несчастный, ему очень-очень нужно.	Решение принимается быстро, практически молниеносно. Но не потому, что человек действительно умеет принимать быстрые (и верные) решения), а потому что схема уже готова, план прописан и когда поступает команда «На старт», остается только реализовать задуманное.

Человек принял такое решение, и он чувствует, что именно такая схема поведения самая лучшая. По натуре он импульсивен и это лежит в основе его поведения. Он действует так, как подсказывает ему его типаж поведения.

Каковы реальные побудители поведения человека?

Карта 3	Карта 2	Карта 1
Всадник кубков	5 жезлов	9 кубков
Форма поведения зависит от эмоциональной окраски. Если негативная — то яркое неприятие, беспричинная раздражительность, ощущение того, что «брось спичку и человек взорвется эмоциями». Если позитивная — то крайняя любезность, заботливость, проявления лести и беспричинной похвалы. Эдакий образ лисы.	Решения старается не принимать. Услышать, подслушать, получить совет, выполнить указание — вот все, на что способен данный типаж. И не стоит учить его самостоятельно принимать решение. Поскольку у него всегда несколько мнений по одному вопросу, следовательно, и несколько решений, среди которых он попросту запутается.	Решение принимается легко и непринужденно. С одной стороны это часть имиджа, с другой — человек не хочет усложнять себе жизнь долгими раздумьями — так можно потерять тот самодовольный настрой, который так ему к лицу.

Реальный побудитель к поведению человека можно охарактеризовать в виде пословицы: «Моя хата с краю». Человек не хочет, не готов и не может нести ответственность за что-то или кого-то. Он отшучивается, юлит, заискивает — он всячески дистанцируется от участия в ситуации.

Расширение карты

Расширение карты — это не расклад, это метод уточнения или дополнения той или иной карты. При помощи расширения вы можете получить более точную и детальную информацию о карте или элементе расклада.

Карта № — основная карта, относительной которой проводится уточнение.

Карты № 1 и № 2 — карты, уточняющие или дополняющие №.

Примеры. Они даны в расчете на существующий расклад как деталь расклада. Вы можете соотнести их с примерами, приведенными выше, для того чтобы увидеть, как происходит детализация значения карты. Карты № 1 и № 2 намеренно расположены ниже — это демонстрация того, что они лишь уточняют №, но не подавляют ее значение или не находятся на одном уровне.

Почему человек ведет себя подобным образом?

№ 1	№	№ 2
10 мечей	**9 Отшельник**	**6 Влюбленные**
Решения принимаются по принципу палач/жертва. То есть либо перед ним палач, и нужно держать дистанцию, либо жертва и тогда она «создана» для того, чтобы ее покорили.	В ситуации человек ориентируется только на свои возможности и свои силы. Он не будет просить помощи, но случится — он придет и окажет помощь другому. Акцент на внутреннее одиночество не распространяется на взаимопомощь. Также важно учитывать то, что человек с подобным элементом в личностном описании будет действовать только по своему усмотрению и прислушается к совету только в том случае, если совет совпадает с его мнением.	В любой ситуации человек старается сделать так, чтобы выбор был совершен кем-то другим, но не им. Он не то чтобы сваливает ответственность на другого, просто другой не выдерживает столь продолжительного колебания и принимает решение сам.

Человек ведет себя подобный образом, потому что он точно оценивает свои силы и возможности (9 Отшельник), но считает, что их недостаточно и он может стать жертвой (10 мечей). Именно эта оценка побуждает его передать выбор другой стороне (6 Влюбленные).

От чего пытается защититься человек?

№ 1	№	№ 2
10 Фортуна	**2 динариев**	**1 динариев**
Страх — это завершение движение, ощущение того, что мир перестал им управляться. И тогда он бежит, имитируя движение.	В качестве метода защиты от сторонних влияний человек с описываемым типажом использует схему затягивания с решением. Причем затягивание может быть как в области траты денег — зачем платить сейчас, если можно заплатить через месяц, а может вообще не нужно будет платить. Или затягивание в принятии решения — давайте я завтра приму решение, а лучше через недельку или через месяц. Но месяц нужен не для того, чтобы все взвесить, а для того чтобы в ситуации произошли изменения и стало очевидно, что выбрать.	В качестве метода защиты от сторонних влияний человек предпочитает безразличие. Не интересно, не выгодно, бесперспективно, сомнительно? «Простите, я занят». Также важно отметить, что подобная реакция совершенно не говорит о том, что все так плохо — для него плохо, вернее не выгодно.

Человек пытается защититься от собственных сомнений в отношении финансовых вопросов (2 динариев). С одной стороны ему кажется, что могут наступить проблемы (10 Фортуна), с другой он старается сохранить лицо и не показать свое волнение (1 динариев). Но можно точно сказать, что его волнуют деньги. Вернее его представление о деньгах.

Почему он использует эту схему управления?

№ 1	№	№ 2
	7 мечей	
5 кубков		**5 жезлов**
Для управления сильными используется схема под названием «поставим человека в неудобное положение». Нужно соблюдать тишину? Давайте говорить громко, чтобы тот, кем хочется управлять, испытал социальный дискомфорт и пошел на поводу у инициатора этого шантажа. Вывести из равновесия, поставить в неудобное положение, заставить сделать так, как нужно ему — вот общая схема управления.	Поскольку человек понимает, что «достиг большего» и может больше, он старается наладить контакт с теми, кто сильнее его. Ему кажется, что так он еще больше укрепит свои позиции. Но чаще все заканчивается тем, что выскочку изгоняют, с потерями или без.	К сильным он обычно не подходит со своими советами, поскольку жизненный опыт говорит, что они могут и не пойти на попятную, а «забить» его мнение, став крайне агрессивными. Инстинкт самосохранения точно подскажет, кого можно заговорить, а кого нет.

Человек крайне заинтересован в том человеке, которым он пытается управлять (7 мечей), но он чувствует, что простой схемы управления не получится (5 жезлов) и придется применить хитрость (подлость). С одной стороны человек боится и очень хочет с другой — гремучая смесь, которая часто приводит к негативным последствиям.

Почему он ведет себя так с мужчинами?
Крайне любопытный расклад, который демонстрирует замаскированное поведение человека. Мы видим осторожность и осмот-

№ 1	№	№ 2
5 мечей	**2 жезлов**	**Королева кубков**
В отношении большинства мужчин схема поведения вольная. Ему кажется, что он поймал «Бога за бороду» и теперь все должны перед ним стелиться.	В отношении мужчин человек проявляет крайнюю осторожность. Он зависим от своего внутреннего состояния, не хочет, чтобы кто-то сделал его зависимым еще и от себя. Но при этом внимательно слушает, что говорят люди — возможно в их словах есть что-то, что поможет ему принять решение.	Отношение к людям базируется на разделении их на две категории — друзей и врагов (последних больше). Друзья — это те, кто как минимум готовы воспринимать ее эмоции и идти у них на поводу. Враги — те, кто не управляется ее эмоциональным рядом или же осуждают ее схемы поведения. «Вы ничего не понимаете! Я ухожу от вас!» — классическая схема защиты Дамы кубков от врагов.

рительность (2 жезлов), которая сильно завуалирована ярким эмоциональным поведением.

Эта схема часто встречается в поведении людей, когда они пытаются противопоставить своему волнению и страхам излишне раскованное, эмоциональное, несдержанное поведение.

Почему он ведет себя так с женщинами?

№ 1	№	№ 2
Всадник жезлов	**0 Шут**	**7 мечей**
Форма поведения авторитетна и может показаться, что немного надменна. Человек как бы диктует свою волю и свой план действий, не желая слушать ничего вопреки. Но он редко вступает в конфликт — чаще молча продолжает действовать.	В большинстве ситуаций человек с подобной характеристикой будет искать нестандартные пути решения, делать непривычные ходы и принимать необычные решения. Его можно предугадать, но далеко не всегда, поскольку иное из его схем поведения «не прописано» в общественных нормах. Но при этом редко выходит за рамки разумного.	Надменность, высокомерие, демонстрация собственного (иллюзорного) потенциала. Человек пытается «пустить пыль в глаза» и женщины, как ему кажется, наиболее подходят для этого.

Человек ведет себя подобным образом с женщинами, поскольку это его нормальное поведение (0 Шут), которое «приправлено» давлением, высокомерием, подавлением женщины. Он считает, что именно так можно достичь желаемого. Шут может быть Гением, может быть Дураком, каков он — расценит женщина.

Каковы его профессиональные качества?

№ 1	№	№ 2
Паж кубков	**4 Император**	**2 Жрица**
Основная цель — произвести «эмоциональный удар» — сделать так, чтобы человек почувствовал тоже, что и Паж. Поэтому информация, передаваемая Пажом кубков, часто содержит много эмоциональных составляющих — «усилителей влияния», а так же изобилует описаниями, которые призваны еще больше украсить картину.	Для Бизнеса, для большого бизнеса, подобная черта характера является ключевой. Конкуренты стонут от жестких и бескомпромиссных шагов. Тоже и с подчиненными, которым не просто работать в команде Хозяина-тирана. Но вместе с тем есть и плюсы — он настолько же требователен к другим, настолько требователен и к себе. И если он пожал кому-то руку и дал слово, то можно быть уверенным в том, что он его непременно сдержит.	Человека с подобной чертой характера не интересует бизнес как таковой. Творчество, искусство, музыка — вот та сфера, в которой он может полностью раскрыться. И при этом он не в состоянии достичь ничего важного и значимого в этой сфере.

Профессиональные качества человека — Управленец (4 Император), человек, который умеет и может управлять другими людьми. Его метод управления — эмоции, которыми он эффективно и крайне жестко манипулирует в людях. Такой человек, имея поддержку в виде 2 Жрицы, может стать шоуменом, продюсером, человеком, который получает выгоду от тех эмоций, которые испытывают люди.

Как именно человек принимает решения?

У человека крайне интересный принцип принятия решения. С одной стороны он расчетлив и предусмотрителен (8 Правосудие), с другой — полностью контролирует свои ощущения, впечатления и

№ 1	№	№ 2
2 кубков	**8 Правосудие**	**3 динариев**
Решение принимается по весьма интересной схеме. С одной стороны, присутствует принцип «нравится/не нравится», а с другой — может кому еще понравится? Не все творческие люди делают что-то, что вызывает яркие эмоции, основываясь на своем мировосприятии. Часто они работают «на публику».	Цель достигается по правилам, в рамках построенного плана и в оговоренных схемах. Никакой самодеятельности, отступления от курса движения или фривольности. Прогнозируемость, что в большинстве случаев нравится и подчиненным, и начальству.	Решение принимает не разум и здравый смысл, а чутье и желание извлечь выгоду. Если есть и то, и другое, решение незамедлительно принимается. В ином случае поиск кандидатов на выгодную идею будет продолжен.

внутренний эмоциональный отклик. Можно сказать, что человек эмоционально логичен и ключевой составляющей его стиля поведения является природное чутье, которым он великолепно пользуется.

Что чувствует по отношению ко мне человек?

№ 1	№	№ 2
Всадник мечей	**0 Шут**	**7 кубков**
Он не спрашивает совета, он не интересуется происходящим. Он не извиняется и не вступает в полемику. Он просто делает то, что нужно и целесообразно в данной ситуации. Всадник мечей — это тот, к кому обращаются за помощью в самом крайнем случае и категорически не хотят, чтобы он стал врагом.	Страх стабильность, который ощущается им как болото, в которое он погружаются миг за мигом. Как только замедляется движение, как только намечается застой, возникает паника, которая чаще всего усугубляет ситуацию.	Перед нами поведенческий оптимист — человек, который всегда ищет и часто находит приятное там, где можно и где, кажется, его быть не может. Он не философствует на тему: «Ищи положительное в неприятном» — он акцентировал свое внимание на приятное, «отложив» неприятное в сторону. Не замечает, не видит, обходит стороной — и часто это ему удается.

Человек испытывает страх (0 Шут), он не готов к подобной схеме поведения и буквально пытается выскользнуть из будущих цепей зависимости. Он чувствует, что может стать рабом ситуации или конкретного человека.

Почему человек себя ведет именно так в сложившейся ситуации?

№ 1	№	№ 2
Всадник динариев	**5 динариев**	**4 Император**
Собран, деловит, погружен в свои мысли и сосредоточен на процессе. Он имеет один из серьезнейших инструментов в мире и, опираясь на свою натуру, хочет максимально выгодно им управлять.	Решение принимается по принципу «мне нужно» — дальше тянется все, что плохо или хорошо лежит. А если кто схватит за руку, у него есть обоснование — он бедный, несчастный, ему очень-очень нужно.	В ситуации человек действует по определенному плану, стремясь не отходить от него и двигаться к намеченной цели. Жертвы, средства, эмоции — все это не важно, когда на кону стоит победа.

Человек ведет себя подобным образом, потому что ему нужно (5 динариев) и потому что он умеет и может управлять процессом — Всадник динариев и 4 Император. Он берет контроль над ситуацией, которая его интересует.

Каковы реальные побудители поведения человека?

№ 1	№	№ 2
4 мечей	**5 жезлов**	**9 мечей**
Путей для принятия решения два — интуитивный и осознанный. Причем часто эти пути пересекаются, давая дополнительный импульс. Человек действует не всегда понятно для окружающих, но если он начал действовать, то это понятно ему самому.	Решения старается не принимать. Услышать, подслушать, получить совет, выполнить указание — вот все, на что способен данный типаж. И не стоит учить его самостоятельно принимать решение. Поскольку у него всегда несколько мнений по одному вопросу, следовательно и несколько решений, среди которых он попросту запутается.	Никаких решений, никаких поступков — только то, что требует ситуация и только то, что нужно для поддержания жизни. Но есть одно но — вопрос, который стоит перед человеком: «А нужна ли такая жизнь?»

Реальный побудитель в поведении человека — его натура, природа поведения (5 жезлов), вокруг которой формируется бездействие, нежелание что-либо делать. Попросту говоря, банальная лень без каких-либо пояснений к поступку.

Творчество и интересы

Расклад «Творчество и интересы» направлен на выявление склонностей человека, определения его интересов, помощи в выявлении внутренних конфликтов или внешних влияний, которые мешают человеку реализоваться.

1. Базовые стремления — то, на что опирается человек, реализуя свои интересы.

2,3. Помощь и ограничения — внешние и внутренние факторы, которые помогают или ограничивают его (оценивается как по сочетанию с № 1, так и по общей характеристике).

4,5. Самооценка — как сам человек оценивает свои перспективы и возможности.

6. Скрытые возможности — то, о чем не догадывается человек — его скрытый потенциал.

7. Совокупный итог — ближайшие перспективы в реализации творческого потенциала.

1. Базовые стремления – 6 влюбленные

Ключевой принцип в достижении цели — найти кого-то, кто сделает это за данного человека. Он будет указывать, подсказывать, критиковать и, возможно, хвалить, но при этом он должен оставаться в стороне.

2,3. Помощь и ограничения – 2 Жезлов, Король Жезлов

Неуверенность, мнительность, колебания, долгие раздумья, нежелание действовать со ссылкой на различные обстоятельства. По сути человек ощущает, что что-то не так, но не может сформулировать. А значит, в силу своей природы, не может и обосновать поступок. Он «ждет» или выжидает, пока обстоятельства не изменятся в нужную сторону.

Король Жезлов — реальный персонаж с определенной схемой поведения (см. описание Короля Жезлов).

4,5. Самооценка – Паж динариев, 3 Императрица

Паж динариев — реальный персонаж с определенной схемой поведения (см. описание Пажа жезлов).

Ключевое желание человека — порядок в том виде и той форме, которую он себе представляет. Причем критерии порядка могут меняться как в зависимости от обстоятельств, так и в зависимости от отношения к процессу. Но скрытый «двигатель» порядка продолжает работать всегда.

6. Скрытые возможности – Туз мечей

Человек быстро откликается на любые идеи или инициативы, если они находят в нем хотя бы минимальный отклик. Можно сказать «он загорается» идеей, которая потом может быть воплощена в жизнь. Но в реальности нужно помнить, что после того как «костер зажегся» в нем нужно поддерживать огонь. И если этого не будет, то все погаснет так же быстро, как и загорелось.

7. Совокупный итог – 4 Император

Не смотря на твердый характер и прагматизм суждений, такой человек стремится к покою, уединению и тишине. Собственно говоря, именно эта цель заставляет его бороться с хаосом, беспорядком, двигаясь в сторону полной гармонии и душевного покоя.

Итог: первое, что можно и нужно сказать, что как таковых интересов у человека нет (пока или вообще) — Начало 6 Влюбленные и Итог 4 Император явно демонстрируют человека крайне инертного и практичного. Он не будет тратить время на то, что не принесет ему прок, выгоду или результат.

Также картину «портит» присутствие Короля жезлов, который пытается систематизировать и ограничить (жезлы) поведение человека. Чем усиливает ситуационную инфантильность (2 жезлов).

Самооценка отсутствует — вместо нее есть мнение Пажа динариев и общее понимание того, что все-таки нужно двигаться.

Он может двигаться в потенциале — Туз мечей, но пока нет ни одного фактора, который бы побудил его к этому.

Перед нами описание человека (чаще всего мужчины), которое встречается в двух возрастах. В 15-18 лет, когда нет полного ощущения реальности мира, а все «тяготы и проблемы» взяли на себя родители (Король жезлов). Или в период 35-40 лет, когда «жизнь не удалась» и уже не хочется ничего делать — «все равно ничего путного не выйдет».

Крайне сложная личность и почти нереально что-либо сделать, чтобы «раскачать» его.

Сексуальность

Задача расклада «Сексуальность» провести оценку и анализ сексуальных пристрастий человека, оценить уровень его сексуальной активности, выявить скрытые или явные аномалии (если таковые присутствуют).

1,7,8. Идейно-нравственное отношение к сексу — в просторечии можно охарактеризовать как верный/не верный, верная/не верная. Хотя все несколько глубже и сложнее.

2,3,6. Ожидания от секса — что человек ожидает получить от секса. И не думайте, что удовольствие — это единственное, что люди получают от секса.

4,5,9. Стремления в сексе — это стремления человека, реализующего свои сексуальные потребности.

10,11. Скрытые аномалии — то, что может стать серьезной проблемой в сексуальных отношениях людей.

Расклад был сделан на примере женщины.

1,7,8. Идейно-нравственное отношение к сексу – 10 жезлов, Всадник жезлов, 8 мечей
Никаких решений до тех пор, пока не отдохнет! Это единственное, что можно сказать о поведении человека. И если от него что-то требуется, то сначала дайте ему то, в чем он нуждается. А затем с ним можно о чем-то говорить.

Форма поведения авторитарна и может показаться, что немного надменна. Человек как бы диктует свою волю и свой план действий, не желая слушать ничего вопреки. Но он редко вступает в конфликт — чаще молча продолжает действовать.

Мужчин она обходит стороной, поскольку инстинкт подсказывает, что они сильные и могут ответить на агрессию. Но часто эта установка «забывается» и тогда конфликт неминуем. И если конфликт будет с кем-то «сильным», то заканчивается он хорошей трепкой и... еще большим озлоблением индивидуума.

Итог «Идейно-нравственных отношений к сексу» — отношение к сексу практически «0». Он не интересует человека, он не нужен человеку — у него слишком много других забот, чтобы отвлекаться на это. Это признаки ситуационной или реальной фригидности — более подробно мы узнаем при дальнейшем рассмотрении расклада.

2,3,6. Ожидания от секса – 7 жезлов, 5 жезлов, 7 Колесница

В отношении мужчин все тоже самое, что с женщинами, с одной лишь разницей — большинство мужчин рассматриваются как глупые и ни на что не способные особи. А значит являются «слабыми» и не представляющими опасности (или интереса).

К сожалению (для мужчин) большинство из них тяготеют к проявлению данной характеристики. Даже в древности говорили: «Мужик умен, да мир дурак». Поэтому всегда найдется сочувствующий собеседник, способный выслушать «умные речи».

Сексуальная жизнь такого типажа весьма разнообразна — множество партнеров, множество форм и видов получения удовольствия. Он не тот, кто будет довольствоваться малым и простым, однообразным и постоянным.

Итог «ожидания от секса»: с одной стороны человек хочет получить удовольствие от секса, но с другой — крайне неприязненно относится к мужчинам как таковым. И это, в совокупности с предыдущими выводами, позволяет нам говорить о том, что человек не ждет ничего от мужчин и от секса.

4,5,9. Стремления в сексе – Королева кубков, 4 кубков, 5 кубков

Ключевая целевая установка — реализация своих эмоциональных потребностей в окружающий мир. Чаще всего там, где это возможно. Если нет такой возможности, или «мир черств и эгоистичен» — замыкается в себе, страдая в одиночестве.

Мужчины, сами испытывая подобное состояние, редко могут определить признаки такого состояния в другом человеке. И часто стараются «раскачать» или «растормошить» человека, что крайне сильно раздражает. И лучше быть подальше от таких инициатив, считает человек.

В отношении мужчин поведение тоньше и сложнее — простыми эмоциями вопрос не решить. Тут начинает игра эмоциональных акцентов — это выделить, там подчеркнуть, здесь усилить. Так, постепенно, провести человека по пути своего интереса.

Итог «Стремления в сексе» — реализация своих стремлений по отношению к женщине, но не к мужчине. Неприязнь к ним крепнет от карты к карте.

10,11. Скрытые аномалии – 3 Императрица, 18 Луна

В сексе человек проявляет высокий интерес и активность. С одной стороны сложно ожидать от него избытка эмоций — все они чуть приглушены привычной формой контроля, но с другой эта тема интересна и востребована человеком.

В сексе крайне активны, изобретательны и любвеобильны. Отчасти из-за того, что он вызывает крайне положительные эмоции, которых мало в обыденной жизни. Отчасти из-за того, что при помощи секса можно привязать человека, сделать его более управляемым, что является крайне важным моментом общения. Более того, некоторые из описываемых индивидуумов используют секс как инструмент, подспудно получая удовольствие.

Итог: «Скрытые аномалии» и весь расклад указывает нам на то, что человек крайне активен в сексе. Но не в сексе с представителями противоположного пола. Для него, вернее для нее, более привычны однополые взаимоотношения.

Образ мужчины/образ женщины

Расклад образ мужчины или женщины — это расклад для создания описания идеального образа партнера, который «хранится» в голове у человека. Этот образ очень хорошо помогает понять настоящие или будущие требования, которые будут предъявлены к партнеру в осознанной или неосознанной форме.

1. Идеальный образ — Базовый идеальный образ партнера — то, вокруг чего строится вся остальная схема восприятия.

2. Видимый образ — то, что человек реально видит в партнере. Разница между № 1 и № 2 помогает понять, насколько далек или близок человек к идеалу.

3. Эмоциональное ожидание — неосознанные эмоциональные стремления, диктуемые по отношению к партнеру.

4. Реальный эмоциональный отклик — эмоции и чувства, которые ощущает человек. Разница между № 3 и № 4 помогает

понять, насколько различается ожидаемое и реальное эмоциональные стремления.

5. Схема управления вложенная — как ведет себя человек по отношению к партнеру — неосознанная схема, которая проявляется в стрессовых ситуациях, когда контроль разума приглушен происходящим.

6. Схема управления демонстрируемая — схема управления, которая контролируется рассудком. Разница между № 5 и № 6 покажет, насколько человек искренен в своем поведении по отношению к партнеру.

7. Реальные требования к партнеру — что человек хочет реально видеть от партнера.

8. Демонстрируемые требования к партнеру — демонстрируемые требования. Разница между № 7 и № 8 укажет на то, что на самом деле происходит в поведении человека.

9. Итог композиции — совокупный итог осознанной и неосознанной схем поведения.

Расклад сделан как ответ на вопрос: Образ женщины.

1. Идеальный образ – Всадник динариев

Целевой установкой является рост благосостояния. Он готов на все, чтобы оно неуклонно росло, а она будет прикладывать все силы для того, чтобы помочь ему в этом. Это менеджеры среднего звена, финансисты-середнячки — те, кто уже почувствовал запах больших денег, но еще не держал их в руках.

2. Видимый образ – 0 Шут

Свободные отношения — так можно охарактеризовать отношения человека к супругу или партнеру. Есть — хорошо, нет — не страшно. Он не приемлет рамок и не выставляет их сам. Что, чаще всего, негативно сказывается на взаимоотношениях, поскольку большинство ищут стабильность и уверенность в завтрашнем дне, что с этим человеком почти невозможно.

Итог взаимодействия: перед нами типичная картина альфонса — человека, который видит в своем партнере лишь деньги, при этом его интересуют так называемые «свободные отношения». То есть он готов тратить свое время в обмен на денежную поддержку.

3. Эмоциональное ожидание – 10 жезлов

Со стороны женщин человек ищет поддержку и понимание, а лучше всего заботу и сочувствие. Это неосознанное стремление — стремление быть поближе к матери, которая защитит и поддержит. А в ком или в чем будет этот образ — не так важно.

4. Реальный эмоциональный отклик – 21 Мир

Поведение в отношении супруга можно назвать деловым и несколько сдержанным. Действительно, эмоции для них почти не доступны. Но с другой стороны дом всегда в идеальном состоянии, все работает, все функционирует. И сам супруг всегда в работе или в поиске места, где можно заработать.

Итог взаимодействия: человек получает то, что хочет. Он хочет «мамочку», которая будет заботиться о нем, кормить, поить, давать денег на развлечения, он ее получил в полной мере.

5. Схема управления вложенная – Король Кубков

Король кубков старается сохранить молодость (или моложавость) в любом возрасте. Но если молодость в подростковом возрасте кричаще-элегантна, то в более зрелом или пожилом она чаще всего выглядит несколько странно. Человек намеренно одевается на несколько десятков лет младше своего возраста, стараясь произвести впечатление на окружающих.

6. Схема управления демонстрируемая – 11 Сила

В отношении супруга такие люди проявляют крайнюю заботу и внимание. Они прикладывают все усилия к тому, чтобы партнеру было комфортно. Но вместе с тем нередки конфликты из-за того, что сила, которая должна быть направлена на супруга, перенаправляется в дела или заботы. И если супруг вмешивается, требуя внимания, то приложенная сила отражается на нем или на ней. И ничего личного — просто сработал защитный механизм.

Итог взаимодействия: перед нами типичный Король кубков — человек, который очень и очень неплохо умеет управлять эмоциями других людей. И он реализует это умение, не просто демонстрируя свои возможности, но подчиняя своей эмоциональной воле партнершу. Уровень рассматриваемого нами альфонса стремится к статусу Казановы.

7. Реальные требования к партнеру – 9 жезлов

В отношении женщин занимается позиция, описанная в управлении «слабыми» за исключением того, что чаще всего от женщин ему нужно «почитание его таланта», восхищение и признание. Если он получает это, то готов на все, чтобы поддерживать это состояние как можно дольше. Не случайно именно люди с таким типажом попадают в «плен» к женщинам, особенно в период «кризиса среднего возраста».

8. Демонстрируемые требования к партнеру – 7 Колесница

Единственный типаж, способный вынести столь высокую активность рассматриваемого нами персонажа, — тихий, спокойный, скромный человек, который всегда ждет и всегда понимает свое мечущегося партнера. Если темперамент или базовые составляющие характера будут отличаться, то это немедленно приведет к разрыву — обуздать такого «жеребца» невозможно в принципе.

Итог взаимодействия: по натуре человек будет находиться рядом с партнером ровно до тех пор, пока его это устраивает. И удобство отношений в виде 9 жезлов лишь усиливается Колесницей. Комфорт, эмоциональная и материальная удовлетворенность — вот ключевые стремления персонажа.

9. Итог композиции – 6 жезлов – ближайшие перспективы

Человек с подобным поведением достаточно часто избегает женского общества. Причем независимо от того, о какой половой принадлежности человека мы говорим. С ними одна морока, т. к. эмоции, чувства — все это не поддается корректной оценке, а значит не его сфера интересов.

Если человек с описываемой характеристикой, оценкой и мировосприятием начал делать то, что описано в 6 жезлов, значит он не видит для себя перспектив в отношениях и тронулся в путь за новой жертвой. Возможно, это каприз с целью оказать влияние. Но скорее всего это усталость, которая свойственная Королям Кубков.

Профессия

1. Профессиональные наклонности (база) — 1 и 3 карты описывают базу, на которой строится профессиональные способности человека. Это его таланты и видимые наработки.
3. Профессиональные наклонности (база)
2,5. Схемы реализации наклонностей — как человек реализует свои способности и наклонности.
6,4. Схемы реализации наклонностей — ошибочные и верные пути реализации.

7, 9. Не выявленные наклонности или компоненты — что «дремлет» в человеке, пока не раскрылось и не обрело форму.

8,11. Помехи в развитии — что мешает человеку реализовывать свои таланты.

10,12. Помощь в развитии — что помогает человеку в реализации талантов.

13. Карьерные перспективы — что ожидает человека при нынешней конструкции реализации талантов.

1, 3. Профессиональные наклонности (база) – Паж динариев, Король динариев

Сильной стороной описываемого типажа является его умение «быстро передвигаться» — он ищет выгоду, он стремится к ней, он готов сделать все, чтобы быть в выигрыше. Высокая активность и жизнелюбие, пусть и весьма своеобразное и ограниченное, являются сильными сторонами человека.

Сильные стороны — умение распоряжаться деньгами и умение управлять ими и при помощи денег управлять людьми. Причем делается это без каких-либо стеснений и угрызений совести. Но не потому, что ее нет, а потому, что совесть «настроена» на подобную реализацию.

Вывод: перед нами человек, который действительно умеет зарабатывать деньги, причем очень и очень приличные деньги. Это его талант, который может принести ему моральное и фактическое удовлетворение.

2, 5. Схемы реализации наклонностей 10 динариев, 9 динариев

Человек с проявлением данной характеристики умеет владеть и пользоваться, умеет получать удовольствие от обладания чем-то, но не умеет ни с кем делиться. А значит в большинстве случаев не хочет или не умеет работать. Независимо от статуса и уровня он будет искать теплое место, где много денег и мало дел.

Как профессионал этот человек успешен. Он способен довести дело до конца и получить реальную выгоду. По сути это общая характеристика, если бы не одно «но» — он возьмется только за то дело, которое ВОЗМОЖНО довести до конца.

Вывод: человек успешен УЖЕ сейчас — он обеспечен и его финансовая стабильность не подлежит сомнениям.

6,4. Схемы реализации наклонностей – 9 Отшельник, 7 мечей

В бизнесе, в «свободном плавании» вы не встретите такого человека. Он может быть наемником, прекрасным исполнителем, но большего он не в состоянии достичь. И если волею случая он оказывается у руля или рядом с ним, то это всегда заканчивается полным провалом.

Состояние человека никак не скажется на его профессиональных качествах. Более того, в большинстве случаев такое поведение ведет к переоценке своих сил и, как следствие, к неудаче в деле.

Вывод: он на пути «к неудаче» — он начал делать слишком большой акцент на себя, что неминуемо приведет к сложностям в реализации. Но пока об этом рано говорить — 2 и 5 прекрасно компенсируют недостатки человека.

7, 9. Не выявленные наклонности или компоненты – 4 Император, 6 кубков

Для бизнеса, для большого бизнеса, подобная черта характера является ключевой. Конкуренты стонут от жестких и бескомпромиссных шагов. Тоже и с подчиненными, которым не просто работать в команде хозяина-тирана. Но вместе с тем есть и плюсы — он настолько же требователен к другим, настолько требователен и к себе. И если он пожал кому-то руку и дал слово, то можно быть уверенным в том, что он его непременно сдержит.

В качестве профессии люди с описываемой характеристикой находят свое призвание в рекламном бизнесе, торговле, работе с населением в области корректировки поведения (политика, общественные формы). То есть там, где они могут не просто создавать иллюзии, но и при помощи этих иллюзий управлять людьми.

Выводы: способности человека выявлены в полной мере. То, что мы видим в этих ячейках, уже реализуется. А «повтор» говорит лишь о том, что потенциал у рассматриваемой нами личности огромен.

8,11. Помехи в развитии – 15 Дьявол, 2 мечей

В бизнесе это «пиявки» или «вампиры» — они всегда присоединяются к готовой или полу-готовой схеме для того, чтобы жить при помощи нее или полностью поглотить ее. Сами они не способны что-либо создать, только всего лишь иллюзию того, что они важны и нужны.

В профессии подобное состояние преследует человека в том случае, когда он «перерос» то, чем он сейчас занимается. Имеющееся его не устраивает — он это чувствует. Но и нового у нет — еще не возникли перспективы. И состояние начинает «тянуть» его из стороны в сторону, мешая нормальной работе.

Выводы: в качестве помехи можно увидеть влияние тех, кто использует потенциал нашего человека. Есть те, кто тянут его назад, «крутясь под ногами» и получая выгоду от общения с ним. И именно эти помехи сказались на реализации таланта — мы видели их последствия в № 4 и № 6.

10,12. Помощь в развитии – 8 кубков, 10 мечей

Как профессионал человек не успевает раскрыться. Его ключевая черта характера делает его изгоем или приводит к незамедлительному увольнению с работы. Поэтому он перебивается от случая к случаю, находя «подтверждение» тому, что его «критический» взгляд на мир верен.

Деловой, хваткий, целеустремленный, азартный. Не всегда видит, когда нужно остановиться и периоды удач меняются неудачами с завидным постоянством. Но поскольку его кредо — выживает сильнейший, подобная ситуация его не смущает.

Выводы: из-за избыточной активности человек не успевает рассмотреть все, что происходит вокруг него. С одной стороны, он движется быстрее проблем, которые возникают. С другой стороны, проблемы рано или поздно «накроют» его с головой. Ему необходимо остановиться и навести порядок, пока не поздно.

13 Карьерные перспективы – 4 мечей

В профессии человек, обладающий подобной характеристикой, сравним с тигром, который готов к прыжку. Он будет находиться в состоянии покоя до тех пор, пока не почувствует или не поймет, что пора «бросаться на добычу». С таким людьми бывает не просто, поскольку их внешняя пассивность может рассматриваться как лень, с которой она не имеет ничего общего.

Выводы: перспективы колоссальны, его ждет успех и достойное вознаграждение, а сложности забудутся, со временем.

Воспитание ребенка

Расклад «Воспитание ребенка» расскажет нам и о том, как видит один из родителей схемы и методы воспитания ребенка, а также какие скрытые и явные мотивы присутствуют в формировании личности ребенка.

1,2,3. Идеальный образ ребенка — что хочет видеть в ребенке родитель.

4, 5, 6. Эмоциональное отношение — как относится к ребенку родитель. Обратите внимание, что эта линия является последующей от линии 1-2-3, то есть во многом эмоциональное отношение базируется на соответствии или не соответствии ребенка «идеальному образу», который есть у родителя.

7, 8, 9. Схемы поведения, создание базы — схемы воспитания и влияния на ребенка.

10. Итог, общая тенденция — общая тенденция воспитания или что ожидать от такого воспитания.

1, 2, 3. Идеальный образ ребенка – 6 мечей, 9 жезлов, 1 мечей

Замкнутость, подавленность, растерянность, непонимание происходящего — вот ключевые признаки компонента. Причем они проявлены «после» 5 мечей — после триумфа и ощущения победы. Перед человеком как будто разверзлась пропасть, и он уже делает шаг в нее.

В качестве признака поведения можно выделить постоянное недовольство, которое преследует все поступки человека. Он как бы делает одолжение, прилагает сверхусилия, чтобы что-то сделать. Делает все, поглядывая свысока и как бы не понимая, почему сами не смогли сделать.

Человек быстро откликается на любые идеи или инициативы, если они находят в нем хотя бы минимальный отклик. Можно сказать «он загорается» идеей, которая потом может быть воплощена в жизнь. Но в реальности нужно помнить, что после того как «костер зажегся» в нем нужно поддерживать огонь. И если этого не будет, то все погаснет так же быстро, как и загорелось.

Вывод: крайне неприглядная картина желания родителя по отношению к своему ребенку. Он должен быть послушным, полностью управляемым, зависимым субъектом. При этом всегда быть готовым выполнить все прихоти родителя и буквально ловить на лету его мысли.

4, 5, 6. Эмоциональное отношение – 11 Сила, 4 кубков, 7 Колесница

В любой ситуации человек с описываемым качеством характера стремится контролировать процесс, чтобы в любой момент иметь возможность оказать на него влияние. Он не всегда активен, но всегда начеку и готов к действию.

В отношении слабых действует политика «отвали» — человек не собирается ничего объяснять и просто ярко и часто жестко демонстрирует свое нежелание с кем-либо вступать в контакт.

В ситуации человек с подобной чертой характера стремится двигаться по пути наименьшего сопротивления с одной лишь целью — быстрее завершить тот путь, который он наметил. Он не будет искать компромиссы или обходные пути — слишком долго для его характера. Возможно и почти достоверно, что он «пойдет по головам».

Выводы: тотальный контроль, подавление личности и полное пренебрежение к интересам ребенка — жесткая, тотальная тирания. Ни о каком воспитании речь идти просто не может.

7, 8, 9. Схемы поведения, создание базы – 3 мечей, 8 динариев, Всадник мечей

В отношении слабых все просто — подавить, запугать, раздавить, растоптать. Здесь нет места либерализму, состраданию или милосердию. «Кто смел, тот и съел!»

Метод управления слабыми такой же, как и сильными, с той лишь разницей, что человек тратит меньше слов и усилий, чтобы донести свои мысли до человека. Обычно это форма: «будет так и так» и затем, в случае возникновение диспута, молчание — никто не собирается вступать в переговоры — нужно просто выполнять инструкции.

Отношение к людям холодное, жесткое, расчетливое. Всадник разделяет ситуацию на две составляющие — контролируемую и не контролируемую им. И внимательно, пристально наблюдает за тем, что происходит вокруг.

Выводы: ничего кардинальным образом не изменилось. Тычки, затрещины, давление и подавление — вот все, что может ожидать ребенок от родителя.

11. Итог, общая тенденция – Король мечей

Не смотря на столь неприглядную картину, ребенок с характером — это Король мечей, которого закалят и укрепят столь жесткие схемы поведения родителя. А когда он обретет силу, он, скорее всего, поставит все на свои места и «расплатится» с домашним тираном.

Несколько драматично, но это реальный расклад из реальной жизни.

Любовь и чувства

Расклад, призванный разобраться с тем, что происходит в человеке, как он ощущает своего партнера, что хочет, к чему стремится. В раскладе рассматриваются 2 человека, поскольку один может выглядеть не вполне достойно, но взаимодействие «странного» часто формирует гармонию во взаимоотношениях.

1, 2. Идейный образ партнера — требования, которые возлагаются на партнера или «какого партнера я хочу».

3, 4. Понятный образ партнера — что реально оценивается в партнере, видится и понимается.

5, 6. Чувства партнеров — что чувствуют люди по отношению друг к другу.

7, 8. Эмоции партнеров — какие эмоции испытывают по отношению друг к другу.

9, 10. Поступки, формы выражения отношений — как ведут себя в отношении друг друга.

11. Связка — что формирует отношения, на каком компоненте существуют отношения в данное время.

Рассматривается пара — мужчина слева, женщина справа.

1, 2. Идейный образ партнера

11 Сила

В отношении супруга такие люди проявляют крайнюю заботу и внимание. Они прикладывают все усилия к тому, чтобы партнеру было комфортно. Но вместе с тем нередки конфликты из-за того, что сила, которая должна быть направлена на супруга, перенаправляется в дела или заботы. И если супруг вмешивается, требуя внимания, то приложенная сила отражается на нем или на ней. И ничего личного — просто сработал защитный механизм.

13 Смерть

Чаще всего это одиночки. Даже если возникают отношения, то в них присутствует холодность и отстраненность — нежелание причинить вред близкому человеку. Но поскольку нет тепла, нет и понимания. И тогда — разрыв, расставание и одиночество. Чаще всего как форма осознанного выбора.

Вывод: мужчина ищет со стороны супруги заботу, внимание, участие. Жена сторонится его, дистанцируется.

3, 4. Понятный образ партнера

6 жезлов

Человек с подобным поведением достаточно часто избегает женского общества. Причем независимо от того, о какой половой принадлежности человека мы говорим. С ними одна морока, эмоции, чувства — все это не поддается корректной оценке, а значит не его сфера интересов.

18 Луна

В отношении супруга присутствует постоянная претензия и недовольство. Она далеко не всегда явно выражена. Но проскакивает то тут, то там, вызывая раздражение. Из-за этого немало скандалов, которые в большинстве случаев ведут к расставанию. И тогда «новая жертва», которая еще не разобралась во всех изъянах личности. Или «окончательная жертва» — человек, который всегда готов быть чуть-чуть униженным.

Вывод: мужчина видит и осознает, что от него отстраняются, держат его на дистанции. Женщина проявляет при помощи отстраненности свое ощущение по отношению к партнеру — недовольство, раздражение, накопившиеся обиды.

5, 6. Чувства партнеров

Паж мечей

Как таковые люди не заботят Пажа мечей, поскольку он обычно нацелен на одного человека — того, на кого, по его мнению, ему необходимо оказать влияние. Паж мечей достаточно хорошо абстрагируется от внешних раздражителей или «гасит» внешние раздражители проявлением агрессии.

7 Колесница

Единственный типаж, способный вынести столь высокую активность рассматриваемого нами персонажа, — это тихий, спокойный, скромный человек, который всегда ждет и всегда понимает своего мечущегося партнера. Если темперамент или базовые составляющие характера будут отличаться, то это немедленно приведет к разрыву — обуздать такого «жеребца» невозможно в принципе.

Выводы: чувства практически отсутствуют, есть эмоции, в основном негативного характера, и на этом все.

7, 8. Эмоции партнеров

7 мечей

Надменность, высокомерие, демонстрация собственного (иллюзорного) потенциала. Человек пытается «пустить пыль в глаза» и женщины, как ему кажется, наиболее подходят для этого.

10 мечей

В отношении мужчин действует схема «свой/чужой» или «враг/друг» — иных схем поведения не присутствует.

Выводы: конфликт в активной фазе, люди практически не общаются друг с другом.

9, 10. Поступки, формы выражения отношений

10 жезлов

Со стороны женщин человек ищет поддержку и понимание, а лучше всего заботу и сочувствие. Это неосознанное стремление — стремление быть поближе к матери, которая защитит и поддержит. А в ком или в чем будет этот образ — не так важно.

0 Шут

Свободные отношения — так можно охарактеризовать отношения человека к супругу или партнеру. Есть — хорошо, нет — не страшно. Он не приемлет рамок и не выставляет их сам. Что, чаще всего, негативно сказывается на взаимоотношениях, поскольку большинство ищут стабильность и уверенность в завтрашнем дне, что с этим человеком почти невозможно.

Выводы: мужчина пытается сохранить отношения, женщине это больше не нужно.

11. Связка – что формирует отношения – Дьявол

Супруг — это раб в той или иной степени. Он зависим, он подчинен, он находится в полной власти «дьявольской силы» своего супруга. И тогда тирания, жестокость и иные проявления тоталитарной воли. Или одиночество, оправданное и осознанное. И мало найдется партнеров, которые способны противостоять такой силе и при этом сохранить гармонию в отношениях.

Выводы: перед нами семья на последней стадии распада. Единственное, что их пока сохраняет вместе — это п.11 — привычка находиться в существующей форме отношений. Иных причин для сохранения брака уже нет.

Семья и взаимоотношения

Семья накладывает иные требования к отношениям, чем те, что существуют у партнеров, не связанных ничем, кроме чувств и эмоций. Расклад «Семья и взаимоотношения» направлен на выявление «подводных камней», внутренних конфликтов, а так же сильных сторон отношений, которые помогут преодолеть негатив.

1, 2. Идеи, образы, представления о семье — как каждый партнер раскрывает для себя понятие семьи.

4, 5. Желания видеть в семье — что хочется видеть в семье.

3. Итог реализации желаний — что получается от реализации стремлений.

6. Ключевой эмоциональный момент — ключевая эмоция, на которой заостряется внимание.

7, 8. Эмоции по отношению к происходящему — видимые эмоции в связи с происходящим.

10,11. Поведение, схемы, требования — шаги, поведение людей, акценты, направленные на взаимодействие внутри семьи.

9. Итог реализации требований — что получают люди в результате реализации своего поведения.

12, 13. Осознанный факт оценки происходящего — как оценивается и осознается реальное положение вещей.

Пример. Слева мужчина, справа женщина. Браку 7 лет.

1, 2. Идеи, образы, представления о семье

8 жезлов

В качестве метода управления слабыми используется Приказ, Указ, Резолюция — форма доведения продуманной схемы, которая не требует обсуждения или согласия. Причем форма чаще всего жесткая, категоричная, не терпящая никаких комментариев.

2 мечей

В качестве ключевого признака поведения человека, попавшего в реализацию 2 мечей, является отстраненность от процессов окружающего мира. Он погружен в себя и кажется, что он думает, размышляет. Но это далеко не так. Он прислушивается к себе, ищет довода для того или иного поступка.

Вывод: мужчина — сторонник домостроя — «как я сказал, так и будет». Он полностью уверен, что в семье один глава и этот глава — он. Женщина же занимает выжидательную позицию. С одной стороны ей удобно, что все решают за нее, но с другой она может испытывать недовольство в тех случаях, когда начинают ущемляться ее интересы.

4,5. Желания видеть в семье

9 Отшельник

С формированием супружеских отношений таким людям крайне не просто. Им повезет, если они встретят такого же человека. Тогда они проживут «долго и счастливо, тихо и спокойно» до конца своих дней. Но нередко они остаются одинокими не только в черте характера, но и в реальности.

13 Смерть

Чаще всего это одиночки. Даже если возникают отношения, то в них присутствует холодность и отстраненность — нежелание причинить вред близкому человеку. Но поскольку нет тепла, нет и понимания. И тогда — разрыв, расставание и одиночество. Чаще всего как форма осознанного выбора.

Выводы: перед нами два человека «себе на уме», со своими характерами, убеждениями и оценками. И то, что они прожили вместе уже 7 лет, говорит о том, что это не просто брак, а «брак по судьбе».

3. Итог реализации желаний – Паж динариев

— Сильные стороны

Сильной стороной описываемого типажа является его умение «быстро передвигаться» — он ищет выгоду, он стремится к ней, он готов сделать все, чтобы быть в выигрыше. Высокая активность и жизнелюбие, пусть и весьма своеобразное и ограниченное, являются сильными сторонами человека.

— Слабые стороны

К слабым сторонам индивидуума можно отнести слабое планирование и полное отсутствие ощущения перспектив. Человек просто не видит ничего дальше своего носа.

Выводы: много эмоций, мало логики. И это большой плюс для столь консервативных личностей. Им комфортно — это главное.

6. Ключевой эмоциональный момент – 1 динариев

В качестве ключевого признака отметим такой фактор, как деловая суетливость. Как гончая, которая принюхивается, стараясь учуять запах дичи, так и человек с описываемой характеристикой «прислушивается» к вселенной, стараясь понять, что ему может сулить выгоду.

Вывод: каждый их партнеров преследует получение выгоды — он нацелен на того, кто рядом с ним. И судя по ситуации, все происходит достаточно гармонично — каждый дает «по возможностям» и это устраивает другую сторону.

7,8. Эмоции по отношению к происходящему

6 кубков

В отношении женщин используется схема и слабого, и сильного. В зависимости от того, какая женщина присутствует в ситуации. Помимо этого часто используется фактор «5 кубков» — эмоциональное усиление, которое ускоряет процесс принятия решения.

1 мечей

В отношении мужчин схема проста — свой/чужой. Если свой, то общение поддерживается на том уровне, который необходим по ситуации. Если «чужой», то держится на расстоянии, не теряя из вида возможного союзника или противника.

Выводы: каждый их супругов точно знает «свою территорию» в семье и не заходит на нее. У каждого свои обязанности и зона ответственности и каждый прекрасно знает, где именно находятся границы этой зоны.

10,11. Поведение, схемы, требования

9 жезлов

В качестве признака поведения можно выделить постоянное недовольство, которое преследует все поступки человека. Он как бы делает одолжение, прилагает сверхусилия, чтобы что-то сделать.

Делает все, поглядывая свысока и как бы не понимая, почему сами не смогли сделать.

17 Звезда

В ситуации человек неспешен, но при этом каждый его шаг верен или по крайней мере выглядит таковым. Он двигается в схеме своего понимания ситуации и «замирает», если происходящее не сопоставляется с действительностью.

Выводы: мужчина излишне критичен, «занудлив» и периодически брюзжит не по поводу, но на женщину это никак не влияет. Она просто не замечает его недостатков.

9. Итог реализации требований – 3 мечей

Крайне не простая схема поведения, диктуемая 3 мечей. С одной стороны — «разгорающееся пламя», с другой — «жар, который обдает окружающих». Когда 3 мечей взаимодействует с рациональным и фундаментальным базовым компонентом, это дает человеку творческий прорыв. Когда с иррациональным, эмоциональным или деструктивным компонентом — конфликт, разрушение и страдание.

Выводы: периодически возникают конфликты из-за того, что мужчина «сует нос не в свои дела» и тогда женщина, жестко и принципиально, ставит все на свои места. Уровень конфликта не высок и не стоит его рассматривать как нечто из ряда вон выходящее. Это схема управления и не больше.

12,13. Осознанный факт оценки происходящего

6 Влюбленные

В отношения с партнером или супругом рассматриваемая нами черта характера вносит весьма негативные элементы, поскольку мало кто вынесет такое обилие недовольства и критики, даже если это смешано с положительными эмоциями. Скандалы — как закономерное и прогнозируемое продолжение, которое «ожидалось» нашим типажом.

1 Маг

Отношения с супругом или партнером в первую очередь зависят от того, какие реальные чувства живут в его сердце. Если он любит, если партнер ему дорог, то он сделает все, чтобы они были счастливы. Но если чувств нет, но ситуация заставляет их находится вместе, он проявляет холодность и отстраненность.

Выводы: мужчина взвинчен и недоволен супругой. Причина этому кроется в построении цепочки, которая начинается со слов «Я в доме хозяин» до слов со стороны супруги «Теперь ты понял, кто в доме хозяин?». Это своего рода локальный бунт, который может со временем разрастись в серьезный конфликт. Но пока его нет. И если женщина проявит мудрость, а мужчина сдержанность, «угли» конфликта быстро угаснут.

Характер

Характер человека — то, что лежит в основе его поведения, поступков, реакций. То, что нарабатывается годами и с каждым годом становится все менее и менее изменяемой характеристикой. Расклад «Характер» позволит изучить человека, рассмотреть его сильные и слабые стороны характера, понять мотивы его поведения.

1. Что видят люди — как окружающие видят человека.
2. Что хочет видеть в себе человек — как сам человек оценивает свое поведение.
3. Что демонстрирует окружающим — как человек старается вести себя на людях.
4, 5. Поведение в обществе, реализация своего характера — как на самом деле реализуется характер человека.
6. Старое, отжитое в характере — что исчезает или вот-вот исчезнет из сферы поведения человека.
7. Новое, развивающееся в характере — новые формы, появляющиеся в характере человека.
8. Внутренний конфликт (или внутренняя гармония) — наличие (или отсутствие) внутренних противоречий, связанных с тем, как хочет вести себя человек и тем, какого поведения ожидает от него общество.

1. Что видят люди – 9 мечей

Одиночество, но не как стремление человека, а как реакция окружающих людей. Они сторонятся его, не готовы ни общаться, ни тем более помогать. Человека оставляют в одиночестве, но не потому, что хотят его чему-то научить, а потому что не готовы с ним общаться.

Дополнение: люди считают, что он сторонится общения, они видят, что без них ему лучше, чем в обществе.

2. Что хочет видеть в себе человек – Паж жезлов

Человек, представленный в виде Пажа жезлов, спокоен и рассудителен. Он как «справочное бюро» или книга, которая дает ответ на интересующий вопрос, но при этом ничего не советует и ни во что не вмешивается.

3. Что демонстрирует окружающим – 5 кубков

В качестве признака поведения человека с описываемой характеристикой можно отметить такую черту, как эмоциональность. Он не сдерживает то, что происходит у него внутри. Смеется, огорчается, печалится, веселится — он ярко выражает то, что чувствует его внутренний мир. Иногда общество, привыкшее к сдержанности, называет таких людей «артистами». И это отчасти верно, поскольку данный элемент является неотъемлемым спутником профессии.

Дополнение: перед нами наигранная демонстрация того, чего нет в человеке. Он не просто играет, он переигрывает и это ощущается окружающими людьми.

4, 5. Поведение в обществе, реализация своего характера — 7 Колесница, Паж динариев

Перед нами поведенческий оптимист — человек, который всегда ищет и часто находит приятное там, где можно и где, кажется, его быть не может. Он не философствует на тему: «Ищи положительное в неприятном» — он акцентировал свое внимание на приятном, «отложив» неприятное в сторону. Не замечает, не видит, обходит стороной — и часто это ему удается.

Суетливо-деловито, как на базаре: хочешь купить — купи, не хочешь покупать — проходи. Так часто выглядит образ человека, для которого деньги являются идолом, кумиром и смыслом существования.

Дополнение: избыточная суета и желание понравиться людям, созданное в п.3, формирует искажение между тем, что реально представляет собой человек и тем, как он себя ведет.

6. Старое, отжитое в характере — Король жезлов

Спокоен, уравновешен, деловит. Всегда готов прийти на помощь другим людям. Это создает вокруг него обилие друзей и знакомых, которые нередко забирают у него массу свободного времени.

7. Новое, развивающееся в характере — Королева жезлов

Спокойна, уравновешена, деловита, всегда готова прийти на помощь другим людям. Это создает вокруг нее обилие друзей и знакомых, которые нередко забирают у нее массу свободного времени.

Дополнение: появление карты Двора — персональной карты указывает на участие человека в жизни нашего подопечного. Это Дама жезлов, которая своим порядком, степенностью и рациональностью пытается вразумить рассматриваемого нами человека.

8. Внутренний конфликт (или внутренняя гармония) — 21 мир

Можно сказать, что страхов как таковых нет, поскольку люди мало эмоциональны. Но если эмоции начинают «пробивать», то сразу возникает опасение, что что-то идет не так. И страха как такового нет, но есть эмоциональная растерянность.

Общий вывод: что не так? Почему я открыт, контактен, готов к общению, а люди меня сторонятся?

Да потому что они чувствуют, что «Король жезлов», который ведет себя как «Король кубков», — поведенческая аномалия. Они чувствуют фальшь, наигранность, но поскольку не понимают ее происхождения, то стараются просто отойти в сторону во избежание проблем.

Будь самим собой! Ты очень хороший человек! Вот единственно верный совет, который можно дать.

Личность

В отличие от расклада, демонстрирующего характер человека, который мы рассматривали выше, расклад Личность является более сложным раскладом. Его задача выявить компоненты и составляющие, формирующие личность человека. Так сказать детали личностной структуры.

1, 4, 7. Внутренняя структура Личности, базовые точки		
1 кубков	Улыбчивость, позитивный настрой, оптимизм, положительные эмоции не зависимо от ситуации: все хорошо или все будет хорошо. Человек действительно находит частички радости в том, что, возможно, пугает других людей. Но на то он и оптимист, чтобы испытывать радость там, где другие ее не замечают.	Оптимист до мозга костей — всегда присутствует положительный настрой.
1 жезлов	Идейная «суетливость», множество мыслей, предложений, идей концепций — человек просто не может усидеть на месте, не сформировав отношение, не сделав вывод, не определив направление движения. Он может высказывать свои мысли в форме идей, соображений, четких планов и суждений — не важно как, важно, что все они логичны и вполне осознанны.	Из-за избыточной эмоциональности, вызванной крайней оптимистичностью, суетлив и поспешен — большое желание сделать все быстро и хорошо, чтобы избежать возможных конфликтов.
Всадник динариев	Собран, деловит, погружен в свои мысли и сосредоточен на процессе. Он имеет один из серьезнейших инструментов в мире и, опираясь на свою натуру, хочет максимально выгодно им управлять.	Умеет мыслить, принимать решения, адекватен в поступках и действиях.

3, 6, 9. Скрытые составляющие личности		
6 динариев	«Я могу, но буду ли…?» — так выглядит поведение человека. Он как бы делает одолжение, расставаясь с собственными возможностями. Многие воспринимают это за демонстрацию статуса — он ценит себя. Но для тех, кто понимает, его поведение не более чем обычное высокомерие.	Данное качество сформировано не столько завышенной самооценкой, сколько страхом неудачи. Он всегда готов, он всегда может, но не всегда уверен в своих силах.
9 Отшельник	Основным скрытым желанием данного типажа является желание навести и сохранить порядок в тех местах и сферах, которые находятся в его интересах. «Все должно быть на своих местах» — так можно определить желание человека.	Данная форма указывает на то, что рациональная составляющая личности все же превалирует над эмоциональной. На надолго ли?
Паж мечей	Быстро, резко, действенно, как разрубить мечом воздух (или противника). Паж мечей не стремится сгладить неровности и произвести впечатление — обычно он действует так, как думает. Важна цель, а все остальное является второстепенным.	Активная и устремленная к победе политика поведения.

2, 5, 8, 10. Эмоциональная среда личности		
9 жезлов	В качестве признака поведения можно выделить постоянное недовольство, которое преследует все поступки человека. Он как бы делает одолжение, прилагает сверхусилия, чтобы что-то сделать. Делает все, поглядывая свысока и как бы не понимая, почему сами не смогли сделать.	Критичен и несколько высокомерен — он чувствует себя комфортно в ситуациях, которые может контролировать, для того чтобы показать свою значимость.
5 динариев	Заискивающий взгляд, тоска в глазах, скромная и часто сильно изношенная, но вполне опрятная одежда — классический стиль «опрятного бомжа». За исключением одной детали, которая все ставит под сомнение: дорогая сумочка, или часы, или обувь — что-то, что диссонирует с тоской об утраченном счастье.	Что не одень — все будет не так. И все из-за того, что каждый раз пытается «выскочить» на уровень выше своих возможностей, но при этом не может соответствовать этому уровню.
6 кубков	В качестве поведенческого признака описываемой характеристики можно назвать такое определение, как эмоциональная растерянность. Все ясно, все устраивает, но «что-то не так». Человек как бы эмоционально выбирает между тем, что предоставляет ему настоящее, и тем, что было в его жизни. Он «ногами в прошлом, а головой в будущем» и часто голова стремится туда, где ноги.	Данное проявление сформировано двойным акцентом на малосовместимых составляющих — либо эмоции, либо логика. Либо пафос в поведении, либо реальность и демонстрация того, что есть на самом деле. В ином случае описываемое состояние будет всегда преследовать человека.
8 кубков	В качестве поведенческого признака нужно выделить ключевую черту человека — «все плохо», независимо от того, что именно происходит. И он не пытается думать (не жезлы), не действует (не меч), не извлекает выгоду от этого (не динарий), а просто портит всем настроение своим негативным настроем.	Карта демонстрирует «поиск проблемы» с целью ее последующего успешного решения. Человек не может без борьбы с трудностями. Только они, по его мнению, делают его нужным и успешным.

Вывод: перед нами противоречивая личность, обладающая некоторым количеством недостатков. И первое, что можно отметить в качестве недостатка, это тщеславие. Человек готов к действию не потому, что действительно готов, ему это нужно и является целесообразным. Он готов потому, что это может принести ему славу и почести. Но поскольку в личности очень мало фундаментальных форм, на которые можно опереться, такое поведение часто приводит к неудачам. А неудачи «списываются» на «страшное стечение обстоятельств» и все продолжается по кругу: цель — борьба — итог — цель… И все для того, чтобы его оценили, увидели, восхитились. Не слишком ли много сил для того, чтобы получить столь простое эмоциональное удовлетворение?

Страхи человека

Страхи человека — то, что ограничивает в реализации целей, сковывает мысли и искажает эмоции. Расклад «Страхи» призван выявить реальные страхи и сомнения человека, рассмотреть причины этих страхов.

1. Черта характера, сформированная страхами, — то, что не принадлежит человеку в полной мере, а является следствием реализации страха.
3, 5. Собственная оценка поведения — как человек оценивает свое поведение под воздействием страха.

7, 9, 11. Поведение под давлением страхов — неосознанное поведение в ситуациях, когда проявляется страх.

10, 12, 13, 14. Эмоции или процессы, в которых выражены страхи, — ситуации, которые «запускают страхи».

2, 6, 4, 8. Фундаментальные страхи и опасения человека — общая база страхов и опасений человека.

1. Черта характера, сформированная страхами – 4 мечей

Существует две стадии защиты от сторонних влияний и раздражителей. Первая стадия — демонстрация силы и готовность к действию. Это эмоциональная или поведенческая реакция, демонстрирующая недовольство человека. Вторая стадия, которая может наступить сразу, не «ожидая» перехода через первую стадию, — прямая агрессия, отстаивание собственных воззрений или интересов. Вторая стадия наступает тогда, когда человек знает или предполагает, что надо действовать, а не уговаривать.

Вывод: как только человек чувствует, что кто-то или что-то может угрожать его интересам, он начинает проявлять агрессию. Это может быть эмоциональная, но может быть и поведенческая форма. Все зависит от того, какой уровень опасности он ощущает.

3, 5. Собственная оценка поведения – 7 жезлов, 4 Император

В случае обнаружение подозрений или фактов внешних влияний человек сразу начинает подавлять источник этих влияний. Подавление в большей степени волевое, отчасти эмоциональное. Переход к прямым физическим действиям не предусмотрен. Поведение можно сравнить с реакцией кошки на собаку — взъерошен, шипит, сейчас бросится.

Страх старости, того, что он уже не сможет быть столь же силен физически, насколько тверд духом. Именно этот страх делает таких людей под старость еще более одинокими, поскольку мало кто готов выслушивать капризы «тирана на пенсии».

Вывод: человек считает, что если он не в состоянии показать силу, то он слаб и это больно бьет по его самолюбию. Есть сила — я все могу, силы нет — я полностью раздавлен.

7, 9,11. Поведение под давлением страхов – 5 жезлов, 5 кубков, паж жезлов

«Занудство» или бесконечная гонка по кругу — он готов повторять свое мнение ровно до тех пор, пока собеседник не сдастся и не согласится с его мнением. Он будет убеждать, увещевать, приводить доводы и аргументы. Причем чаще всего в этих доводах не будет логики. Но он «глух» и не слышит, что ему говорят — он готов только говорить сам.

В качестве мер защиты от сторонних влияний человек использует свое умение выражать эмоции, усиливая, а иногда и гипертрофируя эмоциональные реакции. Не смех — СМЕХ, не грусть — ТОСКА и так далее. Чтобы было ярче, доходчивее и быстрее оказало влияние.

Слабая сторона — отсутствие обратной связи. Чаще всего человек обладает только той базой информации, которой поделился. И любые уточнение или дополнения невозможны.

Выводы: под давление страха поведение человека становится более ярким, можно сказать вычурным. Но он не говорит и не информирует окружающих о том, по какой причине он меняет свое поведение. Тем самым часто приводя в замешательство тех, кто рядом с ним.

10, 12, 13, 14. Эмоции или процессы, в которых выражены страхи – Всадник жезлов, 9 мечей, 17 Звезда, 9 динариев

Форма поведения авторитарна и может показаться, что немного надменна. Человек как бы диктует свою волю и свой план действий, не желая слушать ничего вопреки. Но он редко вступает в конфликт — чаще молча продолжает действовать.

Одиночество, но не как стремление человека, а как реакция окружающих людей. Они сторонятся его, не готовы ни общаться, ни тем более помогать. Человека оставляют в одиночестве, но не потому, что хотят его чему-то научить, а потому, что не готовы с ним общаться.

В ситуации человек неспешен, но при этом каждый его шаг верен или по крайней мере выглядит таковым. Он двигается в схеме своего понимания ситуации и «замирает», если происходящее не сопоставляется с действительностью.

В качестве ключевого признака поведения человека с описываемой характеристикой можно отметить такое поведение как «усталость от жизни». Человек выглядит так, как будто все имеет, все попробовал и его сложно чем-либо удивить. На ранней стадии формирования капитала такая форма поведения чаще всего выглядит карикатурной. На более поздней стадии уже смотрится как «обоснованная солидность».

Выводы: каждая из описанных ситуаций запускает страхи человека, которые можно собрать в одно определение: если он чувствует, что не может влиять на процесс, он испытывает страх. Все должно быть по его воле, под его контролем и управляться им — иначе хаос и в первую очередь в его собственной голове.

2, 6, 4, 8. Фундаментальные страхи и опасения человека – 10 жезлов, 2 динариев, 0 Шут, Король динариев

В качестве поведенческого признака в человеке мы видим усталость, утомленность, бессилие — перед нами человек, который измотан и крайне утомлен. Он сделал все, что от него требовалось и даже больше, и уже не способен ни на что без серьезного отдыха.

В качестве ключевого признака поведения мы можем описать поведение, схожее с качелями. Это может натолкнуть вас на неверный вывод — человек не уверен в себе. И это действительно не так. Человек не уверен в то, что ему следует выбрать. И старается затянуть выбор, понять, что же ему предпочесть.

Страх стабильности, который ощущается им как болото, в которое он погружаются миг за мигом. Как только замедляется движение, как только намечается застой, возникает паника, которая чаще всего усугубляет ситуацию.

По форме поведения Король динариев слегка суетлив (пытлив и подвижен), старается вникнуть в процесс как для того, чтобы его «не надули», так и для того, чтобы иметь возможность контролировать процессом. Нетерпелив и капризен, если что-то идет не по его плану и может оказать влияние на оппонента.

Выводы: база страхов человека может быть охарактеризована одним словом — застой. Если что-то перестало двигаться и развиваться так, как он наметил себе, это формирует опасения, панику, страх. Он начинает действовать, но не для того, чтобы изменить тенденцию происходящего, а в первую очередь, чтобы успокоить себя.

Помощь в определении Стихийного типажа

Перед вами расклад, который поможет вам определить, к какому именно типажу относится тот или иной человек. Сразу необходимо отметить — расклад не даст вам ответ в виде: «Человек относится к такому-то типажу». Нет. Он вам продемонстрирует образ человека, который вы соотнесете с описанием «идеальных стихийных образов», которые мы привели выше. Именно в сравнении вы сможете увидеть типаж человека.

Важно также обратить внимание на «переворот мастей» или подражание типажу несоответствия. В этом случае вы увидите признаки 2-х или более мастей. Обращайте внимание на доминирующие характеристики или, попросту говоря, смотрите, как ведет себя человек в большинстве случаев. «Ошибки» или несоответствия доминанты и некоторых признаков укажут на то, что человек поступает вопреки своему типажу. Это крайне важные данные. По сути это ответ на вопрос: «Что делать, если что-то идет не так?» «Идет не так» потому, что человек действует не верно, не корректно — попросту обманывает себя. И чтобы перестать заниматься самообманом и начать действовать более реалистично, необходимо провести коррекцию поведения в ячейках-аномалиях.

Карты в раскладе, ориентированные по 12 Астрологическим домам, демонстрируют ключевые моменты в поведении человека или отвечают на вопрос: «Как ведет себя человек в таком-то доме?»

Для того чтобы верно интерпретировать расклад, вам необходимо увидеть «сумму» взаимодействия двух карт — общую тенденцию взаимодействия. В примере мы продемонстрируем, как это выглядит.

1, 13 — 1 Дом	7, 19 — 7 Дом
2, 24 — 2 Дом	8, 18 — 8 Дом
3, 23 — 3 Дом	9, 17 — 9 Дом
4, 22 — 4 Дом	10,16 — 10 Дом
5, 21 — 5 Дом	11, 15 — 11 Дом
6, 20 — 6 Дом	12, 14 — 12 Дом

25, 26, 27 — Карты-подсказки — общая идея типажа — его базовые стремления.

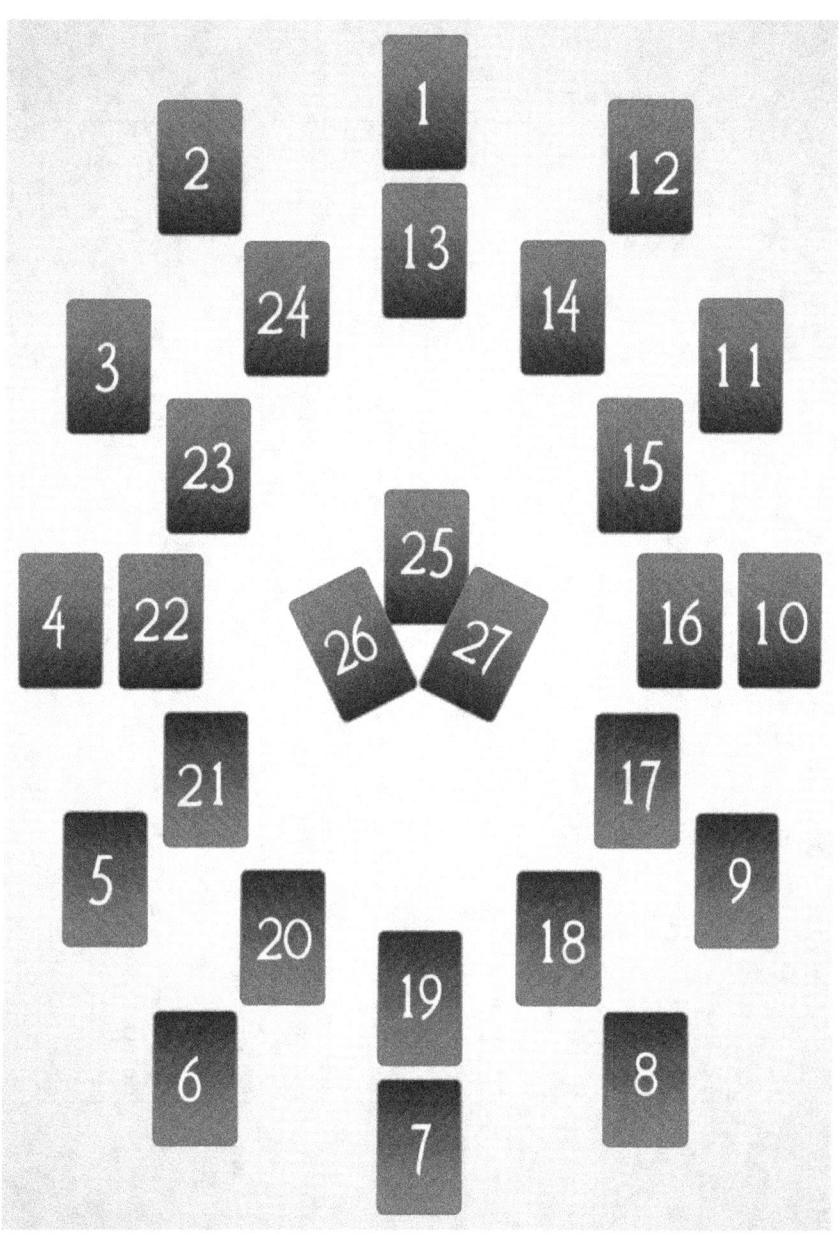

Мужчина — определение типажа (акцент поведение и принцип принятия решения)

1, 13 — 1 Дом	**6 кубков** Решения принимаются, исходя из реальных потребностей. Сами эмоции лишь инструмент, но важно, какая цель преследуется. Если же цели нет, то человек достаточно долго может прибывать в состоянии «между небом и землей», как бы наслаждаясь существующей картиной реальности.	**Паж жезлов** Основной задачей пажа жезлов является донесение информации до человека. Он, как письмо, должен довести до сведения своего оппонента данные и двигаться дальше «по своим делам».	**Как мы его видим?** Собран, деловит, знает, что хочет от жизни, контролирует происходящее.
2, 24 — 2 Дом	**Королева динариев** Целевая установка — деньги правят миром. Она может быть ярко выражена, может быть скрыта, но 99% ситуаций, в которых попадает Королева Динариев, начинаются со слов: сколько это стоит или сколько за это нужно заплатить?	**9 динариев** Решения приниматься не будут — все, что может обождать, обождет. Сейчас нет ни желания, не настроя для того, чтобы думать. Может завтра или послезавтра, когда эмоции немного стихнут и можно будет подумать о том, что еще предпринять.	**Деньги?** Выгода, «эффективная лень» — если нет выгоды, зачем что-то делать? Довольство и достаток.
3, 23 — 3 Дом	**Король динариев** Целевая установка — деньги правят миром. Она может быть ярко выражена, может быть скрыта, но 99% ситуаций, в которых попадает Король Динариев, начинаются со слов: сколько это стоит или сколько за это нужно заплатить?	**3 динариев** Решение принимает не разум и здравый смысл, а чутье и желание извлечь выгоду. Если есть и то и другое, решение незамедлительно принимается. В ином случае поиск кандидатов на выгодную идею будет продолжен.	**Знакомые?** Выгода, прибыль, интерес, перспективы.

			Родители?
	Королева кубков	7 мечей	Эгоизм, эгоцентризм, прагматичность.
4, 22 — 4 Дом	Ключевая целевая установка — реализация своих эмоциональных потребностей в окружающий мир. Чаще всего там, где это возможно. Если нет такой возможности, или «мир черств и эгоистичен» — замыкается в себе, страдая в одиночестве.	Принцип принятия решения на данном уровне эмоционально-интуитивный — делает то, что хочется. Или, как говорят в народе, «что левая пятка захочет». И не стоит взывать к его рассудку — сейчас он далек от этого понятия.	
			Дети?
	3 Императрица	8 мечей	Быстро, не медля, принять решение и делать дальше то, что душе угодно. Или, проще говоря: «Дети, не мешайте мне жить!»
5, 21 — 5 Дом	К цели двигается уверенно, не теряя головы и сохраняя контроль за движением. Такой стиль можно сравнить с «культурным танком», который может проехать везде, но при этом объезжает тех, кто не заслуживает жесткого обращения с ними.	Быстро, не задумываясь, молниеносно. Все схемы поведения рассчитаны на быстрое подавление «сопротивления» и достижение успеха в кратчайшие сроки.	
			Здоровье?
	3 жезлов	4 мечей	Трепетно, но вдумчиво, без паники, но с вниманием — здоровье одно!
6, 20 — 6 Дом	Решения принимаются за счет соотнесения с собственными интересами. Если есть совпадение интересов, то решение принимается положительное. Если «это ему не нужно», то будет категорический отказ. Люди подобного плана не привыкли тратить время на пустяки.	Путей для принятия решения два — интуитивный и осознанный. Причем часто эти пути пересекаются, давая дополнительный импульс. Человек действует не всегда понятно для окружающих, но если он начал действовать, то это понятно ему самому.	

			Супруга?
7, 19 — 7 Дом	**1 мечей** Быстро, не медля, переходят от самого решения к его реализации. Это не значит, что он не думает. Просто он обдумал тот вариант, который для него наиболее понятен и реалистичен. Все остальные варианты нет смысла обдумывать.	**4 кубков** Человек старается не принимать никакого решения. А в случае, если существует необходимость принять его безотлагательно, решение делегируется первому попавшемуся человеку, который вызывает доверие. Часто такое поведение приводит к ошибкам и ставит человека в неудобное положение, что усугубляет его и без того не простое эмоциональное состояние.	Инфантильно, просто, безвкусно — есть и ладно.
			Секс?
8, 18 — 8 Дом	**Королева мечей** Цели могут быть разные, равно как и интересы. Но в них всегда присутствует определенная практичность и реалистичность. Мечи редко витают в облаках и не способны бесконечно долго разбираться в каком-либо процессе. Есть цель — мы движемся к ней.	**15 Дьявол** Не смотря на возможную двойственность в отношении своих возможностей, описываемые нами персоны двигаются одним путем — они пытаются подчинить человека, использовать его, сделать так, чтобы он сделал желаемое не смотря ни на что. Чаще всего это получается. Реже получается наоборот — происходит «изгнание дьявола» — конфликт, вследствие которого наш объект остается ни с чем. И все потому, что он не с тем связался — не всех можно подчинить и использовать.	Важно, крайне важно — эмоционально-сексуальное наслаждение на первом месте (после выгоды материального плана).
			Мораль?
9, 17 — 9 Дом	**9 кубков** Решение принимается легко и непринужденно. С одной стороны это часть имиджа, с другой — человек не хочет усложнять себе жизнь долгими раздумьями — так можно потерять тот самодовольный настрой, который так ему к лицу.	**Король жезлов** Спокоен, уравновешен, деловит. Всегда готов прийти на помощь другим людям. Это создает вокруг него обилие друзей и знакомых, которые нередко забирают у него массу свободного времени.	Наплевать на всех — но я этого не покажу, а покажу нормы, рамки и принципы. Но «забуду» о них, как только мне это перестанет быть интересным.

10, 16 — 10 Дом	**2 кубков** Решение принимается по весьма интересной схеме. С одной стороны присутствует принцип «нравится/не нравится», а с другой — может кому еще понравится? Не все творческие люди делают что-то, что вызывает яркие эмоции, основываясь на своем мировосприятии. Часто они работают «на публику».	**9 мечей** Никаких решений, никаких поступков — только то, что требует ситуация и только то, что нужно для поддержания жизни. Но есть одно но — вопрос, который стоит перед человеком: «А нужна ли такая жизнь?»	**Карьера?** Поиск выгоды и перспектив через внутренние ощущения — сильно развитое чутье перспективы и выгоды.
11, 15 — 11 Дом	**8 жезлов** Решение принимается быстро, практически молниеносно. Но не потому, что человек действительно умеет принимать быстрые (и верные решения), а потому что схема уже готова, план прописан и когда поступает команда «На старт», остается только реализовать задуманное.	**7 кубков** Решение принимается по принципу «личного успеха» — какой шаг, какой поступок могут привести к нему? Человек всегда остро чувствует происходящее, как с позиции оценки ситуации, так и своего положения в этой ситуации.	**Планы?** Что важно, что нужно, что интересно — будет сделано. Не медлит и не затягивает.
12, 14 — 12 Дом	**5 динариев** Решение принимается по принципу «мне нужно» — дальше тянется все, что плохо или хорошо лежит. А если кто схватит за руку, у него есть обоснование — он бедный, несчастный, ему очень-очень нужно.	**4 динариев** Человек старается не принимать никаких решений. «Рубль в минус» — уже не нравится. «Рубль в плюс» — а зачем он мне нужен? Только естественна трансформация может заставить его предпринять какие-либо шаги.	**Враги?** Деньги, деньги, деньги…

Женщина — определение типажа

1, 13 — 1 Дом	7 Колесница «Победа любой ценой» и «Самый короткий путь — это путь, который ведет к победе» — вот два лозунга, которые говорят о том, как человек достигает цель. И если вы хоть в чем-то можете ему помешать — сметет с пути без зазрения совести.	7 жезлов Человек принимает решение, основываясь только на своем видении ситуации. Его почти невозможно переубедить или заставить что-либо делать. Если он подчиняется чему-то, то не потому, что согласился с указанием, а потому что ему это выгодно.	Личность? Конкретно, жестко, эгоистично, целеустремленно, безапелляционно.
2, 24 — 2 Дом	0 Шут Как и схема поведения в обществе, методика достижения цели нетривиальна, необычна и, возможно, шокирующа. Но чаще всего она дает нужный результат — а что еще нужно?	Король кубков Ключевая целевая установка — реализация своих эмоциональных потребностей в окружающий мир. Чаще всего там, где это возможно. Если нет такой возможности, или «мир черств и эгоистичен» — замыкается в себе, страдая в одиночестве.	Деньги? Деньги — не главное, важно то, что они могут принести. Иногда важно, иногда нет — как захочу!
3, 23 — 3 Дом	3 мечей Решение принимается исключительно на эмоциях и внутреннем ощущении происходящего. В схеме почти нет логики, долгих раздумий или душевных метаний. Быстро, жестко — если не нравится. Если нравится или «ни как» — спокойно и покровительственно.	6 мечей Никаких решений, никаких поступков, инициированных самими человеком. Только пассивность и выполнение «команд» из-вне. И не стоит пытаться его «раскачать». Как только он «перейдет» на другой уровень состояния, ситуация изменится сама собой.	Окружение? Надоели, устала, да сколько можно! Слишком много эмоций, чтобы говорить о чем-то конкретном.

4, 22 — 4 Дом	**4 жезлов** Решения принимаются «по принципу состояния» — человек всячески старается сохранить внутренний и внешний баланс и старается не допустить в свою жизнь ничего, что его пошатнет. А если все же возник дисбаланс, то он приложит максимум усилий, чтобы все расставить по местам.	**2 мечей** Ждать, смотреть, думать, чувствовать — вот стиль поведения, который приведет к принятно решения. Пока этого нет, никакого решения принято не будет.	**Родители?** Думать, анализировать, принимать осознанные решения — наставления «родни».
5, 21 — 5 Дом	**2 жезлов** Ждать, выжидать, держать паузу, перенести принятие решения на другой день, месяц, год или вообще передать его другому человеку. И важно помнить, что в этой ситуации человек крайне уязвим — он может совершить глупость под давлением другого человека или ошибочной оценки прежних факторов.	**Всадник жезлов** Ключевой целью является «наведение порядка» в отдельно взятой ситуации. Если это совет, то будет «выдана» полная инструкция. Если это просьба рассказать о чем-то, то будет изобилие информации, полностью удовлетворяющей человека. Человек прекрасно ориентируется в законах, правилах и условностях и готов помочь в этом окружающим.	**Дети?** Спокойно, упорядоченно, уравновешенно. Всему свое время — время прянику и время кнуту.
6, 20 — 6 Дом	**1 кубков** Решения принимаются по принципу нравится/не нравится. Долгих раздумий нет. А если вы заметили «задумчивость на лице», то это не признаки того, что человек думает. Скорее всего он пытается понять, что ему больше нравится — делать или не делать.	**15 Дьявол** Не смотря на возможную двойственность в отношении своих возможностей, описываемая нами персона двигается одним путем — она пытается подчинить человека, использовать его, сделать так, чтобы он сделал желаемое не смотря ни на что. Чаще всего это получается. Реже получается наоборот — происходит «изгнание дьявола» — конфликт, вследствие которого наш объект остается ни с чем. И все потому, что не с тем связался — не всех можно подчинить и использовать.	**Здоровье?** Не так важно, когда не болит. Даже когда болит, не очень сильно важно. Когда очень сильно заболит, тогда, быть может, посмотрим…

7, 19 — 7 Дом	5 динариев Решение принимается по принципу «мне нужно» — дальше тянется все, что плохо или хорошо лежит. А если что схватит за руку, у него есть обоснование — он бедный, несчастный, ему очень-очень нужно.	Королева мечей Цели могут быть разные, равно как и интересы. Но в них всегда присутствует определенная практичность и реалистичность. Мечи редко витают в облаках и не способны бесконечно долго разбираться в каком-либо процессе. Есть цель — мы движемся к ней.	Супруг? Практично, уравновешенно, достаточно гармонично. Но при этом «держит руку на пульсе» (или на «ошейнике»).
8, 18 — 8 Дом	6 динариев Решения принимаются по принципу «выгоды». Помочь — в чем выгода? Дать в долг — под какой процент? Оказать благотворительную помощь — а мне зачтется и от кого? Все только на базе перспективного вложения средств.	4 кубков Человек старается не принимать никакого решения. А в случае, если существует необходимость принять его безотлагательно, решение делегируется первому попавшемуся человеку, который вызывает доверие. Часто такое поведение приводит к ошибкам и ставит человека в неудобное положение, что усугубляет его и без того не простое эмоциональное состояние.	Секс? Спокойно, без крайностей. Да, важно, да нужно, но иногда, если так получается, без этого реально обойтись.
9, 17 — 9 Дом	3 кубков Решения принимаются, основываясь на эмоциональной подоплеке процесса и возможности получить реальную эмоциональную выгоду. Такое поведение можно сравнить с поведением алкоголика, который подходит к нескольким выпивающим людям — нальют — я с вами, ваш друг, брат и лучший компаньон.	1 мечей Быстро, не медля, переходит от самого решения к его реализации. Это не значит, что он не думает. Просто он обдумал тот вариант, который для него наиболее понятен и реалистичен. Все остальные варианты нет смысла обдумывать.	Мораль? Спонтанно, резко, чтобы раз и навсегда закрыть вопрос. Но в этом и слабость — 3 кубков.

			Карьера?
10, 16 — 10 Дом	6 жезлов	4 мечей	Перспективно, целеустремленно, успешно — все благодаря таланту, целеустремленности, уверенности в себе.
	Решение принимается после основательной оценки происходящего, когда взвешены все «за» и «против». Когда человек точно знает, что решение будет верным. А если нет, то будет ждать и это будет продолжаться до тех пор, либо пока ситуация «не исчезнет», либо пока он соберет всю необходимую информацию.	Путей для принятия решения два — интуитивный и осознанный. Причем часто эти пути пересекаются, давая дополнительный импульс. Человек действует не всегда понятно для окружающих, но если он начал действовать, то это понятно ему самому.	
			Планы?
11, 15 — 11 Дом	1 Маг	3 жезлов	Что нужно, то и будет сделано. Планы определяются обстоятельствами и интересами — все более чем практично.
	Методы достижения цели такого человека различны. Кажется, что он должен быть прямолинейным, но на самом деле это не так. Прямая — это всего лишь отрезок нескольких линий, которые могут быть весьма извилисты. Он стратег и тактик и поэтому будет делать все, что потребуется для получения приза.	Решения принимаются за счет соотнесения с собственными интересами. Если есть совпадение интересов, то решение принимается положительное. Если «это ему не нужно», то будет категорический отказ. Люди подобного плана не привыкли тратить время на пустяки.	
			Враги?
12, 14 — 12 Дом	17 Звезда	8 мечей	«Перегибы» и злоупотребления силой — иногда от нее достается «на орехи».
	Методы достижения цели всегда правильные и корректные по отношению к окружающим людям. Они не готовы отдать свое, но и не хотят забрать чужого. При этом сама схема достижения цели проста — план, которому они всегда и неукоснительно следуют. И если есть желание двигаться с ними в одном направлении, нужно стать частью этого плана.	Быстро, не задумываясь, молниеносно. Все схемы поведения рассчитаны на быстрое подавление «сопротивления» и достижение успеха в кратчайшие сроки.	

Мужчина — определение типажа

25, 26, 27. Карты-подсказки — общая идея типажа — его базовые стремления 19 Солнце — 2 Жрица — 10 Фортуна — Счастье, Покой и Удовлетворенность.

Вывод: перед нами «классический» динарий без каких-либо дополнений, искажений или ошибок поведения. По сути это образ, крайне близкий к описанию образа Короля динариев.

Женщина — определение типажа

25, 26, 27. Карты-подсказки — общая идея типажа — его базовые стремления — Рыцарь мечей, 3 Императрица, 8 динариев. — Конкретно, Действенно, Взвешенно.

Вывод: перед нами «почти классическое» описание Королевы мечей с двумя исключениями — 3 Дом и 9 Дом. Там что-то произошло, что-то, что подорвало ее веру в людей и вывело из эмоционального равновесия. Это не доминирующие дома и не так важно, что там небольшие сложности. Но обратить на них стоит внимание, поскольку этот пример может быть «заразителен».

ПСИХОЛОГИЧЕСКИЙ АЛТАРЬ

Психологический Алтарь — это одна из разновидностей раскладов, которые можно использовать для анализа Личности человека. Причем этот расклад позволяет работать с несколькими уровнями-значениями карты, используя их в зависимости от интереса или глубины оценки личности.

Также необходимо указать, что с раскладом Психологический Алтарь можно работать в 2-х вариантах: в первом варианте проводить общую оценку состояния человека, во втором — оценку человека по отношению к другому человеку.

Значение ячеек

— Побуждение — что заставляет (побуждает) человека действовать.
— Поступок/поведение — форма поведения человека.
— Манера общения — форма и схемы общения с другими людьми.
— Воображение/фантазии — ключевые аспекты того, о чем фантазирует человек.
— Впечатление — то, какое впечатление хочет произвести человек.
— Ощущение — как ощущает себя человек в обществе.
— Восприятие — описание того, как человек воспринимает окружающий мир или отдельного индивидуума.
— Чувства — форма выражение чувств и описание того, какие чувства являются приоритетными для человека.
— Воля/желание — на чем основаны базовые волевые импульсы человека.
— Ход мыслей — то, как мыслит человек и на какие моменты своего размышления он делает ставку.
— Восприятие — отклик на поведение человека — как он воспринимается другими.
— Влияние — как человек рассматривает свое влияние на мир или то, что хочет достигнуть человек.
— Личная воля — побуждение, обусловленное только личной волей человека, без каких-либо «примесей».

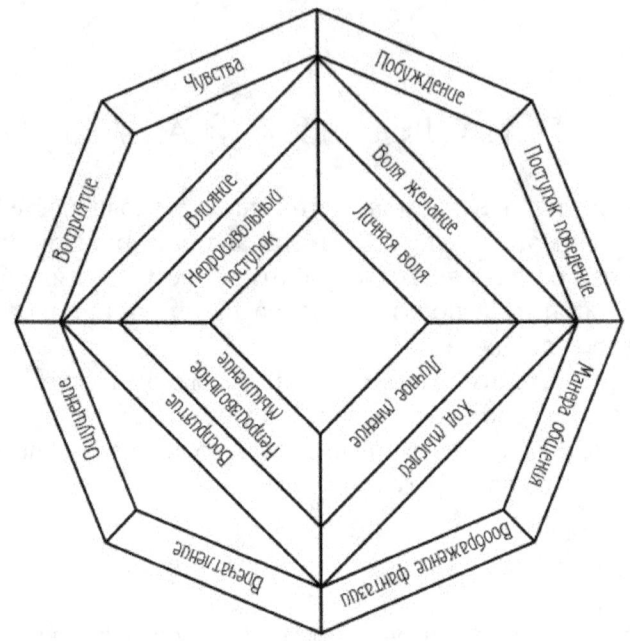

— Личное мнение — что на самом деле думает человек.

— Непроизвольное мышление — мысли и выводы, которые формируются в голове человека бесконтрольно, спонтанно.

— Непроизвольный поступок — поступок, который может или хочет совершить человек, не отдавая себе отчет или не контролируя свое поведение.

Пример 1. Общая оценка

Давайте проведем анализ человека и посмотрим, к каким выводам может привести нас использование расклада Психологический Алтарь.

Теперь, когда картинка расклада ясна, можно приступить к резюмированию данных.

Перед нами человек, который не хочет ни за что отвечать и нести ответственность (Побуждение). Он спокоен и рассудителен, но не потому, что таков по своей натуре, а потому, что «дает фору времени» окружающим — возможно появится кто-то, кто сделает все для него или за него (Побуждение + Поступок). Он суетлив в общении, потому что не всегда знает, что хочет оппонент и готов предложить несколько вариантов развития события (Манера общения). В собственном воображении он рисует себя крайне чувствительным и восприимчивым субъектом, которого мир «не признает» — позиция «все дураки — я умный» (Воображение). Впечатление производит весьма положительное (Впечатление), но это всего лишь иллюзия, если судить по данным, которые получены ранее. Он ощущает окружающий мир через призму собственных инстинктов, делая ставку на интуицию, но не на логику (Ощущение). Восприятие мира содержит угрозу и стремление «спрятать голову в песок» (Восприятие). В чувствах и формах выражения чувств он не сдерживает себя и часто выходит за рамки нормального поведения. Для него противоположный пол находится на более «низком уровне», не заслуживающем уважения (Чувства). Он действует по принципу «будет проблема, будем думать», не желая нагружать себя лишними хлопотами (Воля), что демонстрирует нам крайне безвольного индивидуума. Мыслит примитивно и просто, но чаще всего не мыслит, а чувствует верный ответ (Ход мыслей). Мир мало что хочет от него — он воспринимается окружающими как слабый и безвольный человек (Восприятие миром). Для управления другими людьми используется чутье на человеческие слабости — сделать так, чтобы человеку было неудобно и он сам захотел что-то исправить (Влияние). Воля человек полна ситуаций из прошлого — именно там зародился столь безвольный и эмоционально-нестабильный типаж (Личная воля). Впрочем, он реалистичен, прагматичен и интересуется миром. Во всяком случае той его частью, которая может принести ему выгоду (Личное мнение). Но он все также остается безвольным и слабым перед лицом этого мира (Непроизвольное мышления), считая, что он ничего не может изменить. И как многие индивидуумы, делающие ставку на интуитивное поведение, он хорошо умеет перевоплощаться, формировать личины поведения (Непроизвольный поступок).

Итак. Слабый, безвольный, ленивый и инертный человек, который живет за счет других и использует других для получения личной выгоды. Возможно кому-то он покажется симпатичным...

Значение	Карта	Вывод из описания
Побуждение	12 Повешенный	В ситуации человек с подобной чертой характера будет оставаться на вторых ролях (а чаще всего на третьих). Он старается спрятаться, быть незаметным, чтобы кто-то или что-то разрешил ситуацию за него.
Поступок/поведение	14 Умеренность	В ситуации человек с описываемой чертой характера ведет себя спокойно, взвешенно, рассудительно. Говорит не громко, жестикулирует плавно, старается никого не обидеть и не задеть. Всегда готов к компромиссу и разумным уступкам.
Манера общения	Паж динариев	Суетливо-деловито, как на базаре: хочешь купить — купи, не хочешь покупать — проходи. Так часто выглядит образ человека, для которого деньги являются идолом, кумиром и смыслом существования.
Воображение/фантазии	Король кубков	Ключевая целевая установка — реализация своих эмоциональных потребностей в окружающий мир. Чаще всего там, где это возможно. Если нет такой возможности или «мир черств и эгоистичен» — замыкается в себе, страдая в одиночестве.
Впечатление	Всадник жезлов	Целеустремлен, но неспешен, активен, но не суетлив — он точно знает, что нужно делать и как следует поступить в каждый последующий шаг. Обычно такие люди вызывают симпатию и чувство уверенности — он же все знает.
Ощущение	9 жезлов	Решение принимается только на основании собственного представления о ситуации. Человеку с подобным типажом не требуется помощь или совет — он сам вполне способен понять, что ему нужно от этой жизни. Но чаще всего решения бывают не верными, поскольку не учитывают ничьих интересов, кроме его собственных.

Восприятие	5 динариев	Метод защиты от сторонних влияний один — «что с меня взять, у меня и так ничего нет!?» Чаще всего метод работает, потому как мало кто может так вдохновенно унижаться, чтобы не платить денег. А если обман раскрывается, то вызывает еще большее чувство брезгливости.
Чувства	3 кубков	В отношении женщин человек с описываемым типажом чаще всего демонстрирует развязанное и нагловатое поведение. Он «интересен» большинству женщин, поскольку легко налаживает общение. Но эта легкость, с которой люди идут на контакт с ним, чаще всего воспринимается как слабость, что переводит его поведение в «схему слабых».
Воля/желание	6 кубков	Решения принимаются, исходя из реальных потребностей. Сами эмоции — лишь инструмент, важно какая цель преследуется. Если же цели нет, то человек достаточно долго может прибывать в состоянии «между небом и землей», как бы наслаждаясь существующей картиной реальности.
Ход мыслей	6 динариев	«Я могу, но буду ли…?» — так выглядит поведение человека. Он как бы делает одолжение, расставаясь с собственными возможностями. Многие воспринимают это за демонстрацию статуса — он ценит себя. Но для тех, кто понимает, его поведение не более чем обычное высокомерие.
Восприятие	7 мечей	Принцип принятия решения на данном уровне эмоционально-интуитивный — делает то, что хочется или, как говорят в народе, «что левая пятка захочет». И не стоит взывать к его рассудку — сейчас он далек от этого понятия.
Влияние	5 кубков	Для управления сильными используется схема «поставим человека в неудобное положение». Нужно соблюдать тишину? Давайте говорить громко, чтобы тот, кем хочется управлять, испытал социальный дискомфорт и пошел на поводу у инициатора этого шантажа. Вывести из равновесия, поставить в неудобное положение, заставить сделать так, как нужно ему — вот общая схема управления.

Личная воля	20 Суд	В ситуации человек немедленно начинает «копаться» в прошлом — в причинах, которые создали эту ситуацию. Чаще всего это бывает полезно и дает определенные плоды, но в то же самое время нередко раздражает людей, тех, кто привык жить сегодняшним днем или нацелен в завтра.
Личное мнение	21 Мир	В ситуации человек делает ставку на реальные формы, обстоятельства и связи. Для него важнее всего то, что происходит и то, что нужно сделать. Далее идет построение схем относительно возможных путей достижения. Крайне практичная составляющая, своего рода он антагонист тех, кто никак не связан с реальностью.
Непроизвольное мышление	4 кубков	Человек старается не принимать никакого решения. А в случае, если существует необходимость принять его безотлагательно, решение делегируется первому попавшемуся человеку, который вызывает доверие. Часто такое поведение приводит к ошибкам и ставит человека в неудобное положение, что усугубляет его и без того не простое эмоциональное состояние.
Непроизвольный поступок	Королева мечей	Королева мечей может быть практически любой, поскольку хорошо подстраивается под манеры поведения любого знака — никогда не знаешь, какая «личина» поможет сегодня. Но это всего лишь личина, которая быстро уступает место истинной Королеве мечей — властной, сильной и целеустремленной.

Пример 2. Оценка (отношение) к другому человеку

Подведем итоги того, как исследуемый нами человек относится к другому человеку, как строит свое общение и какие цели преследует.

Он чувствует эмоциональную привязанность, эмоциональный подъем и желание (Побуждение). Впрочем, пока это не любовь, а лишь влечение. Он активен, шутлив, старается понравиться (Поступок). Но при этом он не спешит демонстрировать реальные эмоции (Манера общения) — своего рода стеснение. В собственном воображении он недоволен собой, считая, что делает что-то не так и может не понравиться или разонравиться партнеру. Внутренняя неуверенность в себе периодически всплывает наружу, делая его слегка слабым и неуверенным в себе (Впечатление). Он ощущает эту двойственность и периодически она всплывает в виде раздражения, которое по сути направлено на него самого (Ощущение). Тем не менее он зря волнуется, т. к. создает впечатление «рыцаря на коне» — целеустремленного и деятельного индивидуума (Восприятие). Чувства переполняют его и он готов оказать давление, чтобы предмет его интересов проявил какое-либо отношение — человек привык контролировать ситуации (Чувства). Он хочет произвести впечатление, хочет понравиться (Воля). Но пока он не знает, что еще сделать, чтобы достичь своей цели (Ход мыслей). И все из-за того, что что-то в его облике пугает, заставляет воспринимать его как одинокого или отстраненного в общении человека (манера общения — скрытность), которая путает оппонента (Восприятие). Он в ожидании «прыжка» и готов действовать, как только появится возможность (Влияние). Воля и волевые побуждения находятся под контролем разума (Личная воля), что добавляет холодности в его эмоциональный облик. Он знает что-то о предмете своих интересов и это усиливает отстраненность (Личное мнение). Он «ждет команду» и только тогда будет действовать (Непроизвольное мышление). И еще он ставит себя выше своего партнера, во всяком случае у него так получается (Непроизвольный поступок).

Перед нами классическая картинка Влюбленного молодого человека, который пока не готов признаться в своих чувствах, он бравирует эмоциями и при этом стыдливо отводит глаза при встрече с предметов своего обожания. Можно сказать с уверенностью, что он влюблен и никуда не денется от своего будущего избранника.

Значение	Карта	Вывод из описания
Побуждение	Король кубков	Ключевая целевая установка — реализация своих эмоциональных потребностей в окружающий мир. Чаще всего там, где это возможно. Если нет такой возможности или «мир черств и эгоистичен» — замыкается в себе, страдая в одиночестве.
Посту-пок/поведение	5 мечей	Приподнятое настроение, излишняя общительность, шутки, иногда не к месту и не вовремя. Эмоции яркие и хочется их выплеснуть наружу, чтобы «со-суд» наполнился вновь. От человека, находящегося в таком состоянии, можно получить многое — он почти не контролирует свои поступки со стороны рациональной составляющей.
Манера общения	2 кубков	В качестве признака поведения можно отметить такое качество, как эмоциональную сдержанность. Когда вы общаетесь с человеком, обладающим данным качеством, вам кажется, что он как бы придерживает свои эмоции. Кажется вот-вот рассмеется в полную силу… Но нет, только на половину. И это чувствуется, ощущается, это буквально видно невооруженным взглядом.
Воображение/фантазии	9 жезлов	В качестве признака поведения можно выделить постоянное недовольство, которое преследует все поступки человека. Он как бы делает одолжение, прилагает сверхусилия, чтобы что-то сделать. Делает все, поглядывая свысока и как бы не понимая, почему сами не смогли сделать.
Впечатление	3 динариев	Заискивающий взгляд, крайний поведенческий интерес, любопытство сверх меры и легкая суетливость — описание проявления характеристики. Если у них интересно и перспективно, значит и мне может пригодиться. Значит и я что-то получу. Значит нужно сделать это быстрее них!

Ощущение	8 жезлов	В качестве метода защиты от сторонних влияний человек исползует «подавление» — схемы, описанные в 5 или 7 жезлов. Он как бы спускается в ряду эмоций, тратя силы на противостояние. «Не мешайте мне!» — такова яркая форма защиты. Это не агрессия — просто не мешайте думать человеку.
Восприятие	Всадник жезлов	Целеустремлен, но неспешен, активен, но не суетлив — он точно знает, что нужно делать и как следует поступить в каждый последующий шаг. Обычно такие люди вызывают симпатию и чувство уверенности — он же все знает.
Чувства	15 Дьявол	Поскольку не все поддаются влиянию чар описываемой личности, это вызывает большие и малые внутренние конфликты. Вследствие чего раздражительность, истеричность, проявления неконтролируемой агрессии, переходящей в жестокость.
Воля/желание	Паж кубков	Основная цель — произвести «эмоциональный удар», сделать так, чтобы человек почувствовал тоже, что и Паж. Поэтому информация, передаваемая Пажом кубков, часто содержит много эмоциональных составляющих — «усилителей влияния», а так же изобилует описаниями, которые призваны еще больше украсить картину.
Ход мыслей	5 динариев	Решение принимается по принципу «мне нужно» — дальше тянется все, что плохо или хорошо лежит. А если кто схватит за руку, у него есть обоснование — он бедный, несчастный, ему очень-очень нужно.
Восприятие	9 мечей	Одиночество, но не как стремление человека, а как реакция окружающих людей. Они сторонятся его, не готовы ни общаться, ни тем более помогать. Человека оставляют в одиночестве, но не потому, что хотят его чему-то научить, а потому что не готовы с ним общаться.

Влияние	1 динариев	Решения принимаются «по чутью» и по выгоде. Комбинация двух этих факторов сулит солидные барыши. Один фактор — более сомнителен, но тоже может послужить основой для поступка.
Личная воля	3 мечей	Решение принимает не разум и здравый смысл, а чутье и желание извлечь выгоду. Если есть и то, и другое, решение незамедлительно принимается. В ином случае поиск кандидатов на выгодную идею будет продолжен.
Личное мнение	20 Суд	Взаимоотношения с супругом или партнером крайне не простые. Поскольку память у таких индивидуумов хорошая, но способ запоминания избирательный, они помнят все, но не всегда так и не всегда в хорошем свете. И не только помнят. Они это озвучивают, что крайне раздражает очевидца. Выдержать такой характер могут не многие, поэтому развод, расставание — логичная реакция на постоянное занудство.
Непроизвольное мышление	Паж мечей	Приказ — реальный или внутренний. Если что-то не так, если что-то не по натуре человека, который представлен в виде Пажа мечей, это незамедлительно вызывает агрессивную реакцию. Цель — тот итог, к которому он стремится, и ничто не может помешать ему.
Непроизвольный поступок	7 жезлов	В качестве ключевой характеристики рассматриваемого компонента можно назвать такие черты, как брезгливость, надменность, «гонор» — человек как бы смотрит на все и на всех свысока, демонстрируя, что все они ниже его (в силу различных причин). Он умнее, лучше, привлекательнее, значимее и т.д. — но все, как вы понимаете, только с его оценочной позиции.

ДРЕВНЯЯ МУДРОСТЬ

Вы обратили внимание, что каждая карта Таро в этой книге начинается с девиза на латыни — древнего изречения, призванного отразить суть карты и суть поведения человека, описанного этой картой.

Но это не только общая подсказка. Девиз можно использовать при раскладах, получая более емкую и содержательную информацию о происходящем.

Посмотрите, как это работает на нескольких примерах.

Три карты

Что хочет от меня человек?

Карта 3	Карта 2	Карта 1
8 мечей	5 кубков	5 жезлов
Кто спорит с пьяным, тот воюет с отсутствующим.	*Хочешь быть счастливым — будь им!*	*Слова следует не считать, а взвешивать.*

Ответ: человек хочет, чтобы я стал вести себя благоразумно, давал отчет своим словам и перестал вести себя «как пьяный» — неадекватно и непредсказуемо.

Что ощущает человек?

Карта 3	Карта 2	Карта 1
Паж динариев	14 Умеренность	3 Императрица
Деньги не пахнут.	*Главное правило в жизни — ничего сверх меры.*	*Природа не терпит пустоты.*

Ответ: человек занят решением финансового вопроса и сейчас ничего не ощущает — все его внимание поглощено деньгами и получением выгоды.

Почему человек так себя ведет?

Карта 3	Карта 2	Карта 1
8 Правосудие	9 кубков	4 жезлов
От Бога король, от короля закон.	*Герой на словах.*	*Никто не обязан делать что-либо сверх возможного.*

Ответ: человек не хочет брать на себя ответственность, потому что опасается последствий. Более того, он считает, что происходящее выше его сил.

Творчество и интересы

1. Базовые стремления — 9 Отшельник — *«Опыт — лучший учитель»*.

Вывод: человек решил набраться опыта — его база недостаточна для серьезной реализации. Он находится на пути становления своего таланта.

2, 3. Помощь и ограничения — 10 кубков, Паж динариев — *«Лови (каждый) день»*, *«Деньги не пахнут»*.

Вывод: он стремится ежедневно заниматься развитием своего таланта. Но существует небольшой перекос — материальный интерес, который может слегка смещать вектор реализации.

4, 5. Самооценка — 4 кубков, Королева кубков — *«Бедствие даёт повод к мужеству»*, *«Я человек, и ничто человеческое мне не чуждо»*.

Вывод: самооценка вполне адекватная, немного эмоциональная. Видимо потому, что приходится многое терпеть и во многом себе отказывать. Но так часто бывает на рубеже становления таланта.

6. Скрытые возможности — 15 Дьявол — *«Чужие пороки у нас на глазах, а свои за спиной»*.

Вывод: человек пока не знает все свои возможности. Но судя по предыдущим картам, он развивается и рано или поздно доберется до сути своего таланта.

7. Совокупный итог — 11 Сила — *«Кто первым пришел, тот и уносит добычу»*.

Вывод: он достигнет цели не смотря ни на что, он добьется успеха и признания своего таланта.

Сексуальность

1, 7, 8. Идейно-нравственное отношение к сексу — Король кубков, Паж жезлов, Туз мечей — *«Стихи лишены смерти»*, *«Пока учим, учимся»*, *«Или хорошо, или ничего»*.

Вывод: отношение ровное, спокойное. Человек рассматривает секс как неотъемлемую часть жизни, не превознося, но и не умаляя его влияния.

2, 3, 6. Ожидания от секса — 9 мечей, 5 мечей, 3 динариев — *«Война всех против всех»*, *«Кто быстро решает, скоро кается»*, *«Выручи меня, а я выручу тебя»*.

Вывод: человек ожидает сексуальной гармонии с партнером, предпочитая долгие прелюдии и реализуя в меру агрессивную сексуальную манеру.

4, 5, 9. Стремления в сексе — 19 Солнце, Всадник динариев, 2 кубков — *«Чем больше люди имеют, тем больше желают иметь»*, *«Деньги служат тебе, если умеешь ими пользоваться, если же не умеешь, властвуют над тобой»*, *«Прежде всего — не навреди»*.

Вывод: он ни к чему не стремится в сексе. Пока у него есть все, что он хочет (партнер, который его полностью удовлетворяет) и он не хочет, чтобы что-то изменилось.

10, 11. Скрытые аномалии — 10 Фортуна, 4 жезлов — *«Жди от другого того, что сам ты сделал другому»*, *«Никто не обязан делать что-либо сверх возможного»*.

Вывод: в человеке нет никаких скрытых аномалий, о которых стоило бы говорить. Он более чем адекватен в области секса и сексуальных отношений.

Образ мужчины/образ женщины

Расклад сделан как ответ на вопрос: Образ женщины.

1. Идеальный образ — 2 мечей	2. Видимый образ — Всадник кубков
Или хорошо, или ничего.	*Ложь во спасение правде равносильна.*

Итог взаимодействия: образ партнера в большей степени иллюзорный, нежели реальный. Максимум требований, на которые присутствует искусственно созданный образ.

3. Эмоциональное ожидание — 7 кубков	4. Реальный эмоциональный отклик — 20 Суд
Удачный случай может не вернуться.	*Мы знаем столько, сколько помним.*

Итог взаимодействия: в эмоциональном плане партнер полностью устраивает. Более того — описание эмоционального ожидания демонстрирует влюбленность, которая смягчает восприятие.

5. Схема управления вложенная — Паж Кубков	6. Схема управления демонстрируемая — 4 жезлов
Хлеба и зрелищ.	*Никто не обязан делать что-либо сверх возможного.*

Итог взаимодействия: хочет получить от партнера максимум, но при этом сдерживает себя, скорее всего чтобы «не вспугнуть».

7. Реальные требования к партнеру — 3 мечей	8. Демонстрируемые требования к партнеру — 7 Колесница
Огнем и мечом!	*Смелым судьба помогает.*

Итог взаимодействия: смелые, активные, целенаправленные действия — человек не сдерживает свои эмоции, демонстрируя полный спектр.

9. Итог композиции — Паж динариев — *«Деньги не пахнут»*

Итог: образ немного пугающий, поскольку помимо эмоционального интереса во взаимоотношениях присутствует расчет.

На этом мы заканчиваем описание раскладов, при помощи которых вы можете оценить работу Таро в области психологи. На самом деле мы показали лишь малую часть работы, которая может дать вам колоссальное количество информации и не меньшее количество возможностей в исследовании человека. Но в этом вам поможет практика и непрестанные исследования различных аспектов человеческой жизни.

ОПИСАНИЕ КАРТ ТАРО

Старший Аркан

Описание карт Таро дано на базе Классической колоды Таро Уэйта. Возможно кто-то найдет колоду, которая подойдет для этого лучше той, что использовали мы. Но классика была, есть и пока остается тем эталоном, с которым проще и понятнее разбираться в столь сложной теме.

При интерпретации карт мы использовали адаптацию эзотерических архетипов под фактические поведенческие формы, разделив их на аспекты поведения человека в ситуации, обществе, сюжете.

Вы можете использовать тот аспект, который наиболее подходит к раскладу. Но при этом важно помнить, что и иные описание карты будут «действительны». То есть вы можете расширить понимание сюжета за счет дополнительных значений.

Аспекты описания карты

- Девиз на латыни — идеальный образ, который передается философским изречением.
- Общий архетип в восприятии — то, как воспринимается описываемый образ в обществе. То, как видят люди этот элемент личности.
- Элемент портрета — фактический элемент портрета — может отличаться от того, что видят люди.
- Поведение человека в ситуации — к чему побуждает человека описываемый элемент.
- Поведение человека в обществе — как будет вести себя человек по отношению к людям.
- Поведение в отношении партнера (супруга) — один из элементов, при помощи которого будет построено отношение с супругом.
- Методы достижения цели — часть схемы по достижению цели.
- Сексуальные пристрастия — отношение к сексу и выражение своих стремлений в сексуальной сфере.

- Скрытые желания человека — что человек желает сделать или получить, но при этом скрывает свое желание (что не говорит о том, что он не делает этого).
- Поведение человека в деле, бизнесе — схемы и методы «поимки мамонта».
- Отношение к деньгам — схемы управления деньгами как инструментом.
- Страхи и опасения — «обратная сторона личности» или «обратная сторона силы» — чего боится и опасается данный человек.
- Психическое здоровье — общие тенденции состоянии психики человека, который ведет себя описываемым образом.
- Резюме. Карта как элемент описания Личности человека.

0 ШУТ
Sed semel insanivimus omnes.
Однажды мы все бываем безумны.

Общий архетип в восприятии
Неординарный, необычный, нетривиальный — мягкие эпитеты. Странный, не в себе, не от мира сего — более жесткие эпитеты. И все это описание характеристики человека, который выделяется из общей массы своим поведением и методами решения задач.

Элемент портрета
В качестве элемента портрета можно говорить о такой ярко выраженной характеристике — не такой, как все. Он выделяется из общей массы — возможно отношением к внешности, возможно поведением или оценочными высказываниями. В любом случае создается впечатление того, что перед вами необычный человек (или человек, который считает себя таковым).

Поведение человека в ситуации
В большинстве ситуаций человек с подобной характеристикой будет искать нестандартные пути решения, делать непривычные ходы и принимать необычные решения. Его можно предугадать, но далеко не всегда, поскольку иное из его схем поведения «не прописано» в общественных нормах. Но при этом редко выходит за рамки разумного.

Поведение человека в обществе

В обществе этот человек является поведенческим изгоем. Его сторонятся, поскольку непредсказуемость чаще всего вызывает опасения. Иногда эти опасения оправданы, поскольку описываемая характеристика может быть усилена негативным элементом и стать поистине всеразрушающей, поскольку у этого человека не так много сдерживающих факторов, как у большинства людей.

Поведение в отношении партнера (супруга)

Свободные отношения — так можно охарактеризовать отношения человека к супругу или партнеру. Есть — хорошо, нет — не страшно. Он не приемлет рамок и не выставляет их сам. Что чаще всего негативно сказывается на взаимоотношениях, поскольку большинство ищут стабильность и уверенность в завтрашнем дне, что с этим человеком почти невозможно.

Методы достижения цели

Как и схема поведения в обществе, методика достижения цели нетривиальна, необычна и, возможно, шокирующая. Но чаще всего она дает нужный результат — а что еще нужно?

Сексуальные пристрастия

В сексе он разнообразен, но иногда предпочитает спокойствие и «классику». И что ему захочется в следующий момент, предугадать невозможно. Партнеру приходится непросто, поскольку «завтра не похоже на вчера».

Скрытые желания человека

Свобода во всех ее выражениях — вот скрытое желание человека, обладающего подобной характеристикой. Он хочет наслаждаться миром без каких-либо рамок и просто не замечает их, стремясь каждым шагом к этому внутреннему состоянию.

Поведение человека в деле, бизнесе

В бизнесе, как и в поведении, все крайне необычно, нестандартно, но в то же самое время интересно и иногда пугающе. Он склонен к авантюрам, и не всегда авантюра заканчивается успехом. Но он продолжает действовать так, как подсказывает ему его внутренний голос и чаще выигрывает, нежели бывает в проигравших.

Отношение к деньгам

Деньги — это важно, но они то приходят, то уходят. Нужны деньги? Все силы кладутся на то, чтобы их получить. Получили? Займемся чем-то другим. Он не может сидеть на одном месте, находясь в постоянном поиске. И деньги являются одной из составляющих, которая помогает ему двигаться и искать.

Страхи и опасения

Страх стабильности, который ощущается им как болото, в которое он погружается миг за мигом. Как только замедляется движение, как только намечается застой, возникает паника, которая чаще всего усугубляет ситуацию.

Психическое здоровье

Психика описываемого нами индивидуума крайне капризна, поскольку напоминает струнный инструмент, на котором играет вселенная. Он слышит эти звуки и двигается, ведомый ими. Но эта крайняя восприимчивость делает его уязвимым перед окружающими. Критика, недовольство, давление — все ощущается крайне остро и «уходит» внутрь, порождая депрессивное состояние.

Резюме. Карта как элемент описания Личности человека

Карта описывает элемент Творца, который присутствует в каждом человеке. Эти элементы есть везде и этот элемент есть во всех. Но кто-то развивает его, не боясь непонимания окружающих, кто-то берет под контроль и уже никогда не будет той яркости в действиях, которую описывает эта карта.

1 МАГ
Per aspera ad astra.
Через тернии к звездам.

Общий архетип в восприятии

В обществе человек с подобной чертой характера вызывает смешанные чувства. Уважение и страх могут дополнять друг друга, но, возможно, одна из категорий оценки может превалировать над другой. И все из-за того, что этот человек выглядит как бог — как тот, кто может все сделать, все изменить, все подчинить своему желанию. Это лидер, который не стремится стать таковым, но за которым выстраиваются толпы последователей.

Элемент портрета

Целеустремленность, подкрепленная волей к достижению поставленной цели, — вот ключевой элемент портрета этой личности. Он берет все, что ему необходимо для того, чтобы получить желаемое.

Поведение человека в ситуации

Поведение такого человека в ситуации можно описать как двойственное. Если ему это нужно — он подчиняет процесс своей воле и старается обрести контроль над происходящим. Но если ситуация ему безразлична он может быть крайне апатичным и беспристрастно наблюдать за тем, что происходит рядом с ним.

Поведение человека в обществе

В обществе этот человек старается вести себя отстраненно и обособленно. Кажется, что он полон высокомерия и надменности. Отчасти это так, но отчасти те, кто находится рядом с ним, могут быть просто безразличны ему.

Поведение в отношении партнера (супруга)

Отношения с супругом или партнером в первую очередь зависят от того, какие реальные чувства живут в его сердце. Если он любит, если партнер ему дорог, то он сделает все, чтобы они были счастливы. Но если чувств нет, но ситуация заставляет их находиться вместе, он проявляет холодность и отстраненность.

Методы достижения цели

Методы достижения цели такого человека различны. Кажется, что он должен быть прямолинейным, но на самом деле это не так. Прямая — это всего лишь отрезок нескольких линий, которые могут быть весьма извилисты. Он стратег и тактик и поэтому будет делать все, что потребуется для получения приза.

Сексуальные пристрастия

В сексуальной сфере исследуемая нами форма описывает человека, который ведет себя спонтанно в отношении партнера. Его интересы могу быть различны, его темперамент может находиться как в активной, так и в пассивной фазе. Все зависит от его настроя на данный момент. Он рассматривает секс как естественное проявление физиологических потребностей, приправленных положительными эмоциями и не более того.

Скрытые желания человека

Скрытым желанием такого человека является желание переложить ответственность за происходящее на кого-то еще. По своей природе он никогда не бросит то, что хочет и к чему стремится. Но у него не всегда хватает сил и умения для того, чтобы достичь цели.

Именно из-за этого подобные люди часто встречаются в обществе спокойных, уравновешенных людей, которые, как «мулы», буду везти ситуацию до победного конца.

Поведение человека в деле, бизнесе

Этот человек — одиночка и его дело всегда построено на нем самом и его возможностях. Он может взять себе компаньона, он может вступить в какое-то общество, но ровно до той поры, пока сотрудничество ему интересно. Если нет — прекратит отношения, не задумываясь.

Отношение к деньгам

Деньги — это инструмент и он умеет ими управлять. Не важно, сколько у него денег. Важно, что даже рубль он сможет истратить с выгодой для себя или своего дела.

Страхи и опасения

Ключевой страх подобного типажа — бессилие, опасение, что рано или поздно он не сможет сделать то, что задумал. И это пугает, заставляя его увеличивать темп и достигать все более и более высоких результатов.

Психическое здоровье

Люди с описанием этой карты часто подвержены нервным расстройствам, переходящим в депрессию. Они буквально загоняют свою нервную систему, не давая себе расслабиться, и в результате нервного истощения вынуждены «латать дыры» своей психики.

Резюме. Карта как элемент описания личности человека

Карта Маг — одна из ключевых или, можно сказать, осевых карт характера сильных людей. Она, как локомотив, в состоянии двигать любое количество вагонов на любое расстояние. Главное, чтобы человек видел цель и выгоду, интерес, прок от ее достижения. И тогда соседство с ним принесет только пользу.

2 ЖРИЦА

Vox audita perit littera scripta manet.
Сказанное слово исчезает, написанная буква остаётся.

Общий архетип в восприятии

В обществе человек с такой чертой характера видится окружающим как человек, которого невозможно понять с одного взгляда, на основании беглой оценки. Окружающим кажется, что в нем заключена какая-то глубина, нечто, что невозможно постичь просто так, не прикоснувшись к этой тайне.

Элемент портрета

Таинственность, маска тайны, демонстрация того, что человек обладает чем-то, что недоступно большинству окружающих. Иногда это рассматривается как «себе на уме», а иногда как «человек, погруженный в свои мысли».

Поведение человека в ситуации

Человек, обладающий описываемой характеристикой, сторонится большинства ситуаций и процессов. Он отрешен от суеты и старается как можно быстрее удалиться в свой уютный «храм».

Поведение человека в обществе

В обществе человек старается существовать обособленно, невидимо для окружающих людей. Многие не замечают его отсутствия, равно как и присутствия из-за крайне выраженной нейтральной позиции.

Поведение в отношении партнера (супруга)

В отношении супруга человек старается отстраниться от тесного общения. С одной стороны, он готов принимать знаки внимания и заботу, но с другой — не готов отдавать ничего взамен. Описываемый элемент, встречающийся в характерах людей, часто делает их одинокими.

Методы достижения цели

«Принеси мне» или «сделай за меня» — вот две ключевые схемы достижения цели. Человек будет стоять (или сидеть) до последнего, пока кто-то, кто не выдерживает подобной пассивности, не решит поставленную задачу.

Сексуальные пристрастия

Сексуальный мир такого человека крайне не прост. Нет, он не сложен, но в то же самое время точно сказать, что именно нравится человеку или какие эмоции он испытывает достаточно сложно из-за того, что они все сокрыты за завесой отстраненности и кажущейся холодности. Это еще один довод к конфликтам, происходящим между партнерами.

Скрытые желания человека

Спокойствие — вот то желание, которое преследует человек с описываемой чертой характера. Он хочет тишины, покоя, уединенности и совершенно не готов к тому, чтобы наслаждаться иной, «громкой» стороной мира.

Поведение человека в деле, бизнесе

Человека с подобной чертой характера не интересует бизнес как таковой. Творчество, искусство, музыка — вот та сфера, в которой они могут полностью раскрыться. И при этом они не в состоянии достичь ничего важного и значимого в этой сфере.

Отношение к деньгам

Денег нет как в прямом, так и в переносном смысле. Такие люди не умеют их зарабатывать и не умеют ими распоряжаться. И счастье тем, кто обрел друга, партнера, помощника, обладающего житейской практичностью.

Страхи и опасения

Страх потеряться в этом мире и потерять свою индивидуальность. Им искренне кажется, что они важны и значимы, но то, что мир их не разглядит, не заметит, не увидит их талантов, пугает их больше всего.

Психическое здоровье

Нахождение на грани депрессии негативно сказывается на психическом состоянии людей с подобной чертой характера. Они всегда слегка раздражены, недовольны, «усталы» и всегда они направляют накопившиеся эмоции вглубь себя, чем усугубляют ситуацию.

Резюме. Карта как элемент описания Личности человека

Крайне сложный элемент Личности, преодолеть влияние которого могут только сильные и активные проявления характера. В ином случае, если позволить этому элементу «хозяйничать» в жизни человека, его ждет унылая и скучная жизнь.

3 ИМПЕРАТРИЦА

Natura abhorret vacuum.
Природа не терпит пустоты.

Общий архетип в восприятии

Общий элемент восприятия такого человека со стороны окружающих людей — это жизненная сила, которая наполняет человека. Она может быть разной — может быть активной и действенной, пассивной и степенной. Это Мощь Природы, заключенная в человеческом теле. Такой человек может уничтожить на своем пути все, что мешает ему, или прийти на помощь тем, кто нуждается в этой помощи.

Элемент портрета

Спокойствие, степенность, размеренность, грациозность — так можно охарактеризовать черты человека, который обладает подобной характеристикой. Он точно знает, на что он способен и не растрачивает себя на демонстрации собственных возможностей — просто делает, когда это необходимо.

Поведение человека в ситуации

Человек привык брать всю полноту ответственности на себя, привык принимать решения и распоряжаться всем, что может помочь в сложившейся ситуации. Он лидер, прирожденный и признанный.

Поведение человека в обществе

В обществе человек с такой чертой характера всегда в первых рядах. Он просто не может быть вторым. Но не потому, что амбициозен, а потому что выделяется из общей массы. Это свойство создает как признание со стороны тех, кому нужна поддержка, так и порицание со стороны тех, кто не обладает подобной чертой характера и попросту завидует, стараясь принизить и унизить человека. И это, в большинстве случаев, делает его сильнее, закаляя характер и заставляя проявлять волю.

Поведение в отношении партнера (супруга)

Отношение к супругу ровное, теплое, покровительственное. Но при этом человек не позволит «залезть себе на шею» или перейти какие-то рамки. В этом моменте часто бывают сложности, поскольку рамок не мало, и уходит какое-то время на то, чтобы все их проявить.

Методы достижения цели

К цели двигается уверенно, не теряя головы и сохраняя контроль за движением. Такой стиль можно сравнить с «культурным танком», который может проехать везде, но при этом объезжает тех, кто не заслуживает жесткого обращения с ними.

Сексуальные пристрастия

В сексе человек проявляет высокий интерес и активность. С одной стороны, сложно ожидать от него избытка эмоций — все они чуть приглушены привычной формой контроля, но с другой — тема интересна и востребована человеком.

Скрытые желания человека

Ключевое желание человека — порядок в том виде и той форме, которую он себе представляет. Причем критерии порядка могут меняться как в зависимости от обстоятельств, так и в зависимости от отношения к процессу. Но скрытый «двигатель» порядка продолжает работать всегда.

Поведение человека в деле, бизнесе

В качестве делового партнера человек с подобной чертой характера может рассматриваться как идеальный партнер. Он готов тащить, делать, управлять, наводить порядок и поднимать ситуацию. Но при этом не ожидайте от него быстрых решений и стремлений к высотам — все будет последовательно, постепенно, в какой-то степени неспешно.

Отношение к деньгам

К деньгам человек относится разумно, вдумчиво, не позволяя им взять власть над собой. Деньги нужны для… — он точно знает список того, для чего нужны деньги.

Страхи и опасения

Страх бессилия — вот ключевой страх описываемой персоны. Человек опасается того, что рано или поздно он перестанет быть тем, кем он является и ему кажется, что мир рухнет ему на голову.

Психическое здоровье

Психическое здоровье может вызывать опасения только в случае нервного переутомления, что бывает крайне редко. В большинстве случаев описываемая черта гарантирует прекрасное психическое здоровье и столь же устойчивое состояние психики.

Резюме. Карта как элемент описания Личности человека

Описываемый нами элемент можно назвать ключевым элементом характера таких людей, как Лидеры, Управленцы, Хозяева. Успешность невозможна без наличия этого элемента и верного распоряжения им.

4 ИМПЕРАТОР
At fiat voluntas tua.
И да будет воля твоя, и да свершится воля твоя.

Общий архетип в восприятии
Человек воспринимается как крайне консервативный и в чем-то ограниченный тип. Его жесткие рамки восприятия и статичные формы поведения у многих вызывают недовольство: разве нельзя стать более гибким? На что наш персонаж отвечает: «В мире и так много Хаоса и мое поведение лишь слегка его уравновешивает, позволяя сохранить ясность ума и твердость мышления».

Элемент портрета
В качестве сравнения при описании портрета человека, обладающего такой чертой характера, можно избрать камень. Он столь же сдержан, тверд и имеет конкретную форму, которую практически невозможно изменить. С таким человеком можно или согласиться, или игнорировать его, если получится. Но договориться с ним в случае, если он не согласен, почти невозможно.

Поведение человека в ситуации
В ситуации человек действует по определенному плану, стремясь не отходить от него и двигаться к намеченной цели. Жертвы, средства, эмоции — все это не важно, когда на кону стоит победа.

Поведение человека в обществе
В обществе таких людей называют люди с тяжелым характером. Именно из-за этого человек очень трудно уживается с окружающими людьми — кому понравится тот, кто не готов идти на компромисс и стоит только на своей точке зрения. Но именно такая реакция общества часто делает этих людей политиками и прекрасными управленцами, которые могут достичь цели любой ценой.

Поведение в отношении партнера (супруга)
Если нашему типажу повезло и на его пути встретилась послушная и покорная женщина (или мужчина), то брак будет долгим. Не сказать, что счастливым — элементы тирании и деспотизма редко украшают отношения. Тем не менее такие люди редко остаются одни — многим нужна «каменная стена» независимо от пола.

Методы достижения цели

Жестко, прямолинейно, напористо, бескомпромиссно. Такого человека отлично ставить во главе провального дела — если уж он его не спасет, то спасти его в принципе невозможно.

Сексуальные пристрастия

Отношение к сексу неоднозначное и многое зависит от дополнительных характеристик. Он может быть как консервативен, как «чопорный англичанин», так и развратен, как «маркиз де Сад».

Скрытые желания человека

Не смотря на твердый характер и прагматизм суждений, такой человек стремится к покою, уединению и тишине. Собственно говоря, именно эта цель заставляет его бороться с хаосом, беспорядком, двигаясь в сторону полной гармонии и душевного покоя.

Поведение человека в деле, бизнесе

Для Бизнеса, большого бизнеса, подобная черта характера является ключевой. Конкуренты стонут от жестких и бескомпромиссных шагов. Тоже и с подчиненными, которым не просто работать в команде хозяина-тирана. Но вместе с тем есть и плюсы — он настолько же требователен к другим, настолько требователен и к себе. И если он пожал кому-то руку и дал слово, то можно быть уверенным в том, что он его непременно сдержит.

Отношение к деньгам

Отношение к деньгам спокойное — он точно знает, зачем они нужны и что с ними нужно делать. Он не останется без денег, поскольку не привык терять контроль ни за одним аспектом своей жизни. Еще одна важная черта характера подобных людей — умение привлекать инвестиции, кредиты, формировать партнерские союзы, привлекая чужие деньги, «ему можно доверять!».

Страхи и опасения

Страх старости, того, что он уже не сможет быть столь же сильным физически, насколько тверд духом. Именно этот страх делает таких людей под старость еще более одинокими, поскольку мало кто готов выслушивать капризы «тирана на пенсии».

Психическое здоровье

Психическое здоровье отличается завидной крепостью и устойчивостью. Возможны эмоциональные всплески в том случае, если превосходящая сила «портит нервы». Но всплески никак не отражаются на базе самой психики.

Резюме. Карта как элемент описания Личности человека

Сильная, можно сказать, фундаментальная персона, которая по праву будет занимать трон, на который взойдет. И с ним либо быть друзьями, на его условиях, либо врагами — третьего не дано. Быть равнодушным к нему, игнорировать, не замечать, не обращать внимание не получится, если он рядом и ваши интересы пересекаются. Но если он встал на вашу сторону — знайте, нет более крепкой основы для ваших совместных шагов.

5 ПЕРВОСВЯЩЕННИК

Multi multa; nemo omnia novit.
Многие знают многое, никто не знает всё.

Общий архетип в восприятии

В восприятии общества это человек «социальный» — он с одинаковым интересом обсуждает полеты космических кораблей и итоги посевной работы. Он активен в общении, коммуникабелен, деятелен во всем, что касается интересов общества и его отдельных индивидуумов. Можно сказать, что это «рыба», средой обитания которой является человеческая масса.

Элемент портрета

В качестве элемента портрета карта отображает одно из ключевых свойств человеческой природы — человека активного. Он является частью того общества, в котором оказывается. Умеет адаптироваться ко всем его требованиям и запросам, не теряя собственной индивидуальности.

Поведение человека в ситуации

В ситуации такой человек всегда будет стараться найти компромисс и позицию, которая наиболее выгодна для всех сторон. Но это не значит, что он пойдет на уступки. Скорее всего он убедит всех в варианте, при котором будет казаться, что и «овцы целы, и волки сыты».

Поведение человека в обществе

В обществе такие люди являются значимыми персонами в любой кампании или коллективе. Они громко говорят, они ведут себя достаточно ярко, демонстрируя свои достоинства. Они не лидеры — они те, кто «работает» в интересах лидера.

Поведение в отношении партнера (супруга)

В большинстве случаев описываемый типаж не обходится одним партнером. И часто их многочисленность говорит не об испорченности человека, а о его способности уделить внимание всем, кто находится рядом. Причем супруг будет искренне считать, что подобная схема поведения единственно возможная в отношениях с таким человеком, что отчасти верно.

Методы достижения цели

Убедить, сагитировать, направить, заразить идеей — вот яркие, но очень точные схемы поведения человека с рассматриваемыми нами качеством. Он редко что-то делает сам — в большинстве случаев чужими руками, головами и усилиями. Но это качество не стоит ставить ему в упрек, поскольку большинство «исполнителей» даже не догадывалось о том, что на самом деле они могут.

Сексуальные пристрастия

В сексе рассматриваемый нами типаж весьма изобретателен и можно сказать безудержен. Как и в общении, он не готов ограничить себя кем-то одним и каким-то одним подходом к ситуации.

Скрытые желания человека

Ключевым желанием человека является его стремление быть полезным, востребованным, быть значимым в любом процессе. Это желание можно охарактеризовать так: тебя слышат, к тебе прислушиваются.

Поведение человека в деле, бизнесе

В делах и бизнесе этот человек играет важную роль, только если он находится на своем месте. Ведение переговоров, работа с клиентами — все, что построено на общении и умении договариваться. В качестве руководителя или того, на кого возложена ответственность, он будет несостоятелен.

Отношение к деньгам

Считает деньги важной частью своей жизни. В первую очередь потому, что деньги помогают приобретать те вещи и предметы, которые позволят оказывать еще большее влияние. Умение тратить деньги практически отсутствует.

Страхи и опасения

Ключевой страх — страх одиночества, страх того, что все отвернутся от него. Отчасти проявление этого страха подстегивает его на более активные шаги.

Психическое здоровье

Нервные болезни и переутомление — вот бич подобного типажа. Ведь он не только общается, он отдает себя всего, переживая сказанное.

Резюме. Карта как элемент описания личности человека

Карта демонстрирует нам идеальный социальный элемент — человека, чьей ключевой задачей является служение обществу (о подспудных задачах стоит умолчать). Безусловно, в описании мы можем видеть свои минусы, которые, возможно, будут компенсированы другими чертами характера человека.

6 ВЛЮБЛЕННЫЕ

Electa una via, non datur recursus ad alteram.
Избравшему один путь, не разрешается пойти по другому.

Общий архетип в восприятии

В обществе такой тип называется «мечущийся» или «постоянно в поиске». Этот человек крайне подвижен и активен, но при этом его активность сконцентрирована не на том, чтобы достичь цели, а на том, чтобы верно достичь цели, выбрав наиболее правильный вариант. Сомнения, двойственность, неуверенность — ключевые проявление данного типажа.

Элемент портрета

В качестве описания человека, помимо архетипа восприятия, можно добавить то, что человек всегда настроен крайне двояко. В нем в один момент времени присутствуют проявления оптимиста и пессимиста. Он может радоваться чему-то, одновременно огорчаясь этому же.

Поведение человека в ситуации

В любой ситуации человек старается сделать так, чтобы выбор был совершен кем-то другим, но не им. Он не то чтобы сваливает ответственность на другого, просто другой не выдерживает столь продолжительного колебания и принимает решение сам.

Поведение человека в обществе

В обществе представители с подобным проявлением личности встречаются достаточно часто. Они могут долго и подробно рассказывать о том, как нужно сделать. Но когда речь заходит о поступке, они теряются и не могут сделать ни шага. Именно поэтому они интуитивно ищут общества тех, кто сильнее и может взять не себя ответственность (или общества тех, на кого можно свалить ответственность в случае неудачи).

Поведение в отношении партнера (супруга)

В отношения с партнером или супругом рассматриваемая нами черта характера вносит весьма негативные элементы, поскольку мало кто вынесет такое обилие недовольства и критики, даже если это смешано с положительными эмоциями. Скандалы — как закономерное и прогнозируемое продолжение, которое «ожидалось» нашим типажом.

Методы достижения цели

Ключевой принцип в достижении цели — найти кого-то, кто сделает это за данного человека. Он будет указывать, подсказывать, критиковать и, возможно, хвалить, но при этом он должен оставаться в стороне.

Сексуальные пристрастия

Один из тех типажей, которые знают о сексе очень много. Но не столько потому, что этот вид человеческих отношений приносит удовольствие. Но потому, что неудовлетворенность, которая остается после каждого сексуального контакта, заставляет его искать что-то, что принесет наслаждение. И после того как он потерпит неудачу (закономерную), он двинется дальше в поисках очередной формы наслаждения.

Скрытые желания человека

Скрытым желанием подобного типажа является стремление никогда не сталкиваться с негативным опытом и негативными последствиями жизни. Он прекрасно понимает, что ошибок не избежать. Но он не согласен с тем, что он должен за них платить.

Поведение человека в деле, бизнесе

В бизнесе подобные типажи встречаются достаточно часто — это изворотливые и хитрые создания, которые стремятся получить выгоду, но при этом не нести ответственность ни за что, что происходит в ситуации. Именно поэтому редко являются единоличными хозяевами и часто являются частью бизнес-коллектива, который терпит их до поры до времени.

Отношение к деньгам

Деньги любят, но больше любят то, что дают деньги — уверенность, положительные эмоции, возможность использовать людей для достижения своей цели.

Страхи и опасения

Основной страх подобного индивидуума состоит в том, что ему придется принимать решение и нести ответственность за его последствия. Это образ того, что он стоит над пропастью и понимает, что либо он шагнет и, возможно, спасется, либо разъяренный лев, который бежит к нему, его съест.

Психическое здоровье

Подобные люди очень часто находятся в состоянии крайне эмоционального возбуждения, особенно когда перед ними стоит несколько задач. И если они не отдыхают и не восстанавливают свое здоровье, это приводит к нервным срывам, переходящим в «тихие» или «громкие» истерики.

Резюме. Карта как элемент описания личности человека

Не смотря на то, что описание карты достаточно провокационно, людей, которые содержат подобный элемент личностного описания, не так уж и мало. Они могут быть весьма положительны в иных проявлениях характера. Но это чаще всего вызывает раздражение.

7 КОЛЕСНИЦА
Audentus fortuna juva.
Смелым судьба помогает.

Общий архетип в восприятии

Ключевое слово в восприятии этого человека обществом — «живчик». Человек, который находится в постоянном движении, в заботах, в активных изысканиях того, чем занять себя и чем наполнить свою жизнь. В нем буквально бурлит жизнь, но в то же самое время элементы непостоянства, присутствующие в данной личности, как бы побуждают задать тот же вопрос, что был адресован Чеширскому Коту: «Вы появляетесь или исчезаете?»

Элемент портрета

Активная составляющая человека практически полностью затмевает все остальные качества — они лишь успевают «догонять» мысли и стремления, стараясь попасть в так их движению. «Движение значит жизнь», — говорили древние. На примере этого человека можно увидеть, как выглядит подобное утверждение.

Поведение человека в ситуации

В ситуации человек с подобной чертой характера стремится двигаться по пути наименьшего сопротивления с одной лишь целью — быстрее завершить тот путь, который он наметил. Он не будет искать компромиссы или обходные пути — слишком долго для его характера. Возможно и почти достоверно, что он «пойдет по головам».

Поведение человека в обществе

Этот человек по-разному ведет себя в обществе и вне его. В обществе, когда кто-то или что-то из этого общества являются частью его плана или стратегии. Вне общества, когда оно мешает ему достичь поставленной цели. Возможно, некоторые шаги могут показаться аморальными или даже противозаконными, но не для него.

Поведение в отношении партнера (супруга)

Единственный типаж, способный вынести столь высокую активность рассматриваемого нами персонажа, — это тихий, спокойный, скромный человек, который всегда ждет и всегда понимает свое мечущегося партнера. Если темперамент или базовые составляющие характера будут отличаться, то это немедленно приведет к разрыву — обуздать такого «жеребца» невозможно в принципе.

Методы достижения цели

«Победа любой ценой» и «Самый короткий путь — это путь, который ведет к победе» — вот два лозунга, которые говорят о том, как человек достигает цель. И если вы хоть в чем-то можете ему помешать — сметет с пути без зазрения совести.

Сексуальные пристрастия

Сексуальная жизнь такого типажа весьма разнообразна — множество партнеров, множество форм и видов получения удовольствия. Он не тот, кто будет довольствоваться малым и простым, однообразным и постоянным.

Скрытые желания человека

Слава и признание — это то, что не скрывается от окружающих, но вместе с тем и не афишируется. Между тем это именно то, что остро желает человек.

Поведение человека в деле, бизнесе

В делах и бизнесе людей такого типа называют «дельцами» — они всегда в гуще событий и всегда в поиске выгоды. За такими людьми очень интересно наблюдать и учиться у них, но крайне опасно иметь с ними дело или пытаться повторить их опыт. Нужно нечто большее, чем понимание тех схем, при помощи которых они действуют, — нужно чутье типажа, которому невозможно научиться.

Отношение к деньгам

Отношение к деньгам крайне разумное, такие люди прекрасно понимают, что деньги — это инструмент, кнут, пряник и форма управления людьми. Они пользуются ими и стараются, чтобы никто не использовал такую форму по отношению к ним.

Страхи и опасения

Страх — это потеря контроля, потеря скорости движения, инертность и болото событий. Он не боится проиграть, не боится потерять что-то в своей жизни. Но вот остановка, застой, пассивность — это то, что может привести рассматриваемый нами типаж в состояние паники.

Психическое здоровье

Психическое здоровье людей с подобной чертой поведения очень крепкое. Но при этом они имеют опасность столкнуться с алкоголем или наркотиками — для стимуляции своего восприятия. И вот этот шаг, безусловно, погубит их психику. Причем с вероятностью в 95%.

Резюме. Карта как элемент описания Личности человека

Яркая, выдающаяся из общей массы, активная и целеустремленная личность, при этом обладающая ярким достоинством и массой недостатков, порождаемых этим достоинством. И именно этот факт должен насторожить тех, кто пытается наладить с ним отношения.

8 ПРАВОСУДИЕ

A Deo rex, a rege lex.
От Бога король, от короля закон.

Общий архетип в восприятии

Конкретен, точен в формулировках и определениях, пунктуален, дотошен, идеалистичен в требованиях — такова общая схема восприятия человека, обладающего подобной качественной составляющей. Это тот, «на ком все держится» в любом хорошем коллективе, и это тот, кто периодически выводит из себя избыточными требованиями, кажущимися надуманными, и повешенными требованиями ко всем.

Элемент портрета

В качестве элемента портрета данная черта характера очень точно отражает стремление человека к всеобщей и безграничной справедливости, основанной на его восприятии мира. Другими словами, человек хочет не то, чтобы было все справедливо, а было так, как он хочет, потому что это справедливо. Несколько запутанно? Да, и это не только в формулировке, но и в реальной жизни.

Поведение человека в ситуации

Человек не сделает ни шага и не примет решения, пока все как следует не взвесит. Он будет выяснять, копаться, уточнять и «брать время на размышление», пока не будет готов огласить вердикт. Но если он его огласит, то практически никто не сможет поколебать его в этом решении.

Поведение человека в обществе

В обществе люди с описанной чертой характера занимают посты, связанные с реализацией закона и внедрением решений закона в жизнь. Это люди, которые свято верят в то, что они делают и в то, что это приносит пользу другим людям. С ними крайне сложно договориться, если их точка зрения отлична от вашей. Только «высокое давление» людей, событий и обстоятельств может заставить их задуматься.

Поведение в отношении партнера (супруга)

С таким супругом нужно иметь безграничное терпение, поскольку стремление личности к порядку и соблюдению массы норм, обычаев и требований распространяется на взаимоотношения. Если он не поел вовремя, то он не будет есть до следующего приема пищи — кто вынесет такую педантичность? Но вместе с тем в таком типаже есть несомненный плюс — для него слова «И только смерть может разлучить нас» являются нормой поведения.

Методы достижения цели

Цель достигается по правилам, в рамках построенного плана и в оговоренных схемах. Никакой самодеятельности, отступления от курса движения или фривольности. Прогнозируемость, что в большинстве случаев нравится и подчиненным, и начальству.

Сексуальные пристрастия

Секс крайне мало заботит этого человека. Секс — это эмоции, мешающие разуму воспринимать окружающий мир. А значит то, что мешает, должно быть под контролем и находиться в области «необходимой жертвы, которую приносит человек разумный своей природной составляющей».

Скрытые желания человека

Скрытым и в то же самое время ярким желанием человека является стремление к полному упорядочиванию того, с чем он имеет дело. Все должно быть на своих местах — книги, вещи, эмоции, мысли.

Поведение человека в деле, бизнесе

Поскольку бизнес — крайне подвижная область человеческой деятельности, она редко занимает людей подобного склада. Они стремятся контролировать бизнес или в крайнем случае консультировать его, но никак не вести дела самостоятельно. И если кому-то посчастливится встретиться с таким человеком в деловой компании, первое, что необходимо сделать, чтобы комфортно общаться с ним, это узнать его «координатную сетку» — понять, что для него «правильно», а что нет. И после этого общение будет достаточно простым и понятным.

Отношение к деньгам

Отношение к деньгам близко к неприязненному. С одной стороны они понимают, что представляют собой деньги, но с другой — осознают, сколько зла они приносят. Поэтому деньги как факт и как элемент принятия решения находятся на последнем месте у таких людей.

Страхи и опасения

Ключевой элемент страха людей с подобной чертой характера — дезориентация. Как только они начинают терять связь с реальностью, «щупальца страха» почти полностью подавляют их волю, делая их легкой добычей. Они искренне боятся того, что их мир рухнет, и вместе с ним исчезнут они сами.

Психическое здоровье

Психическое здоровье отменное. Возможны истощения из-за того, что схема или ситуация, с которой столкнулся индивидуум, сложна для адаптации. В таких случаях присутствуют всплески неуправляемой агрессии, повышенная нервозность и возбудимость. Но как только схема приходит в норму, все успокаивается.

Резюме. Карта как элемент описания Личности человека

В качестве элемента личности этот элемент можно назвать краеугольным камнем. Если на его основании построена структура, то человек, не смотря на некоторую инертность, всегда будет востребован. На него можно положиться, его слову можно верить, можно не беспокоиться о том, что он предаст или переметнется на другую сторону. Это надежность и уверенность в личностном облике.

9 ОТШЕЛЬНИК
Experientia est optima magistra.
Опыт — лучший учитель.

Общий архетип в восприятии

В обществе человек с такой составляющей личности всегда одинок. Он отстранен, отчасти абстрагирован от окружения и людей по той причине, что они мало его интересуют. Причем людей с подобным проявлением можно встретить как в зале научной библиотеки, так и рядом, на лестничной клетке. Они одни, но не одиноки, поскольку это состояние для них вполне комфортно.

Элемент портрета

В качестве элемента портрета карта демонстрирует человека, который ориентирован только на себя. Все сам, своими руками, своими мыслями. Не то чтобы он не готов вступить с кем-то в союз или наладить дружеские отношения — просто другие мало его интересуют. Таких называют «одиночка».

Поведение человека в ситуации

В ситуации человек ориентируется только на свои возможности и свои силы. Он не будет просить помощи, но случится — он придет и окажет помощь другому. Акцент на внутреннее одиночество не распространяется на взаимопомощь. Также важно учитывать то, что человек с подобным элементом в личностном описании будет действовать только по своему усмотрению и прислушается к совету только в том случае, если совет совпадает с его мнением.

Поведение человека в обществе

В обществе он практически незаметен, как не заметны некоторые из одноклассников, лица и имена которых забываются уже через год после окончания школы. Они не выделяются из общей массы, но при этом не значит, что они пассивны — просто они сами по себе.

Поведение в отношении партнера (супруга)

С формированием супружеских отношений таким людям крайне не просто. Им повезет, если они встретят такого же человека. Тогда они проживут «долго и счастливо, тихо и спокойно» до конца своих дней. Но нередко они остаются одинокими не только в черте характера, но и в реальности.

Методы достижения цели

Методы честные, открытые, понятные. Иногда «странные», поскольку ориентированы лишь на собственные ресурсы. В контакте с такими людьми можно опасаться не того, что они обманут или предадут, а того, что сделают что-то по собственному разумению, а это может не понравиться. И чтобы этого избежать, нужно просто заранее обо всем договориться.

Сексуальные пристрастия

К сексу подобные индивидуумы достаточно холодны. Интерес присутствует только в период полового созревания и в моменты ярких эмоциональных всплесков, которые бывают не очень часто.

Скрытые желания человека

Основным скрытым желанием данного типажа является желание навести и сохранить порядок в тех местах и сферах, которые находятся в его интересах. «Все должно быть на своих местах» — так можно определить желание человека.

Поведение человека в деле, бизнесе

В бизнесе, в «свободном плавании» вы не встретите такого человека. Он может быть наемником, прекрасным исполнителем, но большего он не в состоянии достичь. И если волею случая он оказывается у руля или рядом с ним, то это всегда заканчивается полным провалом.

Отношение к деньгам

Отношение к деньгам спокойное. Их часто нет или есть, но крайне мало. И все из-за того, что деньги тесно связаны с активностью человека, в том числе и с общением с людьми. Ни активность, ни тем более общение не являются тем фактором, с которым готов мириться наш индивидуум даже ради денег.

Страхи и опасения

Ключевым элементом страха является опасение в том, что он не сможет сделать все так, как хочется. Что ситуация выйдет из-под его контроля. Что шум, волнение общества как в прямом, так и в переносном смысле собьют его с пути.

Психическое здоровье

Психическое здоровье подобного индивидуума крайне слабое. Неврозы, внутренние истерики, раздражительность — вот небольшой список тех проблем, с которыми сталкиваются люди с подобным типажом.

Резюме. Карта как элемент описания личности человека

Человек сторонится людей — люди сторонятся человека. Все взаимно и без каких-либо обид. «Лучше бы им жить в монастыре или в дремучем лесу», — можно сказать, глядя на таких людей. И немного подумав, добавить: «Не от мира сего».

10 ФОРТУНА

Ab altero expectes, alteri quod feceris.
Жди от другого того, что ты сам сделал другому.

Общий архетип в восприятии

В общественном восприятии описываемая нами черта характера человека описывается словами «непостоянство», «ветреность», «переменчивость», «взбалмошность» и другими, говорящими нам о том, что поведение человека далеко не всегда поддается логическом объяснению. Действительно, люди с такой чертой характера могут проявлять недовольство там, где все радуются и радоваться том, что у многих вызывает грусть. Они как бы живут на своей волне, по своим, понятным им схемам восприятия.

Элемент портрета

В качестве элемента портрета к словам, которые приведены выше, можно добавить капризность, неуравновешенность, нежелание держать себя в руках. Они ярко, не стесняясь, выражают свои эмоции, независимо от окраски и влияния на окружающих людей.

Поведение человека в ситуации

В ситуации человек с подобной чертой характера будет вести себя так, как ему заблагорассудится. Если что-то не понравится — скандал, если что-то обрадует — бурное выражение радости. Он не будет скрывать свои чувства и не будет держать себя в руках — он просто этого не умеет.

Поведение человека в обществе

В обществе такие люди всегда являются частью большой компании. Не лидеры, но провокаторы и индикаторы настроения среди группы людей. Они крайне опасны, поскольку эмоции таких людей не раз разжигали огонь революции. Что касается личного поведения, то оно всегда эпатажно, скандально и вызывающе.

Поведение в отношении партнера (супруга)

Супруга как такового быть не может — мало кто сможет вынести «шторм» и «штиль», возникающие в ограниченном пространстве за непродолжительный период. Нет, браки заключаются, люди встречаются, но срок этих взаимоотношений непродолжителен. Опять же, описываемые нами субъекты нередко проявляют насилие по отношению к своему избраннику. А это, как вы понимаете, не укрепляет брак.

Методы достижения цели

В качестве ключевой составляющей в достижении цели фигурируют другие люди. Сами же индивидуумы с описываемой нами характеристикой, не будут делать ничего, если есть кто-то, с кем можно договориться, убедить, заставить, запугать и т. д. Все методы хороши, если они приведут к цели — вот таков базис возможностей рассматриваемой нами личности.

Сексуальные пристрастия

В сексе рассматриваемые нами люди непостоянны и неразборчивы. Они не акцентирую внимание на чем-то одном, стремясь получить как можно больше удовольствий от того, что предоставляет им жизнь. А поскольку они могут быть обаятельными и соблазнительными, у них, как правило, нет недостатка в партнерах.

Скрытые желания человека

Скрытым желанием человека является получение максимального удовольствие от процесса, ситуации, явления. Они готовы идти до конца, не ограничивая себя в средствах, чтобы получить это. Именно подобная черта часто толкает их в сторону алкоголя или наркотиков.

Поведение человека в деле, бизнесе

В бизнесе они занимают сектор, в котором присутствуют человеческие эмоции, а еще лучше, если эти эмоции приправлены пороками. Шоу-бизнес, эстрада, кино, телевидение — все, что влияет на эмоции других, позволяя реализовать свой эмоциональный потенциал.

Отношение к деньгам

Они любят деньги. Причем любовь эта практически бесконечна, поскольку наличие денег питает их эмоции, что побуждает искать источники их появления. И так до бесконечности. Но не думайте, что они готовы зарабатывать деньги — они готовы их получать.

Страхи и опасения

Страх — это завершение движение, ощущение того, что мир перестал ими управляться. И тогда они бегут, имитируя движение.

Психическое здоровье

Данный индивидуум не может похвастаться хорошим психическим здоровьем. От рождения, по типажу личности, он крайне впечатлителен, эмоционален и это расшатывает нервную систему, ведя человека к нервному срыву.

Резюме. Карта как элемент описания личности человека

Двойственный элемент. С одной стороны это яркий, эмоциональный человек, притягательный своей кажущейся поведенческой искренностью, а с другой — капризный, временами неадекватный, стремящийся только к удовлетворению своих потребностей. В общем, при первой встрече вызывает восторг, при второй — стойкое отторжение. Третья встреча будет, если «нужно».

11 СИЛА

Abducet praedam, cui occurit prior.
Кто первым пришел, тот и уносит добычу.

Общий архетип в восприятии

В общественном восприятии это люди, обладающие колоссальной силой. Причем качеств этой силы может быть множество: природная сила, сила духа, сила характера, сила мысли и т. д. Возьмите что-то яркое, четко выраженное и усильте его в своем восприятии — так будет выглядеть человек с подобной чертой характера.

Элемент портрета

В качестве элемента портрета сила проявляется как уверенность в себе и готовность к действию. Люди с подобным проявлением не могу быть лентяями и не могут долго сохранять пассивность. Сила — качество внутренне, а внешне она лишь проявляется.

Поведение человека в ситуации

В любой ситуации человек с описываемым качеством характера стремится контролировать процесс, чтобы в любой момент иметь возможность оказать на него влияние. Он не всегда активен, но всегда начеку и готов к действию.

Поведение человека в обществе

В обществе это люди, которые являются лидерами или соратниками лидеров — по-другому они не могут. Они всегда в гуще событий и на пике интересов. Меняют, двигают, переделывают или наблюдают за тем, как подобные проявления реализуют другие — они не только имеют силу, но и способны ее приумножать, обучаясь в процессе.

Поведение в отношении партнера (супруга)

В отношении супруга такие люди проявляют крайнюю заботу и внимание. Они прикладывают все усилия к тому, чтобы партнеру было комфортно. Но вместе с тем нередки конфликты из-за того, что сила, которая должна быть направлена на супруга, перенаправляется в дела или заботы. И если супруг вмешивается, требуя внимания, то приложенная сила отражается на нем или на ней. И ничего личного — просто сработал защитный механизм.

Методы достижения цели

Сильно, напористо, непреклонно — так можно охарактеризовать методы достижения цели. А еще можно добавить — человек с подобной чертой остановится, только обессилев или потеряв интерес к цели. Иного быть не может.

Сексуальные пристрастия

О сексуальных пристрастиях можно сказать немного: нравится, доставляет удовольствие, привлекает во всех разумных формах, но вместе с тем к сексу пропадает интерес сразу после того, как получено все, что было задумано.

Скрытые желания человека

Скрытым желанием человека является достижение всех целей, которые он наметил. Он прекрасно понимает, что не все достижимо, но это не останавливает его и лишь добавляет задора в процесс движения.

Поведение человека в деле, бизнесе

Если этот человек — партнер, то на него можно положиться, но ровно до тех пор, пока ему интересно и он понимает, что может реализовать себя в этом деле. Как только он потеряет интерес или контроль, он сразу прервет отношения — зачем что-то делать, если от этого нет прока? Если этот человек — конкурент, то ни в коем случае не стоит поворачиваться к нему спиной. Он будет действовать, жестко и безжалостно, как только появится возможность или шанс.

Отношение к деньгам

Ценит деньги, умеет управлять деньгами и понимает, что они обладают силой, которая в большинстве случаев приумножает их возможности.

Страхи и опасения

Ключевой страх — бессилие или возникновение ситуации, с которой они не смогут справиться. Они всегда должны быть «на коне» и если что-то в процессе вызывает сомнение, то автоматически порождает этот страх.

Психическое здоровье

Психическое здоровье крепкое, психика устойчивая. Возможны небольшие срывы из-за переутомления. Но поскольку действия и поступки крайне приятны для характера человека, они быстро его восстанавливают своими положительными эмоциями.

Резюме. Карта как элемент описания личности человека

Одна из ключевых черт характера человека, которая нравится всем, даже тем, кто не любит подобных людей, имея слабость в противовес такой силе. Это Лидеры, Гении, Творцы и Пионеры — они были, есть и будут.

12 ПОВЕШЕННЫЙ

A nullo diligitur, qui neminem diligit.
Никто не любит того, кто сам никого не любит.

Общий архетип в восприятии

В общественном восприятии — это люди-жертвы. Чаще всего облик соответствует внутреннему состоянию человека: все плохо, все сложно, «кругом враги» и нет просвета в будущем. Люди стараются сторониться таких индивидуумов, поскольку считается, что это может быть «заразно», что негативно сказывается на самих «жертвах» — без посторонней помощи они не могут справиться со своими проблемами.

Элемент портрета

В качестве элемента портрета можно отметить «пугливость» и «опасливость» человека. Кажется, что он ждет, когда вселенная или ее представитель, ударит, унизит, будет издеваться. К сожалению, в обществе подобное поведение человека лишь усугубляется — «просто» доминировать над слабым для того, чтобы почувствовать себя сильным.

Поведение человека в ситуации

В ситуации человек с подобной чертой характера будет оставаться на вторых ролях (а чаще всего на третьих). Он старается спрятаться, быть незаметным, чтобы кто-то или что-то разрешили ситуацию за него.

Поведение человека в обществе

В обществе, напротив, присутствует некая двойственность. С одной стороны, все та же схема невмешательства и дистанцирования, но с другой — попытка найти еще более слабого и доминировать над ним. Это проявление может стать базой для развития садистических и маниакальных настроений в личности.

Поведение в отношении партнера (супруга)

Люди с подобной чертой характера редко остаются в одиночестве — находятся те, кому нужны «исполнители», «рабы», те, кто выполняет их прихоти. В семье это тихий, подчиненный и даже забитый человек, который делает все и даже больше, чтобы не возник конфликт. Но именно конфликт возникает чаще всего, поскольку это очень удобная и простая схема управления данным индивидуумом.

Методы достижения цели

Методов нет — такие люди всегда довольствуются тем, чем делится с ними мир и его отдельные представители. Они вполне довольны, поскольку прекрасно понимают, что сами они имели бы гораздо меньше, чем в обществе с сильными людьми. Некоторых подобное поведение коробит, но важно понимать, что они не столько хотят так себя вести, сколько не могут вести себя по-другому.

Сексуальные пристрастия

Секс — одна из областей, где скрытые желания и стремления могут найти реализацию. Но чаще всего партнер не разделяет их интересов, и тогда это добавляет еще одну черту «жертвенности» к образу. Или делает человека сексуально-зависимым с возможным выходом на сексуальные аномалии или преступления.

Скрытые желания человека

Сила и власть — это два ключевых желания, которые всегда интересуют рассматриваемого нами индивидуума. Но поскольку своего они иметь не могут, то тянутся к тем, кто этим обладает и стараются на его фоне или под его покровительством выглядеть сильнее. Чаще всего находят слабого и зависимого и реализуют свои скрытые желания.

Поведение человека в деле, бизнесе

В бизнесе это люди, которые пытаются заработать деньги полукриминальным или криминальным путем. Честно, открыто, правильно они не умеют — поэтому ищут лазейки и пути к получению денег, желательно больших.

Отношение к деньгам

Деньги — власть, причем власть над людьми. Поскольку этой власти не хватает рассматриваемому нами типажу, то инструмент под названием деньги вызывает неподдельный интерес. Но редко кто из людей с описываемой чертой личности в действительности обладает деньгами. В основном все заканчивается на уровне мечтаний.

Страхи и опасения

Страх для этого человека — это сам страх в любой его форме и виде. Он боится очень многого и понимает, что страх делает его еще слабее. Поэтому появление даже легкого волнения часто вызывает панику и/или истерику — как форма защиты от возможной зависимости.

Психическое здоровье

Психическое здоровье крайне слабое. Люди с ярко выраженной чертой, описываемой нами, либо будут, либо уже являются людьми с психическими отклонениями. Встреча с психиатром — дело времени.

Резюме. Карта как элемент описания личности человека

Крайне неприглядная черта человеческой личности. Слабая, зависимая, подчиненная, испуганная — она шаг за шагом может захватить всего человека и тогда никто и ничто не сможет повернуть его обратно к свету.

13 СМЕРТЬ

Accidit in puncto, quod non contigit in anno.
В один миг случается то, на что не надеешься и годами.

Общий архетип в восприятии

В человеческом восприятии это уникальная форма, поскольку она встречается достаточно редко. Если Маг нам демонстрирует безграничную Волю, Император — власть, Сила — колоссальные возможности, то Смерть способна все это по отдельности и вместе взятое превратить в ничто. Обычно подобная форма, если она содержится в человеке, вызывает животный страх, поскольку затрагивает один из базовых инстинктов — инстинкт выживания.

Элемент портрета

В качестве элемента портрета рассматриваемая нами характеристика выглядит как «способный на все» — тот, для кого нет границ, рамок или преград, которые просто будут сметены, сломлены, уничтожены. Но только если это действительно нужно.

Поведение человека в ситуации

В ситуации человек ведет себя крайне осторожно и осмотрительно — он знает о своих возможностях, но также знает и о последствиях, которых старается избежать. Поэтому действия или поступки будут выверены и продуманы до мелочей, чтобы никто и ничто не смог к нему придраться.

Поведение человека в обществе

В обществе это люди, которые стараются жить «под маской». Они не скрываются, но в то же самое время не выпячивают себя. Они не прячутся, но в то же самое время стараются быть незаметными. Кажется, что только что был, и вот его уже нет.

Поведение в отношении партнера (супруга)

Чаще всего это одиночки. Даже если возникают отношения, то в них присутствует холодность и отстраненность — нежелание причинить вред близкому человеку. Но поскольку нет тепла, нет и понимания. И тогда — разрыв, расставание и одиночество, чаще всего как форма осознанного выбора.

Методы достижения цели

Люди с подобной чертой характера способны достигать больших высот. Но только лишь тогда, когда полностью контролируют себя и продумывают все до мелочей. Тогда аккуратно, взвешенно и последовательно они двигаются к поставленной цели. Как танк, непреклонно и неотвратимо.

Сексуальные пристрастия

Секс для таких людей область, где они готовы раскрыть себя полностью. Это ниша, способ выразить те эмоции, которые накопились в них. Но примесь холодности и дистанцированность от партнера даже сексуальные отношения делает временными.

Скрытые желания человека

Скрытым желанием человека является желание перестать себя контролировать, выпустить на волю своего зверя. Именно поэтому таких людей часто можно встретить в силовых структурах — там, где смерть является частью жизни и нормой поведения.

Поведение человека в деле, бизнесе

Для бизнеса такие люди крайне опасны. Они не признают чужих правил, предпочитая диктовать свои. Они не боятся и не пасуют перед опасностью, сминая все и всех на своем пути. У них много врагов и еще больше тех, кто просто боится их. С ними имеют дело, но не из-за желания совместного бизнеса, а из страха перед последствиями.

Отношение к деньгам

Отношение к деньгам весьма поверхностное, поскольку наличие денег для них не является проблемой. Скорее проблема заключается в том, что затем с этими деньгами делать.

Страхи и опасения

Страх есть, и он весьма значителен и заключается в вопросе: «Я человек или животное?» Это двойственность сопровождает человека на протяжении всей жизни, становясь то сильнее, то слабее.

Психическое здоровье

В целом психика весьма устойчива, но периодически случаются рецидивы — всплески неконтролируемой агрессии и жестокости. Это сила, заключенная в них, вырывается наружу тогда, когда не находит себе применения.

Резюме. Карта как элемент описания личности человека

Яркая, сильная, «смертоносная» личность. И в то же время большинство людей понимают, что для них они не представляют никакой угрозы. Смерть приходит лишь к тому, кому пора. И если ситуация не требует прихода Смерти, она не появится незвано.

14 УМЕРЕННОСТЬ

Adprime in vita esse utile, ut ne quid nimis.
Главное правило в жизни — ничего сверх меры.

Общий архетип в восприятии

В общественном восприятии это качество личности видится окружающим как спокойствие. Не просто человек, который спокоен, не волнуется и не переживает. Он действительно спокоен потому, что это — его нормальное состояние. Любое давление, конфликт, попытка вывести его из себя заканчивается тем, что в ситуации наводится порядок — все успокаивается само собой.

Элемент портрета

В качестве элемента портрета это описание уравновешенной личности, которая всегда сохраняет контроль за своими словами, поступками, действиями. Причем делается это так естественно, что кажется, что это не просто поведение человека, а аура, атмосфера, которая распространяется на все, что находится рядом с ним.

Поведение человека в ситуации

В ситуации человек с описываемой чертой характера ведет себя спокойно, взвешенно, рассудительно. Говорит не громко, жестикулирует плавно, старается никого не обидеть и не задеть. Всегда готов к компромиссу и разумным уступкам.

Поведение человека в обществе

В обществе таких людей чаще всего называют дипломатами или миротворцами. Они действительно могут помочь договориться. Они действительно несут мир в результате умиротворяющего влияния своей личности.

Поведение в отношении партнера (супруга)

В случае верного выбора партнера можно сказать, что о таком супруге можно только мечтать. Спокойствие, мир, порядок — это те краеугольные камни, которые заложены в фундамент отношений и которые практически невозможно разрушить. А добавьте к этому описанию надежность и ответственность, и вы поймете, что лучшего просто не найти.

Методы достижения цели

Методы достижение цели не всегда законны в прямом смысле этого слова, но всегда корректны. Всегда находится вариант, при котором можно достичь цели, никого не побеспокоив и ни с кем не вступив в конфликт. Это качество крайне востребовано в деловых кругах.

Сексуальные пристрастия

Секс чувственный, эмоциональный, но при этом отчасти сдержанный и в определенном смысле спокойный. Он не стоит на первом месте, он не стоит на последнем. Он — часть жизни, которая приносит наслаждение и радость.

Скрытые желания человека

Не стоит считать, что описываемое поведение человека не требует сил и расходует внутренние ресурсы. Именно эти составляющие формируют желание: отдых, тишина, спокойствие. Не всегда, но периодически, если вы общаетесь с человеком с подобной чертой характера, это стоит учитывать.

Поведение человека в деле, бизнесе

В бизнесе люди с рассматриваемой нами чертой характера никогда не будут стремиться стать хозяевами. Но всегда будут находиться рядом, потому что именно там они больше всего востребованы и именно там они могут реализовать себя. Как уже было сказано, их «профессиональная ниша» — переговоры, общение с людьми, улаживание конфликтов и поиск компромиссов между людьми.

Отношение к деньгам

Отношение к деньгам такое же, как и черта характера — спокойное и взвешенное. Да, деньги их заботят, но лишь тогда, когда их не хватает. И в этом случае они в первую очередь стараются умерить свои желания, а уж затем найти источник пополнения личной казны.

Страхи и опасения

Страх одиночества для таких людей — вакуум и личная не востребованность — крайне опасные состояние. Они не могут найти покой, поскольку той внутренней силы, что есть в них, много для одного человека.

Психическое здоровье

Психическое здоровье будет радовать человека с подобной чертой ровно до тех пор, пока он уделяет ему внимание. Отдых, периодическое уединение, получение простых, но вместе с тем нужных эмоций — все это будет питать психику человека, сохраняя ее в хорошем состоянии.

Резюме. Карта как элемент описания личности человека

Эти люди — как «клей», который способен соединить несоединимое. Они как «метроном» — способны задать нужный ритм любому количеству людей. Они как «летний рассвет» — дают надежды на то, что все будет хорошо и все наладится. Они не просто гармоничны в своем поведении. Они способны поделиться этим состоянием с окружающими.

15 ДЬЯВОЛ
Aliena vitia in oculis habemus, a tergo nostra sunt.
Чужие пороки у нас на глазах, а свои за спиной.

Общий архетип в восприятии

В общественном восприятии этот личностный элемент является крайне не простым, поскольку имеет несколько определений: дьявольская сила, дьявольская красота, дьявольская привлекательность, дьявольская сексуальность и т. д. То есть выделяется некая характеристика человека, которая не просто выглядит ярко, а буквально завораживает и заставляет человека подчиняться этой яркой форме.

Элемент портрета

В качестве элемента портрета описываемый элемент не выделяется. То есть в статике, без общения и контакта с другими людьми, он «не виден». Но как только контакт наступает, он становится доминирующим. Причем доминировать он начинает не у того, кто обладает этим элементом, а у того, на кого оказывается намеренное или не намеренное влияние. В большинстве случаев влияние ненамеренное, но ощутимое и вполне реальное.

Поведение человека в ситуации

Люди с подобным проявлением чаще всего мучаются и, можно сказать, страдают от того, что обладают им. Они не в состоянии им управлять, а схемы общения, построенные на этом элементе, чаще всего приводят к большим и малым проблемам. Поэтому большинство тех, о ком идет речь, более стеснительны, скрытны, не уверены в себе, поскольку «не хотят, чтобы их воспринимали только по одной характеристике».

Поведение человека в обществе

В обществе поведение людей с описываемой характеристикой можно условно разделить на две схемы. Первая — активная реализация своих возможностей, использование людей, которые попали под власть личностной возможности. Вторая — замкнутость, отстраненность. И как следствие разочарование как в том, что не все можно реализовать при помощи манипуляций, так и в том, что полученное при помощи таких реализаций чаще всего не устраивает, поскольку содержит массу дефектов.

Поведение в отношении партнера (супруга)

Супруг — это раб в той или иной степени. Он зависим, он подчинен, он находится в полной власти «дьявольской силы» своего супруга. И тогда тирания, жестокость и иные проявления тоталитарной воли. Или одиночество, оправданное и осознанное. И мало найдется партнеров, которые способны противостоять такой силе и при этом сохранить гармонию в отношениях.

Методы достижения цели

Не смотря на возможную двойственность в отношении своих возможностей, описываемые нами персоны двигаются одним путем — они пытаются подчинить человека, использовать его, сделать так, чтобы он сделал желаемое не смотря ни на что. Чаще всего это получается. Реже получается наоборот, происходит «изгнание дьявола» — конфликт, вследствие которого наш объект остается ни с чем. И все потому, что не с тем связался — не всех можно подчинить и использовать.

Сексуальные пристрастия

В сексуальной сфере превалируют яркие, можно сказать крайние проявления. Партнер должен быть в полном подчинении и делать то, что ему «велено». Обычно схемы сексуальных отношений односторонние — он получает свое, а остальное не важно.

Скрытые желания человека

Скрытым желанием описываемого нами типажа является стремление к полной реализации собственных желаний. Своего рода «дьявольский маг» — хочу все подряд, и при этом не хочу ничего делать сам.

Поведение человека в деле, бизнесе

В бизнесе это «пиявки» или «вампиры» — они всегда присоединяются к готовой или полу-готовой схеме для того, чтобы жить при помощи нее или полностью поглотить ее. Сами они не способны что-либо создать, чаще всего лишь иллюзию того, что они важны и нужны.

Отношение к деньгам

Деньги — это страсть. Они дают власть над другими людьми, что усиливает влияние на события или явления. Они любят деньги, они любят тратить деньги на себя, но они не любят делиться.

Страхи и опасения

Страх встретить «экзорциста» — того, кто распознает их «зло» и на кого они не смогут повлиять. Страх в том, что они будут бессильны в своем стремлении подчинить человека.

Психическое здоровье

Поскольку не все поддаются влиянию чар описываемой личности, это вызывает большие и малые внутренние конфликты. Вследствие чего появляется раздражительность, истеричность, проявления неконтролируемой агрессии, переходящей в жестокость.

Резюме. Карта как элемент описания личности человека

Как вы видите, описываемый элемент личности крайне опасен для самого человека, поскольку с ним сложно уживаться и еще сложнее управлять им, не контролируя его. И если все пустить на самотек, то это приведет к тому, что жизнь будет «в руинах». Если начать контролировать, то жизнь превратится в ад, поскольку придется каждый раз преодолевать себя.

16 БАШНЯ
Ubi culpa est, ibi poena subesse debet.
Где есть вина, там должна быть и кара.

Общий архетип в восприятии
В общественном восприятии качества описываемого нами человека можно определить двумя словами «все плохо»: все плохо всегда, во всем, независимо от области, сферы или иных интересов человека. Это плохо может быть маленьким, средним, большим, катастрофическим, но оно всегда есть.

Элемент портрета
В качестве элемента портрета характеристика проявляется как избыточный критицизм, недовольство происходящим, легкая форма конфликтности, являющаяся способом выразить свое негативное отношение. И еще появляется напряженность, вызванная постоянным ожиданием проблемы.

Поведение человека в ситуации
В ситуации описываемый нами человек активен. Он старается вмешиваться во все, но при этом его участие в большинстве случаев ограничивается уровнем идей или мнений. Они есть в огромном количестве и по любому поводу. Причем негативного характера. Делать что-то сам он не хочет и чаще всего отлынивает от этого.

Поведение человека в обществе
В обществе люди с подобным проявлением чаще всего изгои. Вокруг них собирается какая-то компания, но на время, пока не устанет от постоянного ворчания и избытка негативных эмоций, затем — конфликт и временное или постоянное расставание.

Поведение в отношении партнера (супруга)
Супругу человека с подобной характеристикой крайне нелегко. Он постоянно находится «под прицелом» критики. Его постоянно шпыняют, понукают, наставляют и критикуют. В большинстве случаев супруги находят альтернативу — любовника или любовницу, алкоголь — или расстаются. Очень сложно жить под постоянным давлением.

Методы достижения цели
Методы достижения цели просты — сидеть и ждать, пока кто-то «не выдержит» и не сделает все за них. Причем они редко ищут та-

кого помощника. Чаще всего это тот, кто «подвернулся под руку» и не разобрался с тем, кто перед ними.

Сексуальные пристрастия

Секс является той областью, которая с одной стороны вызывает крайний интерес, с другой — «не оправдывает надежд». Поэтому секс есть в молодые годы, но в более зрелом возрасте его нет или почти нет.

Скрытые желания человека

Скрытым желанием человека является подтверждение его правоты. Он хочет не только критиковать, но и быть признанным — людьми или реальностью. И это желание заставляет его еще более активно заниматься критиканством.

Поведение человека в деле, бизнесе

В бизнесе и делах люди с подобным личностным элементом почти не встречаются. С ними никто не хочет иметь дело. Обычно они работают на кого-то и для кого-то — критики, эксперты, правозащитники, журналисты — те, кто получает деньги за то, что выказывает свое недовольство окружающим.

Отношение к деньгам

Они любят деньги, но при этом они крайне недовольны тем, как деньги влияют на их жизнь. Зарабатывать они умеют плохо, а вот потреблять и тратить умеют хорошо. Этот диссонанс порождает серьезный внутренний конфликт, который чаще всего выражается в виде скупости и жадности.

Страхи и опасения

Страх одиночества, страх того, что вокруг не будет никого, на кого можно излить свои претензии. Такие люди ярко проявляются в старости — старые, никому не нужные, «вредные» и «всем недовольные». Они буквально ищут конфликта, который, как они знают, для них ничем не грозит — они получили защиту в виде возраста.

Психическое здоровье

Психическое здоровье таких людей отменное, поскольку они «ничего не держат в себе». Они все вываливают на окружающих и после этого уже ни о чем не переживают. Возможны стрессы из-за обратной реакции. Но это в большей мере частности, чем общая картина.

Резюме. Карта как элемент описания личности человека

Вредный, ворчливый, сварливый, конфликтный — так можно описать этот элемент.

17 ЗВЕЗДА

Dum spiro, spero.
Пока дышу, надеюсь.

Общий архетип в восприятии

В общественном проявлении этот человек видится как крайний педант, не способный и не желающий отступать от неких прописанных норм, правил и схем поведения. У него все должно быть разложено по полочкам, все должно быть выверено, рассчитано и продумано. Кажется, что прежде чем сделать шаг он продумывает его последствия. И если бы речь шла не о реальном шаге, все было бы проще. А так возникает ощущение медлительности и заторможенности поведения.

Элемент портрета

В качестве элемента портрета личности карта демонстрирует нам человека, который живет «по плану» или «по расписанию». Он все продумывает до мелочей, все сверяет, согласовывает и рассчитывает. Причем это не расчет из понятий «выгода», а расчет из понятия «проверенный план».

Поведение человека в ситуации

В ситуации человек неспешен, но при этом каждый его шаг выверен или по крайней мере выглядит таковым. Он двигается в схеме своего понимания ситуации и «замирает», если происходящее не сопоставляется с действительностью.

Поведение человека в обществе

В обществе люди с описываемой характеристикой могли бы называться «черными кардиналами» за их обширные связи. Но их интересы не распространяются так далеко. Просто они могут и готовы «копаться» в чужих вопросах, чтобы помочь, разъяснить, подсказать. Они помогут все расставить на свои места, и именно это качество делает их крайне популярными, особенно среди эмоциональных людей.

Поведение в отношении партнера (супруга)

В отношении супруга поведение взвешенное, выверенное. Со стороны может показаться, что несколько отстраненное. Но лишь потому, что они не готовы заходить на чужую территорию или давить на человека, лишая его способности к поступку. В качестве ключевого слова отношений можно привести одно — спокойствие.

Методы достижения цели

Методы достижения цели всегда правильные и корректные по отношению к окружающим людям. Они не готовы отдать свое, но и не хотят забрать чужого. При этом сама схема достижения цели проста — план, которому они всегда и неукоснительно следуют. И если есть желание двигаться с ними в одном направлении, нужно стать частью этого плана.

Сексуальные пристрастия

Секс вызывает определенный эмоциональный интерес, но не более того. И это не холодность, а упорядоченное достижение цели, независимо от того, интеллектуальная это цель или сексуальная. Партнеру верны, независимо от поведения партнера.

Скрытые желания человека

Скрытым желанием описываемого типажа является стремление «подчинить мир своим желаниям». Это не стремление к тоталитарной власти или не «имперские амбиции» — просто, когда все существуют в понятном мире, на душе становится спокойно.

Поведение человека в деле, бизнесе

В бизнесе это крайне педантичные люди. Их можно не проверять — они сами себя проверят не один раз. Им можно доверять — они не предадут. А если их не устроят отношения, они открыто об этом скажут. Они не достигают больших высот, но упорство, трудолюбие, педантичность и аккуратность делает их неплохими «середнячками».

Отношение к деньгам

К деньгам отношение внимательное, можно сказать уважительное. Они умеют их зарабатывать, корректно тратить и редко страдают от безденежья. Впрочем, как и от недостатка денег — они всегда могут остановиться.

Страхи и опасения

Непонимание происходящего и невозможность понять или создать нечто, что будет похоже на понимание. Это страх «хаоса в доме порядка», когда все встает с ног на голову и совершенно не понятно, что с этим делать.

Психическое здоровье

У таких людей крепкое психическое здоровье. Они редко дают волю своим эмоциям, и за счет этого психика существует в щадящем режиме. Единственное, что может им грозить, это моральное переутомление.

Резюме. Карта как элемент описания личности человека

Подобные личности в большинстве случаев вызывают положительные эмоции. На них можно положиться. Они понятны. Они не держат камень за пазухой. Но в то же самое время иногда хочется чего-то сумасбродного. Тогда подыщите себе другую компанию.

18 ЛУНА

Aditum nocendi perfido praestat fides.
Доверие, оказанное вероломному, даёт ему возможность вредить.

Общий архетип в восприятии

В человеческом восприятии это человек, обладающий каким-то дефектом, изъяном, искажением в личности или образе. Это не видимая травма, не аномалия поведения, не изъян внешности. Но человек, смотря на такого индивидуума, может сказать «в нем что-то не так». Причем он как прав, так и ошибается, поскольку эта испорченность может так и оставаться в пассивном состоянии, не беспокоя других. Но может стать активной — кому как повезет.

Элемент портрета

Как уже было сказано, в портрете человека, в его образе, даже внешности проявляется некий срытый изъян, природа которого не известна до поры до времени. Часто такой человек говорит правильно, делает все верно, но все равно остается какой-то неприятный осадок от общения с таким человеком.

Поведение человека в ситуации

Поведение человека с подобным описанием можно охарактеризовать как «всегда чуть-чуть не так»: подленько, гаденько, злобненько. Не ярко, не демонстративно, но тем не менее заметно. И все дела человека будут непременно приправлены этим проявлением.

Поведение человека в обществе

В обществе, как и в ситуации, человек себе ведет с подлецой и низостью в поведении. Причем если начать разбираться в поступках, то окажется, что «действовал из благих побуждений» или «ничего плохого не хотел». И это действительно так. Но в то же самое время все будет испорчено. Частично или полностью.

Поведение в отношении партнера (супруга)

В отношении супруга присутствует постоянная претензия и недовольство. Она далеко не всегда явно выражена. Но проскакивает то тут, то там, вызывая раздражение. Из-за этого будет немало скандалов, которые в большинстве случаев ведут к расставанию. И тогда «новая жертва», которая еще не разобралась во всех изъянах личности этого человека. Или «окончательная жертва» — человек, который всегда готов быть чуть-чуть униженным.

Методы достижения цели

Методы достижения цели «сторонние» — все сделать чужими руками, за чужой счет, но при этом вовремя прийти к раздаче призов. Такие люди готовы стравливать ненамеренно, сплетничать не зло, настраивать из благих побуждений. В общем, манипулировать людьми к своей выгоде, прикрываясь высокими целями.

Сексуальные пристрастия

В сексе крайне активны, изобретательны и любвеобильны. Отчасти из-за того, что он вызывает крайне положительные эмоции, которых мало в обыденной жизни. Отчасти из-за того, что при помощи секса можно привязать человека, сделать его более управляемым, что является крайне важным моментом общения. Более того, некоторые из описываемых индивидуумов используют секс как инструмент, подспудно получая удовольствие.

Скрытые желания человека

Скрытым желанием человека является стремление к моральному удовлетворению. Подсознание, а иногда и сознание посылает «команду сделать гадости» и нет ничего лучше, когда все сбывается.

Поведение человека в деле, бизнесе

В бизнесе такие люди «долго не существуют». Они, изобретая хитрые схемы, быстро подставляют себя или других и потом с ними никто и никогда не имеет дел. Часть, кто похитрее, ищет себе новые жертвы. Но чтобы не попасть в их «сети» достаточно навести справки: что сталось с прежним партнером?

Отношение к деньгам

Деньги любят, деньги ценят и денег всегда не хватает. Не хватает и потому, что не очень умеют тратить, и потому, что тратят намного больше, чем зарабатывают. Отчасти это является неплохим обоснованием для того, чтобы обосновывать свою подлость — не я такой, жизнь такая.

Страхи и опасения

Страх наказания или страх того, что не успеют убежать, что поймают за руку и тогда придется расплатиться за все, что сделали. Этот страх присутствует и в личностном типаже — в виде суетливости, легкой неуверенности в себе (чаще демонстративной), гиперлояльности.

Психическое здоровье

Психика часто расшатана, истерики — норма поведения. Причем не всегда понятно, когда заканчивается истерика-манипуляция и начинается реальная истерика. При наличии усугубляющих факторов могут быть крайне агрессивными.

Резюме. Карта как элемент описания личности человека

Карта как описание личности человека достаточно конкретно описывает массу негатива, который содержится в нем. Жаль только то, что большинство узнают, что были правы в своих ощущениях лишь тогда, когда будет слишком поздно и они уже будут орудиями в руках описываемого персонажа.

19 СОЛНЦЕ

Homines quo plura habent, eo cupiunt ampliora.
Чем больше люди имеют, тем больше желают иметь.

Общий архетип в восприятии

Вы встречали людей, преисполненных оправданного оптимизма? Именно эта характеристика человека выражена в виде описываемой карты. Такого человека, обладающего данной характеристикой, в народе часто называют «светлым» или «солнечным». Он счастлив, оправданно и осознанно, и готов делиться своим счастьем со всеми окружающими людьми.

Элемент портрета

В качестве элемента портрета личности можно выделить такое понятие, как постоянно приподнятое настроение, нескрываемая радость, запас оптимизма и жизненных сил. Эдакий «живчик», который не борется с миром или его проблемами, а живет и делает все, что нужно от него с радостью, получая от этого еще большее моральное удовлетворение.

Поведение человека в ситуации

В любой ситуации человек с описываемыми характеристиками будет искать положительные стороны, будет пытаться повернуть даже самую негативную ситуацию так, чтобы она стала как минимум менее негативной, но как максимум важной и полезной. Его сложно поставить в тупик, поскольку и скорее всего он скажет, что это — не тупик, а место, где можно спокойно передохнуть и набраться сил.

Поведение человека в обществе

В обществе такие люди всегда на виду. С одной стороны, потому что готовы браться за любое дело, с другой — потому что многие взваливают на них свои заботы, зная, что они помогут и «вытянут» ситуацию. К ним всегда можно обратиться за помощью и почти всегда они ее окажут.

Поведение в отношении партнера (супруга)

Отношения в браке или партнерских отношениях теплые, добрые, заботливые. Возможно присутствует некоторый избыток внимания по отношению к своему партнеру, но это не со зла, а лишь из-за избытка чувств, которые переполняют человека.

Методы достижения цели

Методы достижения цели созидательные, мирные и гармоничные. Эти люди стараются сделать так, чтобы не создавать проблем другим, решая свои собственные. А если чужие проблемы мешают им самим, то они готовы прийти на помощь, даже если им это не выгодно.

Сексуальные пристрастия

«Секс — естественная физиологическая и психологическая потребность», — так думают они, не ставя секс во главу угла, но и не страдая ханжеством. Все естественно, в порядке получения удовольствия. И что немало важно, в порядке предоставления удовольствия партнеру.

Скрытые желания человека

Скрытым желанием человека является яркое стремление к комфорту, покою, тишине. Они хотят наслаждаться каждой минутой жизни, делая все, чтобы мечты стали реальными.

Поведение человека в деле, бизнесе

Люди с подобным типажом редко принимают участие в самостоятельных бизнес-проектах. Чаще всего они партнеры или ключевые наемные работники. В большинстве случаев сферы, которые им интересны, связаны с помощью людям или оказанием услуг различного рода. На них всегда можно положиться, они всегда будут на стороне тех, кто нуждается в помощи. Именно это поведение может вызывать конфликты с партнерами, не согласными с политикой гипер-лояльности.

Отношение к деньгам

Они не считают деньги важной составляющей жизни и никогда не делают упор на их зарабатывание. При этом они крайне умело и бережливо тратят и накапливают то, что заработали честным трудом — иначе и быть не может.

Страхи и опасения

Ключевым страхом является страх одиночества. Они боятся остаться одни, поскольку тогда они не будут полезны и не смогут помогать людям. Именно это часто формирует психические проблемы, о которых речь пойдет ниже.

Психическое здоровье

Ключевая угроза, которая грозит данным индивидуумам со стороны психического здоровья, — это тревоги и страхи, порожденные на фоне возможного одиночества, не востребованности или неприятия их усилий. Они остро переживают ситуации, когда бывают отвергнуты и когда их усилия не венчаются успехом.

Резюме. Карта как элемент описания личности человека

В качестве элемента личности эта карта обладает высоким потенциалом добра, милосердия, счастья и простой человеческой радости. Эта карта неподдельного, реального наслаждения, не искаженная никакими иными формами. «Жить хорошо!» — так можно определить девиз карты.

20 СУД

Tantum scimus, quantum memoria tenemus.
Мы знаем столько, сколько помним.

Общий архетип в восприятии

В общем архетипе восприятия это элемент в человеке, который проявляется в форме постоянного «копания в прошлом». Настоящее, а тем более будущее мало заботит человека с подобным типажом. Больше его заботит то, что было, как было и что помнится из всего этого. В большинстве случаев для подобного поведения нужна «база воспоминаний», поэтому чаще всего мы встречаемся с этим элементом только у людей в возрасте. Но есть и исключения — молодые люди, которые пользуются чужой базой, реализуя свою потребность.

Элемент портрета

В качестве элемента портрета влияние этой характеристики проявляется в образе «чужого времени»: одет не современно, говорит как-то по-старому, оперирует прошлым в оценке вопросов настоящего. В общем, выглядит как человек, который рожден не в свое время.

Поведение человека в ситуации

В ситуации человек немедленно начинает «копаться» в прошлом — в причинах, которые создали эту ситуацию. Чаще всего это бывает полезно и дает определенные плоды, но в то же самое время нередко раздражает тех людей, кто привык жить сегодняшним днем или нацелен в завтра.

Поведение человека в обществе

В обществе ярким образом поведения такого человека является «брюзжание» или постоянное недовольство: «раньше было все не так» или «все было лучше, прежде чем что-то произошло». Причем важно отметить, что совершенно не факт, что было лучше. Но они так помнят и им хочется так помнить.

Поведение в отношении партнера (супруга)

Взаимоотношения с супругом или партнером крайне не простые. Поскольку память у таких индивидуумов хорошая, но способ запоминания избирательный, они помнят все, но не всегда так и не всегда в хорошем свете. И не только помнят. Они это озвучивают, что крайне раздражает очевидца. Выдержать такой характер могут не многие, поэтому развод, расставание — логичная реакция на постоянное занудство.

Методы достижения цели

Методы достижения цели архаично-консервативные. Способы — те, что были много лет назад. И по-другому они не умеют. Поэтому или все делают за них, или они делают то, что требует проявления их личностного качества. Так, например, среди людей с описываемой характеристикой немало психологов — тех, кто делает акцент на прошлое, минуя настоящее.

Сексуальные пристрастия

Секс не то чтобы не приемлем, но в то же время как бы и не нужен. Он отвлекает, перемещая состояние человека в настоящее или будущее. Такие люди всячески избегают этого действия, возводя различные обоснования, почему не стоит, нельзя или не сейчас.

Скрытые желания человека

Скрытым и почти не реализуемым желанием человека с описываемой характеристикой является стремление жить в прошлом, где, судя по воспоминаниям, хорошо, комфортно, правильно или просто «там лучше».

Поведение человека в деле, бизнесе

В бизнесе таких людей почти нет, причем их нет даже в виде наемных работников. Их удел — это найти занятие, где они могут заниматься своим любимым делом — копаться в прошлом, своем или чужом. Чаще всего такие люди — историки, писатели определенных формаций, кто так или иначе живет в прошлом, пусть и не все время.

Отношение к деньгам

Отношение к деньгам полу-брезгливое, поскольку деньги не дают того, что хотят эти люди и более того, сбивают их, нацеливая вектор действия в будущее. Посему и получают они мало, и довольствуются немногим.

Страхи и опасения

Страх будущего — вот что постоянно преследует описываемого индивидуума. То, что в будущем что-то может быть бесконтрольно, неясно, непрогнозируемо. Этот страх чаще всего приводит к затворничеству, самоизоляции от окружающих.

Психическое здоровье

Психическое здоровье крайне не стабильное. Человек почти всегда находится в состоянии стресса, ведь он живет «не там», где хочет жить и ничего не может с этим сделать. Нервозность, раздражительность, скандальность, депрессивность — вот ключевые проявления психических аномалий.

Резюме. Карта как элемент описания личности человека

В качестве ярко выделенного элемента личности характеристика может немного пугать. Действительно, описанное состояние — это состояние одиночки, который стремится сбежать от всего мира. Но с другой стороны это состояние, в контролируемой форме, крайне важно для человека. Как важны и люди, которые обладают данной характеристикой. Они как бы напоминают о том, что у всего есть не только будущее, но и прошлое.

21 МИР

Feci quod potui, faciant meliora potentes.
Сделал, что мог; кто может, пусть сделает лучше.

Общий архетип в восприятии

В общественном восприятии это фундаментальная личность, которая «крепко стоит на ногах». Такой человек — реалист, прагматик, который опирается на реальность, независимо от формы выражения. Это очень потенциально сильный элемент, своего рода стержень конструкции, «скала», о которую разбиваются все проблемы.

Элемент портрета

Практичность, реалистичность, прагматичность — вот три ярких описания элементов портрета личности, которые формирует данная карта. Человек, который практически никогда не отрывается от земли, принимая решения, рассуждая или просто получая удовольствие.

Поведение человека в ситуации

В ситуации человек делает ставку на реальные формы, обстоятельства и связи. Для него важнее всего то, что происходит и то, что нужно сделать. Далее идет построение схем относительно возможных путей достижения. Крайне практичная схема поведения. Такой человек — своего рода антагонист тех, кто никак не связан с реальностью.

Поведение человека в обществе

В обществе такие люди являются центрами ситуаций и процессов. Причем совершенно не значит, что они лидеры. Но они могут сделать, организовать, создать. К ним мы идем, когда сломался кран или когда нужно построить дом. Они прекрасно ориентируются в практических вопросах (что крайне важно для тех, кто в них теряется).

Поведение в отношении партнера (супруга)

Поведение в отношении супруга можно назвать деловым и несколько сдержанным. Действительно, эмоции для них почти не доступны. Но с другой стороны — дом всегда в идеальном состоянии, все работает, все функционирует. И сам супруг всегда в работе или в поиске места, где можно заработать.

Методы достижения цели

Метод достижения цели прост: оценить происходящее — составить план — достичь поставленную цель. Все просто, коротко и ясно. Что очень нравится всем, кто имеет с ними дело.

Сексуальные пристрастия

В сексе они неприхотливы, не избирательны и неприхотливы. Они очень просто относятся к этому явлению, ставя его в один ряд с хорошим обедом или добротной одеждой. И это можно назвать простым и реалистичным подходом.

Скрытые желания человека

Скрытым желанием человека является полное наведения порядка — во всем, везде. Все должно быть на своих местах и иметь четкую и ясную причину существования.

Поведение человека в деле, бизнесе

В бизнесе такие люди предпочитают большие дела или привлекаются в качестве кризисных управляющих. Они в состоянии построить дом от фундамента до крыши, они в состоянии починить «разваливающийся» процесс. И будут прикладывать усилия до последнего. Или до тех пор, пока все не будет существовать так, как нужно, или пока все не развалится.

Отношение к деньгам

Деньги — это инструмент, а инструментов не бывает много. Они хорошо зарабатывают, но хуже тратят, поскольку все их траты несут практический характер. И если они не видят практичности, то просто отказываются от приобретения.

Страхи и опасения

Можно сказать, что страхов как таковых нет, поскольку люди не эмоциональны. Но если эмоции начинают «пробивать», то сразу возникает опасение, что что-то идет не так. И страха как такового нет, но есть эмоциональная растерянность.

Психическое здоровье

Психическое здоровье крепкое, состояние психики стабильное. Бывают срывы из-за переутомления или сверхнагрузок. Но не часто и в большинстве случаев хороший отдых, который оправдан ситуацией, спасает дело.

Резюме. Карта как элемент описания личности человека

О таких людях часто говорят: «На них земля держится». Они всегда готовы удержать «землю» и сделать ее лучше. А эмоции, которых в них недостает, могу быть восполнены другими — теми, кто лучше разбирается в этой сфере человеческой природы.

Младший Аркан.
Поведенческие формы в Таро

Прежде чем вы приступите к ознакомлению описаний карт Младшего Аркана Таро необходимо сказать несколько слов о самой роли Младшего аркана, которую он играет в описании личности.

Первое, что вы можете видеть, держа перед собой карты Младшего аркана, — это их деление на четыре масти — четыре базовые поведенческие формы, которые будет использовать человек для реализации своей основной характеристики, которую дал нам Старший Аркан Таро.

Мечи. Человек будет действовать активно, напористо, агрессивно, давя, круша, сметая все на своем пути. В реализации мечей главное — это достижение поставленной цели. Сюжет — это сражение, в котором может быть или победитель, или побежденный. Перемирие бывает крайне редко.

Жезлы. Человек будет оперировать интеллектом и знаниями. Будет стараться разобраться в происходящем и разложить все по полочкам, найти обоснование или объяснение происходящему. Действия, основанные на жезлах, будут опираться на логику и здравый смысл (конкретного индивидуума). Сюжет — это стол переговоров, за которым решаются вопросы таким образом, чтобы каждая из сторон получила максимум из того, что хочет.

Динарии. Человек будет оперировать рациональными и в большей степени материальными категориями. Выгода, прок, интерес, доход, практичность — все формы «товарно-денежных» оценок происходящего. Сюжет — это «рынок» в любой его форме и проявлении, где одна сторона хочет выгодно приобрести, а другая выгодно продать.

Кубки. Человек будет оперировать чувствами и эмоциями, ощущениями и интуитивно воспринимать реальность. Главное — как внутренний мир откликается на ту или иную ситуацию. Нравится/не нравится, люблю/ненавижу, красиво/ужасно — яркие образы, которыми будет усилена базовая характеристика. Сюжет — это компания, которая собралась поболтать за чашкой чая или отметить чей-то юбилей. Цель — получить положительные эмоции, показать себя и обсудить всех, кто «попадется под руку».

Второе, что мы видим, оперируя картами Младшего Аркана Таро, — это уровень присутствия той или иной эмоционально-побудительной составляющей. Туз — уровень начальный, зачаточный, ситуация в стадии зарождения. Пятерка — ситуация созрела, активна и весьма влиятельна. Девятка или Десятка — ситуация на стадии завершения. Она уже необратима и практически неуправляема.

Так, видя ту или иную карту, вы можете делать беглый вывод о том, на каком уровне или этапе реализуется базовая составляющая. Чем выше номер, тем выше или ярче реализация, а значит тем сложнее управлять процессом, если, конечно, этого требует ситуация.

Третье, что мы видим, — это присутствие Карт Двора. Короли, Дамы, Всадники и Вестники — образы реальных людей, которые присутствуют в жизни человека. Это своего рода «авторитеты», влияние которых является тотальным в той или иной области. Например «Образ матери» или «Образ отца», или «Образ друга» — все это привнесенные компоненты, которые принимаются человеком по умолчанию, без анализа и размышлений.

Эти образы (а о них мы поговорим отдельно) крайне важны, поскольку не являются «собственностью человека», то есть не понятны, не прочувствованы и не проработаны, а являются лишь инструкцией к поступку. И эта инструкция далеко не всегда верна.

Четвертое, что мы видим, — это так называемое «вращение карт»: присутствие прямых и перевернутых карт. Это указание на прямую реализацию процесса — в случае присутствия прямой карты, или подконтрольную — в случае присутствия оборотной карты. И об этом мы поговорим более детально в отдельной теме.

После того как вы ознакомились с ключевыми формами оценки карт Младшего Аркана Таро, посмотрите, как выглядит само описание карты Младшего Аркана. Оно отличается от описания карты Старшего Аркана, поскольку Старший Аркан описывает базовую характеристику — форму, которая является неизменной. Младший Аркан рассказывает о том, как эта Базовая форма будет реализована в реальном мире.

1. Принцип реализации компонента — то, как человек действует и на что опирается, совершая тот или иной поступок.

2. Поведенческий признак стиля (почерк поведения) — то, что всегда присуще данной характеристики, так называемый стиль поведения.

3. Методы защиты от сторонних влияний — схемы поведения, когда человек защищается, считая, что его реально или образно притесняют. То есть что он делает в случаях, когда существует реальная или образная угроза.

4. Методы управления или манипуляции сильными — то, как человек себя ведет в отношении тех, кого считает сильнее. Наблюдая это, можно говорить о том, как вы выглядите в его глазах.

5. Методы управления или манипуляции слабыми — то, как человек себя ведет в отношении тех, кого считает слабее. Наблюдая это, можно говорить о том, как вы выглядите в его глазах.

6. Схемы в отношении женщин — то, как человек себя ведет в отношении женщин.

7. Схемы в отношении мужчин — поведение в отношении мужчин.

8. Профессиональные качества — схемы реализации своих профессиональных качеств или как он себя будет вести на работе.

9. Принцип принятия решения — на что человек будет опираться, принимая то или иное решение.

10. Резюме — собирательный образ поведения относительно описываемой карты.

1 МЕЧЕЙ
Animis opibusque parati.
Готовы душою и действием.

Принцип реализации компонента
Человек видит цель, он понимает или ощущает, что увиденное им представляет определенный интерес. «Глаза загорелись» — так можно охарактеризовать начало реализации карты. В ней нет понимания, осознания, оценки — в ней есть только указание «хватай». Но еще нет самого поступка.

Поведенческий признак стиля (почерк поведения)
Человек быстро откликается на любые идеи или инициативы, если они находят в нем хотя бы минимальный отклик. Можно сказать «он загорается» идеей, которая потом может быть воплощена в жизнь. Но в реальности нужно помнить, что после того как «костер зажегся» в нем нужно поддерживать горение. И если этого не будет, то все погаснет так же быстро, как и загорелось.

Методы защиты от сторонних влияний

Проявление раздражительности, нервозности, скрытого недовольства и даже агрессии — он расценивает окружающих в качестве помехи движения, тех, кто стоит на его пути. В большинстве случаев это не так, но важно помнить, что описываемая характеристика не задумывается в данный момент времени. Она действует рефлекторно. Возможно, чуть позже агрессия будет подавлена, но не сейчас.

Методы управления или манипуляции сильными

В отношении сильных присутствует корректно-изучающее поведение. С одной стороны — сила, с другой — возможная помеха, с которой нужно что-то делать. Поэтому «разведка» будет проводиться автоматически с формированием контакта. Важно понять, как быть и что делать.

Методы управления или манипуляции слабыми

В отношении слабых присутствуют две схемы поведения. Если этот «слабый» не мешает движению, то его просто не замечают. Но если «слабый» мешает движению, то его стараются подавить и убрать с дороги. Если возникла «ошибка» и слабый оказался сильным, то чаще всего индивидуум затаится и будет ждать своего шанса.

Схемы в отношении женщин

В отношении женщин груб, прямолинеен, абсолютно не галантен и даже хамоват. Он не понимает смысла во всех «реверансах» и прочих поведенческих глупостях, игнорируя их.

Схемы в отношении мужчин

В отношении мужчин схема проста — свой/чужой. Если свой, то общение поддерживается на том уровне, который необходим по ситуации. Если «чужой», то держится на расстоянии, не теряя из вида возможного союзника или противника.

Профессиональные качества

Если профессия выбрана верно, то она будет успешной, независимо от области, в которой она находится. Чаще всего выбираются профессии, которые подразумевают постоянное достижение цели — сделать блюдо, починить машину, построить дом, поймать преступника, то есть те, где есть весомый итог процесса. Если его нет, то есть произошла ошибка с выбором профессии, то неминуем внутренний конфликт.

Принцип принятия решения

Быстро, не медля, переходя от самого решения к его реализации. Это не значит, то человек не думает. Просто он обдумал тот вариант, который для него наиболее понятен и реалистичен. Все остальные варианты нет смысла обдумывать.

Резюме

Эта карта описывает характеристику, которая является «искрой, из которой возгорится пламя», — она способна запустить любой процесс, активизировать любую ситуацию. Но что будет дальше — это зависит от цепочки событий и того, как они будут управляться.

2 МЕЧЕЙ
Aut bene, aut nihil.
Или хорошо, или ничего.

Принцип реализации компонента

Внешней реализации нет — есть растерянность, которая направлена внутрь самого человек. Он как бы злится на себя, не зная, что выбрать. Это раздражение, без видимых и явных причин, является указанием на то, что существует две или более схемы для реализации, каждая из которых является вполне адекватной. Но какая именно? Пока неизвестно, и это «бесит».

Поведенческий признак стиля (почерк поведения)

В качестве ключевого признака поведения человека, попавшего в реализацию 2 мечей, является отстраненность от процессов окружающего мира. Он погружен в себя и кажется, что он думает, размышляет. Но это далеко не так. Он прислушивается к себе, ищет довода для того или иного поступка. И если его окликнуть или попытаться отвлечь от мыслей, это, скорее всего, приведет к проявлению Туза мечей — агрессии как формы защиты.

Методы защиты от сторонних влияний

В данном случае как таковая защита не присутствует. Человек старается уйти от раздражителей окружающего мира, чтобы «поймать» понимание или сделать вывод. В крайнем случае он в мягкой или жесткой форме укажет на то, чтобы ему не мешали. И важно (!!!) — ничего личного. Вероятность того, что ситуация связана с вами 1%.

Методы управления или манипуляции сильными

В данной ситуации сильные интересуют объект как «поставщики» идейных компонентов. Их слова, опыт, совет или просто тенденции могут склонить чашу весов в ту или иную сторону.

Методы управления или манипуляции слабыми

«От слабых сейчас толку нет» — к такому выводу приходит наш индивидуум и поэтому, если они начинают мешать, отвлекают или пытаются что-то получить, то чаще всего жестко и достаточно конкретно перенаправляются подальше от человека. «Ничего личного — просто я занят!»

Схемы в отношении женщин

Женщины в данном состоянии являются помехой. То, что они ставят акцент на эмоционально-интуитивное восприятие действительности, раздражает, нервирует, мешает сосредоточению. Поэтому в отношении женщин будет продемонстрирована мягко-агрессивная политика.

Схемы в отношении мужчин

В отношении мужчин будет занята наблюдательная позиция — там есть логика, рационализм и присутствуют схемы поведения, которым можно поучиться. Но вряд ли кто-то пойдет за прямым советом.

Профессиональные качества

В профессии подобное состояние преследует человека в том случае, когда он «перерос» то, чем он сейчас занимается. Имеющееся его не устраивает — он это чувствует. Но и нового у нет — еще не возникли перспективы. И такое состояние начинает «тянуть» его из стороны в сторону, мешая нормальной работе.

Принцип принятия решения

Ждать, смотреть, думать, чувствовать — вот стиль поведения, который приведет к принятию решения. Пока этого нет, никакого решения принято не будет.

Резюме

Это карта внутреннего баланса, которая описывает переходное состояние. Шаг вперед еще не сделан, но и для шага назад нет никаких оснований. И единственное, что возможно, — это ждать, пока к двойке не прибавится еще компонент и не выведет ситуацию на новый уровень. Именно это человек и делает — он ждет.

3 МЕЧЕЙ
Ferro ignique!
Огнем и мечом!

Принцип реализации компонента

Принцип реализации, описываемый 3 мечей, можно назвать агрессивно-эмоциональный. Он чаще всего ранит чувства другого человека, заставляет его переживать, нервничать. Но это стиль «меча» — его схема поведения никогда не отличалась изяществом и грациозностью. Можно ли этого избежать? Скорее всего нет, если выбран этот путь, поскольку поступок, наделенный агрессией, всегда вызывает дискомфорт.

Поведенческий признак стиля (почерк поведения)

В качестве признака стиля можно указать на конфликт или конфликтность — все ситуации, которые возникают и касаются человека, будут решаться путем больших или малых конфликтов. Причем это происходит рефлекторно, помимо воли человека. И даже простое замечание или просто косой взгляд могут вызвать описываемую реакцию.

Методы защиты от сторонних влияний

Сама схема поведения и является методом защиты. Но для человека этого мало. Он не просто хочет защититься, а подавить всякие проявление реальной или перспективной агрессии, направленные в его сторону. Это своего рода схема превентивного удара, когда гипотетическая агрессия пресекается путем реальной.

Методы управления или манипуляции сильными

В отношении сильных поведение крайне настороженное. Они не могут ничего сделать, но при этом они прекрасно понимают, что если сильный «ударит», то мало не покажется. И это пугает, заставляя человека заискивать, лебезить и стелиться перед возможным сильным индивидуумом.

Методы управления или манипуляции слабыми

В отношении слабых все просто — подавить, запугать, раздавить, растоптать. Здесь нет места либерализму, состраданию или милосердию. «Кто смел, тот и съел!»

Схемы в отношении женщин

В отношении женщин поведение возвышенно-покровительственное. Они относят их к категории «безобидно-слабых», на фоне которых они могут выглядеть еще сильнее. А раз такой фон нужен, значит и нужно его поддерживать. Но только в том случае, если женщина не перечит. Тогда «подавить бунт любой ценой» — вот схема поведения.

Схемы в отношении мужчин

В отношении мужчин схема поведения такая же, как и в отношении женщин. Они также могут быть фоном сильного человека, но могут быть и поводом для реализации силы. Все зависит от того, что сейчас хочется — покрасоваться или укрепить свои возможности.

Профессиональные качества

В профессии при проявлении 3 мечей возникают трудности. Человек не может нормально выполнять свои обязанности. Он должен бороться, он должен отстаивать свое мнение, он должен достичь цели (чаще эфемерной) и в существующей схеме поведения возможен только один итог — конфликт, который остудит «горячую голову».

Принцип принятия решения

Решение принимается исключительно на эмоциях и внутреннем ощущении происходящего. В схеме почти нет логики, долгих раздумий или душевных метаний. Быстро, жестко — если не нравится. Если нравится или «никак» — спокойно и покровительственно.

Резюме

Крайне не простая схема поведения, диктуемая 3 мечей. С одной стороны — «разгорающееся пламя», с другой — «жар, который обдает окружающих». Когда 3 мечей взаимодействует с рациональным и фундаментальным базовым компонентом, это дает человеку творческий прорыв. Когда с иррациональным, эмоциональным или деструктивным компонентом — конфликт, разрушение и страдание.

4 МЕЧЕЙ
Festina lente.
Поспешай медленно.

Принцип реализации компонента

«Затаившаяся агрессия» — так можно определить принцип реализации данного компонента. То есть агрессия присутствует, но при этом она пассивна. Будет добавлен активизирующий элемент — активность будет проявлена в полной мере. Не будет элементов, раздражителей — активность будет сохранять пассивность.

Поведенческий признак стиля (почерк поведения)

Всегда на стороже — так можно охарактеризовать стиль поведения человека, в котором присутствует данный компонент. Он слегка напряжен, слегка собран, внимателен к тому, что происходит вокруг и готов к действию.

Методы защиты от сторонних влияний

Существует две стадии защиты от сторонних влияний и раздражителей. Первая стадия — демонстрация силы и готовность к действию. Это эмоциональная или поведенческая реакция, демонстрирующая недовольство человека. Вторая стадия, которая может наступить сразу, не «ожидая» перехода через первую стадию, — прямая агрессия, отстаивание собственных воззрений или интересов. Вторая стадия наступает тогда, когда человек знает или предполагает, что надо действовать, а не уговаривать.

Методы управления или манипуляции сильными

В отношении сильных данный индивидуум пассивен. Он точно знает, что от сильного ему не защититься и поэтому не имеет смысла волноваться. Как говорится, будь что будет.

Методы управления или манипуляции слабыми

В отношении слабых поведение настороженное, слегка раздраженное. Это не раздражение на человека впрямую, а демонстрация состояния — «не лезь ко мне, я взвинчен и готов дать отпор».

Схемы в отношении женщин

В отношении женщин поведение нейтральное. Они не способны внести дополнительный фактор влияния, а значит не способны вывести из себя. Он просто не замечает их — они не входят в сферу его интересов.

Схемы в отношении мужчин

В отношении мужчин ситуация описана в разделе сильный/слабый. Единственное, что можно добавить, что для данного индивидуума мужчины всегда являются сосредоточием возможной агрессии, а значит и поведение будет соответствующее.

Профессиональные качества

В профессии человек, обладающий подобной характеристикой, сравним с тигром, который готов к прыжку. Он будет находиться в состоянии покоя до тех пор, пока не почувствует или не поймет, что пора «бросаться на добычу». С такими людьми бывает не просто, поскольку их внешняя пассивность может рассматриваться как лень, с которой она не имеет ничего общего.

Принцип принятия решения

Путей для принятия решения два — интуитивный и осознанный. Причем часто эти пути пересекаются, давая дополнительный импульс. Человек действует не всегда понятно для окружающих, но если он начал действовать, то это понятно ему самому.

Резюме

Описание характеристики можно охарактеризовать как «затаенную силу» — человек готов к действию, он готов к реализации процесса и ему не хватает лишь малости — внешней команды, импульса, знака, который запустит сжатую в нем пружину.

5 МЕЧЕЙ

Ad poenitendum properat, cito qui judicat.
Кто быстро решает, скоро кается.

Принцип реализации компонента

Реализация компонента, который выглядит как подавление оппонента своей силой, напором, отвагой, агрессией. «Противник», которым стал оппонент, раздавлен и капитулирует. Важно не забывать, что это — локальная победа, так сказать торжество духа или чувств, но не реальная победа.

Поведенческий признак стиля (почерк поведения)

Приподнятое настроение, излишняя общительность, шутки, иногда не к месту и не вовремя. Эмоции яркие и хочется их выплеснуть наружу, чтобы «сосуд» наполнился вновь. От человека, находящегося в таком состоянии, можно получить многое — он почти не контролирует свои поступки со стороны рациональной составляющей.

Методы защиты от сторонних влияний

Методов защиты нет. Те, кто мог нанести вред, «повержены», а новых он пока не боится ввиду легкой эйфории. Это ситуация, когда он крайне уязвим. Так сказать, пока руки заняты трофеями, можно доставить массу неудобств.

Методы управления или манипуляции сильными

В отношении сильных возникает некое панибратское отношение — ему кажется, то он достиг их высот и находится на равных. Обычно это заканчивается тем, что его ставят на место. Но какое-то время он может насладиться тем, что стоит вровень со своими кумирами.

Методы управления или манипуляции слабыми

В отношении слабых поведение покровительственно-отеческое. Он готов наставить, подсказать, указать на ошибки. Чаще всего то, что он говорит, «полный бред». Но поскольку перед ним слабый, то осадить он его не может.

Схемы в отношении женщин

В отношении с женщинами демонстрируется хамоватое заигрывание, как будто он уже завоевал расположение и теперь просто манипулирует человеком. Если она сильнее, то поставит на место. Если слабее — будет терпеть и ждать, пока кто-то не поставит на место.

Схемы в отношении мужчин

В отношении большинства мужчин схема поведения вольная. Ему кажется, что он поймал «Бога за бороду» и теперь все должны перед ним стелиться.

Профессиональные качества

В реализации профессиональных качеств возникает подъем, активность, наступает период успешности. Но он не долог — человек быстро совершает ошибку, потому что реально в его таланте и способностях ничего не изменилось.

Принцип принятия решения

Решение принимается без раздумий, легко и непринужденно. Что захотел, то и сделал — он считает, что победителям можно все. Это схоже с поведением пьяного человека, за исключением того, что этот опьянен успехом.

Резюме

Карта позиционной победы. Она не содержит никаких реальных достижений, а лишь ощущение того, что что-то достигнуто.

Чаще всего достижение «находится» в голове человека. Это очень хорошее свойство, если к нему добавить умение его контролировать и направлять. Если нет такого умения, то все заканчивается конфликтом, который или ставит человека на место, или вновь его возвышает.

6 МЕЧЕЙ

Honores mutant mores, sed raro in meliores.
Почести меняют нравы, но редко к лучшему.

Принцип реализации компонента

Реализация компонента пассивная — человек выглядит растерянным и подавленным и ощущает себя точно также. Причем он не волен что-либо изменить, поскольку давление ситуации или обстоятельств выше его.

Поведенческий признак стиля (почерк поведения)

Замкнутость, подавленность, растерянность, непонимание происходящего — вот ключевые признаки компонента. Причем они проявлены «после» 5 мечей — после триумфа и ощущения победы. Перед человеком как будто разверзлась пропасть, и он уже делает шаг в нее.

Методы защиты от сторонних влияний

Человек практически беззащитен, а в случае нападение, агрессии, давления он будет еще сильнее замыкаться в себе, стараясь сохранить ту часть, что пока не получила «травмы» и является жизнеспособной.

Методы управления или манипуляции сильными

Человек будет искать поддержки у сильных, но не активно, а пассивно — появляться на глаза, демонстрировать собственное состояние, т. е. делать все, чтобы вызвать интерес, жалость, сочувствие и поддержку. Как бездомная собака, он будет заглядывать в глаза и искать понимания.

Методы управления или манипуляции слабыми

К слабым или к тем, кого он считает слабыми, будет проявлено безразличие. Они ничем не могут помочь, но по ощущениям еще больше усилят состояние подавленности. И если вокруг такого человека только слабые, он будет сторониться их, уйдет в себя.

Схемы в отношении женщин

Человек будет откровенен с женщинами — они те, кто может проявить сострадание, сочувствие, выслушают и успокоят. Он будет тянуться к тем, кто хоть как-то разделяет его точку зрения, не заставляя думать, действовать и что-то менять.

Схемы в отношении мужчин

Мужчины — «помеха» в таком состоянии. Человек будет избегать мужского общества, независимо от того, сильнее они или слабее. Исключением может стать только тот, кто «крайне слаб», чтобы на его фоне немного поднять свою репутацию в собственных глазах: «А ведь у меня еще ничего — у него гораздо хуже».

Профессиональные качества

В профессии намечается полная стагнация — человеку ничего не нужно, они ничего не хочет и ни к чему не стремится. Но он будет делать то, что от него требуется — механически, без энтузиазма и восторга, но вполне добротно. И, к слову, этот вид деятельности чаще всего помогает человеку выбраться из его состояния.

Принцип принятия решения

Никаких решений, никаких поступков, инициированных самими человеком. Только пассивность и выполнение «команд», полученных из вне. И не стоит пытаться его «раскачать». Как только он «перейдет» на другой уровень состояния, ситуация изменится сама собой.

Резюме

Перед нами картинка — «образ побитой собаки», человек, который замкнулся под давлением обстоятельств. Считать его жертвой нельзя, поскольку это был его выбор, хоть и не верный. И теперь нужно переосмыслить ситуацию и начать наводить порядок.

7 МЕЧЕЙ
Ad primos ictus non corruit ardua quercus.
С первого удара не падает высокий дуб.

Принцип реализации компонента

Человек пожинает плоды своих усилий — он получил то, что мог получить в этой ситуации и происходящее его вполне устраивает. Возможно то, что получил человек немного больше, чем он сможет верно распорядиться — но это покажет жизнь. А пока человек весьма рад удаче, которая наградила его столь неожиданным подарком.

Поведенческий признак стиля (почерк поведения)

Высокомерие, легкая (а иногда и не очень) надменность, внутреннее ощущение того, что весь мир у твоих ног. В виде образа можно использовать поведение человека, который в качестве кредита получил много денег, так много, как никогда раньше и его распирают эмоции. Но важно не то, что он испытывает сейчас, а то, что он испытает «завтра», когда придется расплачиваться.

Методы защиты от сторонних влияний

Защита как таковая отсутствует — в наличии бравада и демонстрация полной уверенности в своих силах. Ему кажется, что образ «мне сам черт не брат» уже достаточен для того, чтобы не подпустить к себе обидчиков.

Методы управления или манипуляции сильными

Поскольку человек понимает, что «достиг большего» и может больше, он старается наладить контакт с теми, кто сильнее его. Ему кажется, что так он еще больше укрепит свои позиции. Но чаще все заканчивается тем, что выскочку изгоняют, с потерями или без.

Методы управления или манипуляции слабыми

Унижение, понукание, высокомерие — вот схемы поведения в отношении слабых. Он вознесся на вершину пьедестала и ему кажется, что все вокруг должны поклоняться ему. Такое поведение можно назвать «звездной болезнью».

Схемы в отношении женщин

Надменность, высокомерие, демонстрация собственного (иллюзорного) потенциала — человек пытается «пустить пыль в глаза». И женщины, как ему кажется, наиболее подходят для этого.

Схемы в отношении мужчин

В отношении мужчин поведение выжидательное. Если кто-то «клюнул» на его крутость, то он будет укреплять свои позиции, подминая под себя человека. Если человек дал отпор, не обратил внимание на столь «великого индивидуума», то постарается быстрее ретироваться, при этом постарается унизить «обидчика».

Профессиональные качества

Состояние человека никак не скажется на его профессиональных качествах. Более того, в большинстве случаев такое поведение ведет к переоценке своих сил и, как следствие, к неудаче в деле.

Принцип принятия решения

Принцип принятия решения на данном уровне эмоционально-интуитивный — делает то, что хочется. Или, как говорят в народе, «что левая пятка захочет». И не стоит взывать к его рассудку — сейчас он далек от этого понятия.

Резюме

В качестве общего итога описания карты можно сказать, что «человека понесло» — он потерял связь с реальностью, начал делать все так, как хочет он, но не так, как того требуют обстоятельства. Он уже вовсю шагает по пропасти, только еще не понял этого. И ему сильно повезет, если рядом окажется тот, кто сможет его вытащить — жестко, беспринципно, категорично.

8 МЕЧЕЙ

Absentem laedit, qui cum ebrio litigat.
Кто спорит с пьяным, тот воюет с отсутствующим.

Принцип реализации компонента

Человек «загнал себя в угол» — он не видит того, что происходит на самом деле. Он не оценивает того, что вокруг него. Он считает, что если он обладает силой, то все остальное не важно. Крайне редко подобное состояние может быть названо нормальным, например, в случае «штурма крепости» или на спортивных соревнованиях. В реальной жизни мы видим агрессора, который ничего и никого не видит.

Поведенческий признак стиля (почерк поведения)

Крайне взвинченное состояние, которое сопровождается такой же крайней формой невменяемости. Человек практически крушит все вокруг себя, при этом он глух к окружающим, не ориентируется в ситуации и «прет напролом».

Методы защиты от сторонних влияний

Метод защиты один — агрессия, в той форме, в которой будет удобно человеку. Он ведет себя как собака, которая лает и кидается на всех без разбора. И ему кажется, что все кругом враги и все хотят нанести ему вред — своего рода «мания преследования», выраженная в отдельной ситуации.

Методы управления или манипуляции сильными

Сильных он обходит стороной, понимая, что они не будут его убеждать, уговаривать, взывать к здравому смыслу. Они просто «подавят» его агрессию, при этом скорее всего нанесут серьезный урон и внутреннему миру, и его внешности. Поэтому при встрече с сильными такие люди стараются ничем и никак не проявить себя — инстинкт выживания работает на все 100 %.

Методы управления или манипуляции слабыми

Слабые — это «мусор под его ногами», чем больше мусора он сможет растоптать, тем больше «подтверждений» и «поощрений» своему поведению он получит. Поэтому если рядом с ним «крик и стоны», значит он самоутверждается за счет слабых.

Схемы в отношении женщин

Отношение к женщинам брезгливо-пренебрежительное. Они слабые, они не могут дать ему отпор. А значит они те, кто не нуждается в его снисхождении. Причем часто женщины страдают именно из-за того, что становятся простым и эффективным способом доказательства его «силы и могущества».

Схемы в отношении мужчин

Мужчины обходятся стороной, поскольку инстинкт подсказывает, что они сильные и могут ответить на агрессию. Но часто эта установка «забывается» и тогда конфликт неминуем. И если конфликт с «сильным», то заканчивается он хорошей трепкой и... еще большим озлоблением индивидуума.

Профессиональные качества

Если профессия связана с «пробиванием стен» и достижением цели вопреки всему, то подобное состояние вполне устраивает работодателя или того, с кем человек работает. И все будет вполне безоблачно, до той поры, пока он не ощутит себя «единственным», «неповторимым» и «самым могучим». И тогда бунт, захват власти, революция — все, чтобы фактически получить контроль над ситуацией. С такими людьми редко имеют дело. Во всяком случае, это не длится долго — у людей тоже есть инстинкты, к которым они прислушиваются.

Принцип принятия решения

Быстро, не задумываясь, молниеносно. Все схемы поведения рассчитаны на быстрое подавление «сопротивления» и достижение успеха в кратчайшие сроки.

Резюме

Это образ берсерка или раненого кабана — он несется, сломя голову и не видит дороги. Убедить его невозможно, остановить нереально. Единственное, что можно сделать и то, что даст эффект, — это «добить» его, показав силу и превосходство. И это НА ВРЕМЯ обездвижит его.

9 МЕЧЕЙ
Bellum omnim contra omnes.
Война всех против всех.

Принцип реализации компонента

Разочарование, печаль, депрессия — все это на фоне поведения самого человека. Как говорят: «За что боролся, то и получил». Это именно то, что мы видим в реальности. Человек подавлен, растерян, он получил удар, от которого ему еще только предстоит оправиться. О надеждах пока речь не идет, равно как и о перспективах — слишком свежо состояние утраты чувства собственного достоинства.

Поведенческий признак стиля (почерк поведения)

Одиночество, но не как стремление человека, а как реакция на окружающих людей. Они сторонятся его, не готовы ни общаться, ни тем более помогать. Человека оставляют в одиночестве, но не потому, что хотят его чему-то научить, а потому, что не готовы с ним общаться.

Методы защиты от сторонних влияний

Человек беззащитен, но не потому, что не может защищаться, а потому что считает, что заслужил такое обращение с ним. И любая агрессия или даже недовольство, направленное в его сторону, рассматриваются им как заслуженная расплата.

Методы управления или манипуляции сильными

Он не показывается на глаза сильным, потому как знает, что не найдет в них сочувствия и понимания — сильные на то и сильные, что не показывают своих слабостей. И он всячески избегает контактов под различными благовидными причинами, для того чтобы снизить уровень возможной агрессии, направленной в его сторону.

Методы управления или манипуляции слабыми

«От слабых проку мало», — так считает человек и также, как и в случае с сильными, не выходит на контакт. Он замкнут в себе и не готов никого пустить в этот мир, где «все болит» и нужен только покой и тишина, чтобы излечить раны.

Схемы в отношении женщин

Он сторонится женщин — они его пугают. Ему кажется, что они знают, почему ему так плохо и могут разгадать его тайну. Он не готов делиться ни с кем и женщина, обладающая природным чутьем, последняя, с кем он готов быть откровенным.

Схемы в отношении мужчин

В отношении мужчин все спокойнее. «Мужчина чаще терпит неудачи в жизни», — так считает человек, а значит может его понять и если не разделить с ним его боль, то по крайней мере проявить сочувствие.

Профессиональные качества

Профессиональный застой или все падает из рук — так можно охарактеризовать состояние человека. Он ни на что не годен и ему повезет, если его работодатель или партнер войдут в его положение. В ином случае это грозит катастрофой.

Принцип принятия решения

Никаких решений, никаких поступков — только то, что требует ситуация и только то, что нужно для поддержания жизни. Но есть одно но — вопрос, который стоит перед человеком: «А нужна ли такая жизнь?»

Резюме

Перед нами карта депрессии, карта болезни в любом виде и любой форме — карта, заслуженная человеком. Он, реализуя себя теми методами, которые были ему удобны, сам «загнал себя в угол». Он не жертва в полной мере этого слова — он жертва того, что он сделал своими руками.

10 МЕЧЕЙ

Abyssus abyssum invocat.
Бездна взывает к бездне.

Принцип реализации компонента

Это полный конец, причем в прямом и переносном смысле. Агрессия, развивающаяся безудержно и бесконтрольно, заканчивается трагедией или для того, кто ее проявляет, или для того, в отношении кого она проявляется. В любом случае итогом ситуации является поражение человека. Сам компонент реализуется по принципу «до полной победы» (или до полного поражения).

Поведенческий признак стиля (почерк поведения)

В поведении человек не знает границ. Он идет до конца, независимо от того, что происходит в его жизни. Он считает, что только максимум усилий способен дать результат, а «хороший враг — мертвый враг».

Методы защиты от сторонних влияний

В качестве метода защиты от сторонних влияний человек использует гиперагрессию — подавление всего, что, как ему кажется, покушается на его интересы. Часто он «ошибается», поскольку находится в плену своих иллюзий и адреналина, который мешает ему видеть действительность.

Методы управления или манипуляции сильными

В отношении сильных он ждет удобного случая, шанса, который позволит одержать победу над ним. Если все верно — полная победа. Если ошибка — тотальное уничтожение. С сильными шутки плохи. Он понимает это, но идет до конца.

Методы управления или манипуляции слабыми

Тех, кого он считает слабыми, он почти не трогает. Если только они не мешаются у него под ногами и не портят ему планы. И то в большинстве случаев он, как волк, «показывает зубы» и этого бывает достаточно. Но если его не поняли, то расплата будет «кровавой» — она должны послужить уроком другим, чтобы неповадно было.

Схемы в отношении женщин

В отношении женщин жесток, позиция неприязненная и отстраненная. Он точно считает, «где их место», и всем своим видом показывает, что согласен только на такую позицию.

Схемы в отношении мужчин

В отношении мужчин действует схема «свой/чужой» или «враг/друг» — иных схем поведения не присутствует.

Профессиональные качества

Деловой, хваткий, целеустремленный, азартный. Не всегда видит, когда нужно остановиться и периоды удач меняются неудачами с завидным постоянством. Но поскольку его кредо — «Выживает сильнейший», подобная ситуация его не смущает.

Принцип принятия решения

Решения принимаются по принципу палач/жертва. То есть либо перед ним палач, и нужно держать дистанцию, либо жертва и тогда она «создана» для того, чтобы ее покорили.

Резюме

Карта крайней жестокости, которая не часто присутствует в людях. Ее можно назвать отголоском древности в современном мире, когда жечь, давить, уничтожать и подавлять было нормой вещей.

1 КУБКОВ

Si vis amari, ama.
Если хочешь любви, люби.

Принцип реализации компонента

Радость, веселье, стремление к новым эмоциям, открытость, чувства, которые только зарождаются и стремятся проявиться в мир. Улыбка ребенка, радость на лице, искренность в восприятии процесса. Туз кубков — это начало реализации новых стремлений, направленных на получение эмоционального или чувственного удовлетворения.

Поведенческий признак стиля (почерк поведения)

Улыбчивость, позитивный настрой, оптимизм, положительные эмоции не зависимо от ситуации: все хорошо или все будет хорошо. Человек действительно находит частички радости в том, что, возможно, пугает других людей. Но на то он и оптимист, чтобы испытывать радость там, где другие ее не замечают.

Методы защиты от сторонних влияний

Оптимизм, положительный настой, стремление поделиться своими положительными эмоциями — вот форма защиты от возможных влияний окружающего мира. А влияний предостаточно — вокруг масса скептиков и тех, кто в силу различных причин не готов разделить с человеком его позитивный настрой.

Методы управления или манипуляции сильными

В качестве метода управления сильными рассматривается один базовый вариант — понравиться и эмоционально расположить к себе. А здесь все подойдет — лесть, подхалимство, неприкрытая лесть как крайние формы манипуляции.

Методы управления или манипуляции слабыми

Что касается слабых, то чаще всего они не интересны. Да, с ними можно поделиться своей радостью, но только проку будет мало — что с них взять? И тогда, не смотря на все потуги слабого найти расположение такого человека, они наткнутся на стену холодности, даже если человек смеялся секунду назад.

Схемы в отношении женщин

В отношении женщин человек открыт и общителен. Женщины — источник новых эмоций. Они формируют «русло», по которому эмоции движутся дальше. Люди с описываемым проявлением часто находятся в центре внимания — говорят, рассказывают, шутят и веселятся.

Схемы в отношении мужчин

В отношении мужчин демонстрируется отстраненность. Они плохо «понимают» те эмоции, которые переживает человек. А значит рано или поздно «хмурые лица» могут подавить любой интерес и попросту испортят настроение.

Профессиональные качества

В качестве профессии люди с описываемым типажом хорошо вписываются в околотворческую сферу. Высот не достигают и часто довольствуются малым — это и понятно, форма и навыки выражения эмоций находятся в начальном состоянии. А значит на большее рассчитывать не приходится.

Принцип принятия решения

Решения принимаются по принципу нравится/не нравится. Долгих раздумий нет. А если вы заметили «задумчивость на лице», то это не признаки того, что человек думает. Скорее всего он пытается понять, что ему больше нравится — делать или не делать.

Резюме

Кубки — это проявления эмоции, которое, как «смазка», делает многие процессы более легкими, адаптирует ситуации между представителями различных стихий. Но в то же самое время это проявление может быть крайне опасно там, где оно не к месту.

2 КУБКОВ
Primum noli nocere.
Прежде всего — не навреди.

Принцип реализации компонента

Компонент, описываемой данной картой, реализуется в виде эмоциональной растерянности. С одной стороны, ситуация вызывает положительные эмоции, но с другой — в силу новизны или неизвестности она немного пугает или настораживает. Человек пока не может раскрыться полностью — волнуется, переживает, сдерживает свои эмоции: все должно быть в рамках.

Поведенческий признак стиля (почерк поведения)

В качестве признака поведения можно отметить такое качество, как эмоциональную сдержанность. Когда вы общаетесь с человеком, обладающим данным качеством, вам кажется, что он как бы придерживает свои эмоции. Кажется вот-вот рассмеется в полную силу… Но нет, только на половину. И это чувствуется, ощущается, это буквально видно невооруженным взглядом.

Методы защиты от сторонних влияний

В качестве метода защиты от сторонних влияний используется все та же эмоциональная сдержанность. Человек как бы замыкается в себе, демонстрируя всем своим видом, что ему это не нравится. И чем сильнее давление, тем более и более сдержаннее человек.

Методы управления или манипуляции сильными

Для управления сильными человек с описываемой характеристикой использует свою эмоциональную сдержанность, «заменяя» ее на деловитость и полезность. Он пытается войти в доверие, действуя эмоционально и крайне корректно. В его поведении не увидеть то, что было описано в 1 кубков. Теперь это — красивая лесть или изысканный комплимент, но все в рамках приличия.

Методы управления или манипуляции слабыми

Для управления слабыми используются эмоции «низкого качества» — раздражение, демонстрация нервозности, яркое эмоциональное недовольство. «Ну-у что-о вы-ы меня отвлекаете-е» — даже речь становится более тягучей и вальяжной.

Схемы в отношении женщин

Человека интересуют лишь те женщины, кто испытывает к нему симпатию, или те, к кому он испытывает симпатию. Принцип прост — если общаться, то с комфортом и удовольствием, не сильно себя ограничивая.

Схемы в отношении мужчин

В отношении мужчин все иначе, чем с женщинами. Они редко «нравятся», поскольку не столь утонченны, как хочется. И даже излишне грубоваты. И нужны лишь тогда, когда нужна «грубая мужская сила» без признаков эстетизма.

Профессиональные качества

2 кубов выводит человека на новый уровень творческих высот. Опять же мы говорим о профессии, где чувства и эмоции необходимы для реализации своего таланта. Но на этот раз человек не сам будет делать что-то, а руководить — контролировать проявление эмоций.

Принцип принятия решения

Решение принимается по весьма интересной схеме. С одной стороны присутствует принцип «нравится/не нравится», а с другой — может кому еще понравится? Не все творческие люди делают что-то, что вызывает яркие эмоции, основываясь на своем мировосприятии. Часто они работают «на публику».

Резюме

Карта эмоционального типажа, в котором присутствует целевая составляющая. Не просто смех — он на кого-то направлен. Не просто переживание — это форма влияния. И это не хитрость — так человек реализует свои природные компоненты.

3 КУБКОВ

Videre majus quiddam.
Стремясь к чему-то большему.

Принцип реализации компонента

Компонент демонстрирует так называемую компанейскую эмоциональную приподнятость — в какой бы коллектив человек не попал и в какой бы компании он не находился, он чувствует прилив эмоций и радость от общения. Это не общительность, не болтливость, не эмоциональная привязанность — просто ему с кем-то гораздо лучше, чем в одиночестве. При этом он не лидер и не заводила — он простой соучастник процесса.

Поведенческий признак стиля (почерк поведения)

В качестве поведенческого признака характеристики можно отметить активное стремление человека участвовать в любом процессе, ситуации, компании. Как только намечается общение двух или более людей, он тут как тут и готов поддержать любую строну, лишь бы его не отвергли и не оставили в одиночестве.

Методы защиты от сторонних влияний

В качестве метода защиты от сторонних влияний, которые нередко возникают, поскольку не все любят «третьего лишнего» человек использует формирование образа собеседника. Он начинает разговаривать с кем-то, противопоставлять себя кому-то — создает себе иллюзорного собеседника при отсутствии такового.

Методы управления или манипуляции сильными

В качестве управления сильными, теми, кто должен его принимать, он использует образный шантаж — создается образ «третьего», о котором шла речь, который «более авторитетен», «более сведущ», «более силен», для того чтобы поддержать интерес к своей персоне.

Методы управления или манипуляции слабыми

В качестве манипуляции слабыми используется хамоватое и нагловатое поведение. Это не хамство и наглость в чистом виде — просто человек ощущает эмоциональное превосходство над людьми и таким образом выражает свой, «более высокий» потенциал.

Схемы в отношении женщин

В отношении женщин человек с описываемым типажом чаще всего демонстрирует развязанное и нагловатое поведение. Он «интересен» большинству женщин, поскольку легко налаживает общение. Но эта легкость, с которой люди идут на контакт с ним, чаще всего воспринимается как слабость, что переводит его поведение в «схему слабых».

Схемы в отношении мужчин

В отношении мужчин, которые не часто готовы болтать обо всем и всех, демонстрируется настороженность. Если есть объект, которому можно уделить внимание, то чаще всего возникает «равное» общение. Если нет — обходит стороной, опасаясь агрессии.

Профессиональные качества

В профессии нет никаких реальных достижений. Чаще всего это дело, в котором человек находится рядом с лидером или тем, кто занимает лидирующие позиции. Развлекая, ублажая и делая гиперкомплименты, он сохраняет свое место до тех, пор, пока он нужен своему «хозяину».

Принцип принятия решения

Решения принимаются, основываясь на эмоциональной подоплеке процесса и возможности получить реальную эмоциональную выгоду. Такое поведение можно сравнить с поведением алкоголика, который подходит к нескольким выпивающим людям — нальют — «я с вами, ваш друг, брат и лучший компаньон».

Резюме

Карта эмоционального единения, которая является частью схемы, формирующей общительность и позволяющей человеку налаживать коммуникативные схемы. При должном контроле и умении крайне положительна. Но чаще бесконтрольна и потому пагубно влияет на жизнь человека.

4 КУБКОВ
Calamitas virtutis occasio.
Бедствие даёт повод к мужеству.

Принцип реализации компонента

Пресыщенность, эмоциональная усталость, избыток эмоций, которые начинают тяготить, а не вызывают дополнительный эмоциональный подъем. Человек «эмоционально устал» и просто хочет побыть один — отдохнуть, «переварить» прошлые эмоции, разобраться в своих чувствах. Такое состояние часто бывает в конце крайне насыщенного эмоциями этапа, когда мало что способно порадовать.

Поведенческий признак стиля (почерк поведения)

Отрешенность, отстраненность, эмоциональная невосприимчивость. Человек как будто эмоционально «просел» — то, что раньше его радовало и веселило, теперь либо безразлично, либо вызывает отторжение. Человек сторонится шумных кампаний, разговоров, не хочет общаться — все по делу и коротко.

Методы защиты от сторонних влияний

В качестве метода защиты от сторонних влияний чаще всего используется «молчание» — человек никак не реагирует на внешние инициативы и раздражители, всем своим видом демонстрируя, что «его нет». А если давление усугубляется, то практически сбегает из ситуации.

Методы управления или манипуляции сильными

В качестве схемы управления сильными используется демонстрация сильной усталости. Человек старается всем своим видом показать, насколько ему эмоционально тяжело. И это направлено либо на получение поддержки, либо на выстраивание защиты от посягательств на его интересы.

Методы управления или манипуляции слабыми

В отношении слабых действует политика «отвали» — человек не собирается ничего объяснять и просто ярко и часто жестко демонстрирует свое нежелание с кем-либо вступать в контакт.

Схемы в отношении женщин

Со стороны женщин он старается найти понимание и сочувствие, получить эмоциональную поддержку для обеспечения «тихого и уютного уголка». Женщины остро чувствуют такое состояние человека и стараются помочь ему в его стремлениях.

Схемы в отношении мужчин

Мужское общество избегается. Мужчины, сами испытывая подобное состояние, редко могут определить признаки такого состояния в другом человеке. И часто стараются «раскачать» или «растормошить» человека, что крайне сильно раздражает. И лучше быть подальше от таких инициатив, считает человек.

Профессиональные качества

В профессии наметился застой. Он временный, если человек отдохнет и эмоционально «перезагрузится». Если ему не дадут такой возможности, то обычная усталость и легкая лень могут перерасти в профессиональный кризис и, возможно, привести к неприятному развитию ситуации.

Принцип принятия решения

Человек старается не принимать никакого решения. А в случае, если существует необходимость принять его безотлагательно, решение делегируется первому попавшемуся человеку, который вызывает доверие. Часто такое поведение приводит к ошибкам и ставить человека в неудобное положение, что усугубляет его и без того не простое эмоциональное состояние.

Резюме

Когда мы видим такую характеристику, мы можем говорить о том, что человек нуждается в отдыхе. Не важно, заслужил он его или нет. Но он эмоционально истощен и крайне уязвим для любых внешних влияний.

5 КУБКОВ

Si felix esse vis, este!
Хочешь быть счастливым — будь им!

Принцип реализации компонента

Период эмоционального застоя, отображенный предыдущей картой, завершен. Теперь человек открыто выражает свои чувства, не ограничивая себя в средствах и формах. А как же иначе? Выражение эмоций — один из простейших способов продемонстрировать окружающим реакцию на их поведение, слова, поступки.

Поведенческий признак стиля (почерк поведения)

В качестве признака поведения человека с описываемой характеристикой можно отметить такую черту, как эмоциональность. Он не сдерживает то, что происходит у него внутри. Смеется, огорчается, печалится, веселится — он ярко выражает то, что чувствует его внутренний мир. Иногда общество, привыкшее к сдержанности, называет таких людей «артистами». И это отчасти верно, посколь-ку данный элемент является неотъемлемым спутником профессии.

Методы защиты от сторонних влияний

В качестве мер защиты от сторонних влияний человек использу-ет свое умение выражать эмоции, усиливая, а иногда и гипертрофи-руя эмоциональные реакции. Не смех — СМЕХ, не грусть — ТОС-КА и так далее. Чтобы было ярче, доходчивее и быстрее оказало влияние.

Методы управления или манипуляции сильными

Для управления сильными используется схема под названием «поставим человека в неудобное положение». Нужно соблюдать тишину? Давайте говорить громко, чтобы тот, кем хочется управ-лять, испытал социальный дискомфорт и пошел на поводу у иници-атора этого шантажа. Вывести из равновесия, поставить в неудоб-ное положение, заставить сделать так, как нужно ему — вот общая схема управления.

Методы управления или манипуляции слабыми

Слабые они на то и есть слабые, что простые схемы поведения данного индивидуума дадут полный результат. Просто стоит улыб-нуться или расстроиться и все будет сделано само собой.

Схемы в отношении женщин

В отношении женщин, как в отношении «слабых», человек ведет себя без каких-либо усилий. Эмоции, равно как и комплименты, шут-ки и непринужденное поведение, делают свое дело, ставя такого че-ловека во главу женской компании, независимо от пола и возраста.

Схемы в отношении мужчин

В отношении мужчин поведение тоньше и сложнее — простыми эмоциями вопрос не решить. Тут начинает игра эмоциональных акцентов — это выделить, там подчеркнуть, здесь усилить. Так, по-степенно, провести человека по пути своего интереса.

Профессиональные качества

В качестве профессии человек с описываемыми характеристи-ками выбирает ту, где востребованы его актерские таланты. Чаще все-го люди становятся актерами, певцами, реже поэтами и композито-рами. Но в любом случае человек найдет свое призвание там, где его эмоции будут востребованы публикой.

Принцип принятия решения

Решения принимаются из расчета схемы влияния — я воспроизведу определенную эмоцию, и она окажет определенное действие. Если итог меня устроит, я буду делать это. Как вы видите, достаточно логично, не смотря на то, что перед нами один их ярких представителей эмоционального «сектора».

Резюме

Перед нами характеристика, которая призвана ярко и открыто выражать то, что происходит в человеке. Это нужно как для самого человека, так и для окружающих. Это одна из составляющих человеческой природы, которая будет понятна и востребована как в реальном, так и в творческо-постановочном проявлении.

6 КУБКОВ

Cum tacent clamant.
Когда молчат, кричат.

Принцип реализации компонента

В жизни любого человека рано или поздно возникает ситуация, в которой он сравнивает прошлые эмоции с будущими. Кажется, что эти категории несопоставимы, но на самом деле в человеке с легкостью уживается ностальгия и грезы, приятные воспоминания и предвкушения будущего праздника. И никто не может сказать, что именно предпочтет человек — прошлое или будущее.

Поведенческий признак стиля (почерк поведения)

В качестве поведенческого признака описываемой характеристики можно назвать такое определение как эмоциональная растерянность. Все ясно, все устраивает, но «что-то не так». Человек как бы эмоционально выбирает между тем, что предоставляет ему настоящее, и тем, что был в его жизни. Он «ногами в прошлом, а головой в будущем» и часто голова стремится туда, где ноги.

Методы защиты от сторонних влияний

В качестве методов защиты от внешних влияний, в частности от стремлений вернуть человека в реальность, используются доводы «там было хорошо». Человек в качестве аргумента предоставляет неоспоримое доказательство того, что действительно «было хорошо». А вот будет ли, большой вопрос!

Методы управления или манипуляции сильными

В качестве методов управления сильными используется схема «иллюзорного выбора», когда человек как бы выбирает между двумя событиями или фактами. И большинство не замечают, что один из критериев выбора отсутствует в настоящем времени. Так часто делает реклама, противопоставляя реальные формы «старым образам».

Методы управления или манипуляции слабыми

Для управления слабыми используется та же схема, что и для сильных, но с небольшой корректировкой — страх. «Если не выберешь сейчас, потеряешь все!» — так или почти так выглядит манипуляция. И часто слабые делают шаг, чтобы не упустить «свой шанс».

Схемы в отношении женщин

В отношении женщин используется схема и слабого, и сильного. В зависимости от того, какая женщина присутствует в ситуации. Помимо этого часто используется фактор «5 кубков» — эмоциональное усиление, которое ускоряет процесс принятия решения.

Схемы в отношении мужчин

В отношении мужчин используется только схема «сильных» с общей поправкой на индивидуума. К сожалению (или счастью) мужчины не часто публично проявляют эмоции, и это делает их менее уязвимыми для подобной характеристики.

Профессиональные качества

В качестве профессии люди с описываемой характеристикой находят свое призвание в рекламном бизнесе, торговле, работе с населением в области корректировки поведения (политика, общественные формы). То есть там, где они могут не просто создавать иллюзии, но и при помощи этих иллюзий управлять людьми.

Принцип принятия решения

Решения принимаются, исходя из реальных потребностей. Сами эмоции — лишь инструмент, но важно, какая цель преследуется. Если же цели нет, то человек достаточно долго может прибывать в состоянии «между небом и землей», как бы наслаждаться существующей картиной реальности.

Резюме

Не смотря на противоречивость характеристики, ее влияние крайне важно — мы не можем избавиться от прошлого, но в то же самое время мы не должны позволять ему управлять будущим. Прошлое — это наши победы и поражения, которые сделали нас такими, какие мы есть. А будущее — то, что позволит закрепить успех или исправить ошибку, если это возможно.

7 КУБКОВ
Occasio receptus difficiles habet.
Удачный случай может не вернуться.

Принцип реализации компонента

Неожиданности могут подстерегать нас на каждом шагу. И часто мы попросту не замечаем того, что жизнь приготовила нам сюрприз. Небольшой, невещественный или не очень важный, но весьма и весьма приятный. Так может быть в реальности. Так может быть в отношении человека к жизни, когда он рассчитывает на то, что в будущем его ожидает только успешное развитие событий.

Поведенческий признак стиля (почерк поведения)

Перед нами поведенческий оптимист — человек, который всегда ищет и часто находит приятное там, где можно и где, кажется, его быть не может. Он не философствует на тему «ищи положительное в неприятном», он акцентирует свое внимание на приятное, «отложив» неприятное в сторону. Не замечает, не видит, обходит стороной — и часто это ему удается.

Методы защиты от сторонних влияний

В качестве метода защиты от сторонних влияний человек использует схему позитивного настроя. Как бы ни повернулась жизнь, не стоит волноваться и беспокоиться. А если «пройти чуть дальше», то неприятности забудутся.

Методы управления или манипуляции сильными

В качестве метода управления сильными человек использует схему «положительных моментов». Он акцентирует внимание только на том, что нравится человеку и на том, что все может быть еще лучше. Он не обманывает — просто умалчивает о «минусах», выделяя и подчеркивая плюсы.

Методы управления или манипуляции слабыми

Схема управления слабыми более проста — человек своим поведением демонстрирует успешность, которая, как вы понимаете, возникла из-за его манеры поведения. Хотите быть такими же? Нет ничего проще — присоединяйтесь! Схема различных пирамид, которая, к сожалению для многих, работает.

Схемы в отношении женщин

В отношении женщин используется акцент на тайну, которая всегда манит большинство женщин. С одой стороны даются четкие очертания, с другой — формируется завеса тайны. Отгадаешь загадку — ждет тебя успех!

Схемы в отношении мужчин

В отношении мужчин схема поведения сложнее. Не всякий готов ломать голову над тайнами и не всякому нужна иллюзия успеха. Тогда в дело вступает не иллюзорный, но будущий успех. Он почти ничем не отличается от иллюзорного, но кажется, что он реален. По крайней мере в обществе описываемого индивидуума.

Профессиональные качества

В качестве профессии люди с описываемой характеристикой выбирают профессии коммивояжёра, торгового агента, маклера — те профессии, где требуется работа с человеческими эмоциями, убеждение и умение акцентировать внимание на важных моментах.

Принцип принятия решения

Решение принимается по принципу «личного успеха» — какой шаг, какой поступок может привести к нему? Человек всегда остро чувствует происходящее, как с позиции оценки ситуации, так и своего положения в этой ситуации.

Резюме

Крайне «опасная» характеристика, которая многих завела в область бед и поставила на грань отчаяния. Одни жертвуют ради удовольствия других — так выглядит реализация данного компонента.

8 КУБКОВ

Contra spem spero.
Без надежды надеюсь.

Принцип реализации компонента

Рано или поздно «розовые очки» слетают. Иногда сами, иногда в этом помогают те, кого хлебом не корми, дай «продемонстрировать реальность». Карта описывает именно этот компонент — поведение человека, который портит всем жизнь своим негативным и, как ему кажется, основанном на реальности, брюзжанием.

Поведенческий признак стиля (почерк поведения)

В качестве поведенческого признака нужно выделить ключевую черту человека — «все плохо», независимо от того, что именно происходит. И он не пытается думать (не жезл), не действует (не меч), не извлекает выгоду от этого (не динарий), а просто портит всем настроение своим негативным настроем.

Методы защиты от сторонних влияний

Особенных схем защиты от сторонних влияний не предусмотрено, поскольку мало кто хочет иметь дела с человеком, реализующим описываемую характеристику. А если по-ошибке или из-за незнания попробуем хоть как-то «дотронуться до него», то получим целое «ведро помоем» в свой адрес. А заодно и в адрес всех, кто попадется под руку.

Методы управления или манипуляции сильными

В качестве метода управления сильными человек использует схему морального давления. Он говорит, говорит, говорит и говорит без остановки. И все гадко, мерзко и противно. И в результате «сильный» сдается или силой затыкает этот «фонтан грязи».

Методы управления или манипуляции слабыми

Для управления слабыми ничего не предпринимается. Они просто понимают, что данный человек является моральной угрозой для них и стараются не спорить и не вступать в конфликт. Чаще прячутся как в прямом, так и в переносном смысле. Реже идут на уступки.

Схемы в отношении женщин

В отношении женщин применяется схема «скоростного заговаривания», когда собеседнику не оставляется ни секунды на обдумывание и осознание того, что было сказано. Он просто говорит и говорит, без остановки и умолку, причем то, что говорится, крайне неприятно. Это — прессинг, который в большинстве случаев дает результат.

Схемы в отношении мужчин

В отношении мужчин работает схема «кто с нами». Он старается подчинить человека своим интересам, также стараясь заговорить его и убедить принять свою точку зрения.

Профессиональные качества

Как профессионал человек не успевает раскрыться. Его ключевая черта характера делает его или изгоем, или приводит к незамедлительному увольнению с работы. Поэтому он перебивается от случая к случаю, находя «подтверждение» тому, что его «критический» взгляд на мир верен.

Принцип принятия решения

Решения принимаются по принципу «капризного ребенка». Всегда вопреки окружающим. Даже если ему это не нужно, а нужно кому-то — он тут как тут. И так во всем.

Резюме

По описанию характеристика карты выглядит не очень приятно. И это так, особенно, если использовать характеристику бездумно и эмоционально. Если сделать акцент на логику и привлечь интеллект в схему, то в результате получится хороший критик. Но это бывает крайне редко.

9 КУБКОВ
Ferox verbis.
Герой на словах.

Принцип реализации компонента

Реализацию компонента проще увидеть в образе ребенка, который, находясь в окружении еще нескольких детей, ест сладкий леденец. Он доволен — не столько тем, что ему нравится конфета, сколько завистью, с которой на него смотрят его товарищи.

Поведенческий признак стиля (почерк поведения)

«Пускает пыль в глаза» — так характеризуют люди поведение человека, который излишне хвастлив или, попросту говоря, выпендривается перед окружающими. Он подчеркивает обладание каким-либо компонентом, получая крайнее удовольствие не столько от того, чем он обладает, сколько от реакции людей, которые не могут иметь этого же.

Методы защиты от сторонних влияний

В качестве метода защиты от сторонних влияний человек использует форму «довольства». Мол, у него все есть и больше ему ничего не нужно. «И не просите, не заставляйте, не убеждайте — у меня и без вас всего достаточно».

Методы управления или манипуляции сильными

В качестве схемы манипуляции сильными используются вещественные схемы дорогих вещей. Все должно быть дорого, выглядеть вызывающе, кричать о своей цене и марке изготовителя. Этот достаток является ключевой формой влияния.

Методы управления или манипуляции слабыми

Слабые чаще всего не представляют интерес и на них никто не обращает внимания. Человек следует сквозь толпу с таким видом, как будто ее попросту нет. Эдакая смесь высокомерия и снобизма.

Схемы в отношении женщин

Для влияния на женщин человек с описываемой характеристикой проводит беглую, но часто очень верную оценку слабостей своего оппонента. А далее уже происходит управления слабостями. Важно узнать, кто что любит или хочет получить. Далее противопоставить «наличие у себя всего этого в двойном размере». А дальше зависть, смешанная с собственным желанием обладания, сама сделает свое дело.

Схемы в отношении мужчин

В отношении мужчин схема немного сложнее, но не сильно отличается от женской. Если женщине можно предоставить рассказ о владении, мужчине нужно предоставить факт владения. А дальше все само собой начинает двигаться.

Профессиональные качества

Людей, которые обладают описываемой характеристикой, привлекают перспективные дела. Причем в двух категориях. В первой человек находит себе спутника жизни и, активно манипулируя им, получает желаемое. Во втором случае человек находит для кого-то жертвы и, манипулируя ими, получает компенсацию. Иногда две схемы совмещаются, превращая объект в авантюриста чистой воды.

Принцип принятия решения

Решение принимается легко и непринужденно. С одной стороны — это часть имиджа, с другой — человек не хочет усложнять себе жизнь долгими раздумьями, так можно потерять тот самодовольный настрой, который так ему к лицу.

Резюме

Величина, описываемая данной картой, крайне опасна. В «малых дозах» она дает радость жизни и способность получать удовольствие от происходящего, в больших — превращается в яд, крайне опасный для окружающих людей.

10 КУБКОВ
Carpe diem.
Лови (каждый) день.

Принцип реализации компонента

Все рано или поздно заканчивается. И конец, если он тот, о котором мечтал человек, приносит праздник в жизнь. Но вместе с праздником возникает легкая грусть — задуманное реализовалось, желаемое исполнилось и человек понимает, что это — конец пути.

Поведенческий признак стиля (почерк поведения)

Человек в приподнятом настроении, полном реалистичного оптимизма с поволокой легкой грусти. Он как бы демонстрирует, что все хорошо, но вместе с тем он не готов радоваться «полной грудью», поскольку понимает, что радость эта временна. Своего рода меланхолично-приподнятая форма.

Методы защиты от сторонних влияний

На данном этапе единственным возможным влиянием могут быть скептики — те, кто не видит в ситуации победы, триумфа и не понимают, чему радоваться. Но для них уже есть «домашняя заготовка» в образе — человек сам понимает, что радоваться нечему. Может не так ярко, как скептики, но он почти разделяет их точку зрения, чем полностью обезоруживает своих оппонентов.

Методы управления или манипуляции сильными

Сильные — это как раз скептики, поведение в отношении которых уже описано выше. Единственное, что можно добавить, это необходимость учитывать «размер» положительных эмоций — они крайне велики и весьма заразительны.

Методы управления или манипуляции слабыми

Слабыми управлять не нужно. Для слабых поведение человека является лучшим доводом, демонстрирующим тезис «жить хорошо». Именно такую «маску» одевают на Западе люди, которые выглядят успешными, — улыбка, позитивный настрой, благодушное восприятие всего, что происходит вокруг.

Схемы в отношении женщин

Для женщин люди с описываемой характеристикой являются эмоциональными донорами. Если женщине хочется праздника — вот он. Если женщина хочет погрустить — опять вот эта грусть. Все под рукой и практически венец желания.

Схемы в отношении мужчин

Мужчины по своей природе достаточно скептичны и несколько агрессивны. Для них такое благодушие скорее аномалия, чем норма. И это вызывает настороженность, а в некоторых случаях и агрессию — желание «задавить» эту мерзкую улыбочку.

Профессиональные качества

В качестве профессии люди с описываемой характеристикой выбирают сферу, где требуется активная работа с людьми. Позитивный настрой — хорошо, но вдвойне хорошо, когда за него платят деньги. И платят, веря образу, но не профессиональным качествам.

Принцип принятия решения

Решения принимаются по принципу «продления состояния». Что нужно сделать, чтобы как можно дольше нежиться в состоянии довольства? Это будет сделано. В своих интересах и ничьих больше. Если кто-то пострадает — не страшно, такова жизнь, в ней есть немного грусти.

Резюме

Когда ситуация, описываемая картой, происходит сама собой, то это всегда прекрасно — это праздник, радость, полнота чувств, которые испытываются в конце сложного пути. Но когда с этим чувством человек идет по жизни, то непременно возникает вопрос — не слишком ли много веселья для столь разнообразного мира?

1 ЖЕЗЛОВ

Vivere est cogitare.
Жить — значит мыслить.

Принцип реализации компонента

Генерация идей, появление новых мыслей, активное и логичное мышление — таковы общие схемы реализации компонента. Жезлы — форма власти, управления, распоряжения, контроля за всем, что происходит вокруг человека. Контроль этот основан на праве и правилах, которые существуют как в реальном мире в виде социальных законов, так и в форме Законов Вселенной.

Поведенческий признак стиля (почерк поведения)

Идейная «суетливость», множество мыслей, предложений, идей, концепций — человек просто не может усидеть на месте, не сформировав отношение, не сделав вывод, не определив направление движения. Он может высказывать свои мысли в форме идей, соображений, четких планов и суждений — не важно как, важно, что все они логичны и вполне осознанны.

Методы защиты от сторонних влияний

В защите как таковой человек с подобным типажом не нуждается, поскольку если он не прав, и он это поймет, он не будет упорствовать. Но если не прав, то будет взывать к голосу разума и правосудию в любой его форме.

Методы управления или манипуляции сильными

Если ему необходимо управлять сильными, то прежде всего он постарается понять, в чем их сила и слабость и будет опираться и на то, и на другое, мягко подводя человека к намеченной цели. В его схемах обычно нет избытка давления — лишь направление и предложения, которыми, чаще всего, пользуются.

Методы управления или манипуляции слабыми

В отношении слабых схема очень похожа на ту, что они реализуют в отношении сильных. С той лишь разницей, что они сразу переходят в стадию совета, настойчивой рекомендации или указания, по сути — это интеллектуальное давление.

Схемы в отношении женщин

В отношении женщин, особенно эмоциональных, часто пасуют. Попытки воззвать к голосу разума ни к чему не приводят, а эмоциями они управлять не умеют. Поэтому или стараются не связываться, или ищут себе посредника, который «переведет» их доводы.

Схемы в отношении мужчин

В отношении с мужчинами все достаточно просто — схемы, планы, представления, рациональный подход. И общий язык находится без каких-либо сложностей. Но только, если с ними согласны. Если нет, то либо «уходят в себя», либо начинают избыточно давить, стараясь продавить свою схему.

Профессиональные качества

Человек прекрасно раскрывается там, где требуется соблюдение правил, последовательное и часто монотонное действие, там, где нужно управлять людьми. Вообще, реализация человека с описываемой характеристикой будет максимальной там, где реализуется власть в любом виде и любой форме.

Принцип принятия решения

Взвесить, продумать, проанализировать… еще раз взвесить, продумать и еще раз проанализировать. И только тогда принимать какое-то решение. Оно максимально рационально и корректно. Возможно и законно, но тут все зависит от того, что представляет собой Закон в глазах человека.

Резюме

Это форма первого проявления власти — умения управлять всем, что подлежит управлению или требует его. Это форма идеи, плана, концепции, которая только-только появилась на свет.

2 ЖЕЗЛОВ

Volo, non valeo.
Хочу, но не могу.

Принцип реализации компонента

Раздумья, размышления, попытка понять, как поступить верно и корректно. Чаще всего заблуждения или ошибки, вызванные поверхностной оценкой ситуации. Сомневается — не зря сомневается — так можно охарактеризовать значение компонента.

Поведенческий признак стиля (почерк поведения)

Неуверенность, мнительность, колебания, долгие раздумья, нежелание действовать со ссылкой на различные обстоятельства. По сути человек ощущает, что что-то не так, но не может сформулировать. А значит, в силу своей природы, не может и обосновать поступок. Он «ждет» или выжидает, пока обстоятельства не изменятся в нужную сторону.

Методы защиты от сторонних влияний

Погружение в себя, дистанцирование, попытки «спрятаться» от посторонних глаз — человек должен побыть один, чтобы, как ему кажется, он мог прийти к какому-то выводу. Чаще всего это — ошибка, потому как данных у него нет, и в одиночестве он их не получит. Но он не понимает этого и сторонится общения.

Методы управления или манипуляции сильными

Схемы управления сильными нет. Если человек «завис» в подобной ситуации, то сильными он управлять не может — у него нет цели и нет реальных возможностей. Между тем сильные смогут им легко управлять. Поэтому он подсознательно сторонится их.

Методы управления или манипуляции слабыми

В отношении слабых он предпочитает также не действовать, но предлагает им принять решение самостоятельно. Это выглядит, как «Думайте сами» или «А вам зачем голова нужна?» И это не попытки воззвать к разуму собеседника, а способ уйти от ответа, которого они не знают.

Схемы в отношении женщин

Активно общаются с женщинами, поскольку их слабость и нерешительность легко спрятать за завесой таинственности и реализовать двусмысленность в виде некоего образа таинственного героя. Но по сути это — демонстрация пустоты, которая может обмануть на первых порах общения.

Схемы в отношении мужчин

В отношении мужчин человек проявляет крайнюю осторожность. Он зависим от своего внутреннего состояния не хочет, чтобы кто-то сделал его зависимым еще и от себя. Но при этом внимательно слушает, что говорят люди — возможно в их словах есть что-то, что поможет ему принять решение.

Профессиональные качества

В профессии, при появлении описываемой схемы поведения, наступает затишье, пауза, период бездействия. Как было «вчера» не устраивает, а как сделать так, чтобы это устраивало относительно «сегодня», человек не знает. Это выглядит как «зависший компьютер», который будет долго висеть, если не предпринять верных шагов. Причем шаги должны идти из вне.

Принцип принятия решения

Ждать, выжидать, выгадывать, держать паузу, перенести принятие решения на другой день, месяц, год или вообще передать дело другому человеку. И важно помнить, что в этой ситуации человек крайне уязвим — он может совершить глупость под давлением другого человека или ошибочной оценки прежних факторов.

Резюме

В своей сути это — форма легкого замешательства, в которую попадает каждый, не понимая, что верно, а что ошибочно. Спустя время это проходит. Но у кого-то, кто совершил не одну ошибку, находясь в подобном состоянии, это вызывает страх, усиливая нерешительность.

3 ЖЕЗЛОВ

Verbum movet, exemplum trahit.
Слово волнует, пример увлекает.

Принцип реализации компонента

Компонент реализуется с полной уверенностью в себе и своих возможностях. У человека нет сомнений, как это было в 2 жезлов, — теперь он в состоянии управлять процессом, поскольку получил дополнительный аргумент, который позволяет ему это сделать. Все по плану, все под контролем, все так, как хочется.

Поведенческий признак стиля (почерк поведения)

Человек ощущает уверенность в своих силах и демонстрирует это окружающим. Представьте себе мастера по ремонту бытовой техники, которого вы вызвали на помощь. Он деловит, собран, он точно знает, что нужно крутить и как нужно исправить сложившуюся ситуацию. И это не значит, что у него получится. Но сейчас он полностью уверен в этом.

Методы защиты от сторонних влияний

В качестве защиты от сторонних влияний, в том числе и от внешних сомнений, человек использует данные опыта и логики. «Такое уже было» и «Логика мне подсказывает, что так надо делать» являются важнейшими аргументами. И эти аргументы крайне сложно перевесить, поскольку они являются частью жизни человека.

Методы управления или манипуляции сильными

В качестве методов управления сильными человек использует доводы, объяснения и демонстрацию понимания ситуации. Он готов использовать «цитаты» из своей жизни и прецеденты жизни других людей, чтобы показать, что ТАК стоит поступать.

Методы управления или манипуляции слабыми

Слабым, в отличие от сильных, не доведется выслушать пояснений. Они получат приказ, указание, инструкцию того, что нужно делать. И будет это высказано безапелляционно и категорично —

«не нужно тратить время на болтовню, важно сделать так, как я сказал».

Схемы в отношении женщин

В отношении женщин поведение покровительственно-снисходительное. Ведь перед нами «везунчик», который точно знает, как достичь результата. Он готов помочь, подсказать, поддержать, поделиться своим успехом. Он готов «подставить плечо», но при этом не готов стать жертвой.

Схемы в отношении мужчин

Схемы в отношении мужчин зависят от того, к какому виду они были причислены — к слабым или сильным. Если к сильным, то «у них стоит поучиться», подглядеть и поинтересоваться тем, что может быть полезно. Если к слабым, то свысока, без какого-либо интереса — ну чему они могут научить?

Профессиональные качества

С неба звезд не хватает, но крепко держится за тот уровень, на котором находится. Обычно все получается. Без энтузиазма, огонька и задора, но добротно, качественно и в срок. Таких людей приятно нанимать — они всегда выполнят свои обещания.

Принцип принятия решения

Решения принимаются за счет соотнесения с собственными интересами. Если есть совпадение интересов, то решение принимается положительное. Если «это ему не нужно», то будет категорический отказ. Люди подобного плана не привыкли тратить время на пустяки.

Резюме

Подводя итог описания характеристики нужно сказать, что это — одна из самых стабильных и контролируемых человеком форм. Он знает, что он хочет, знает, как этого достичь, и все это вселяет в него уверенность в том, что все получится.

4 ЖЕЗЛОВ

Ultra posse nemo obligator.
Никто не обязан делать что-либо сверх возможного.

Принцип реализации компонента

Компонент реализуется по принципу «Если все хорошо, зачем нужно лучше?» Это своего рода житейский консерватизм, который основан на существующих достижениях. Нет смысла к чему-то стремиться или что-то искать — действительность вполне устраивает.

Поведенческий признак стиля (почерк поведения)

В качестве ключевого признака можно отметить уверенность в себе и уверенность «вокруг себя». У человека все получается, жизнь течет так, как хочется и все кажется контролируемым, прогнозируемым и понятным. К чему больше? Нужно получать удовлетворение от того, что достиг и не думать о завтрашнем дне.

Методы защиты от сторонних влияний

В качестве метода защиты от внешних влияний рассматривается тезис «А зачем мне это нужно?» Поколебать уверенность в себе и в ситуации достаточно сложно. И обычно, в случае возникновения дезориентации, разыскивается опорная точка и человек вновь стабилен.

Методы управления или манипуляции сильными

В качестве метода управления сильными рассматривается демонстрация собственных достижения и все той же стабильности. Посмотрите, как все хорошо! Посмотрите, как все упорядоченно! Присоединяйтесь! С одной стороны — это хвастовство, но с другой — стремление получить оценку «сильного».

Методы управления или манипуляции слабыми

По отношению к слабым они «глухи» — мол, сам придумаешь, как получить больше и лучше, как стать «таким как я». Это своего рода гордыня, которая основывается на тезисе «Меня никто не учил, но я смог!» и поэтому сам он учить не собирается. Кому надо — тот сможет!

Схемы в отношении женщин

В отношении женщин это человек, который может все или буквально все. Он сам навел порядок в своей жизни и не прочь оказать помощь тем, кто в нем нуждается. И все хорошо, если бы не то, что порядок чаще всего является иллюзией и попросту не существует.

Схемы в отношении мужчин

В отношении мужчин занимается позиция мини-властителя. Он точно знает, что нужно сказать и как нужно отреагировать. Он все может оценить и всем дать дельный совет, начиная от простого рабочего и заканчивая президентом страны.

Профессиональные качества

Он профессионал своего дела, но профессионал с маленькой буквы. С неба звезд не хватает, однако очень хорошо разбирается в том, чем занят. Это добросовестный и ответственный работник, который прекрасно сделает все, в чем он является специалистом. И ни в коем случае не будет вникать в ситуации, которые к нему не имеют отношения.

Принцип принятия решения

Решения принимаются «по принципу состояния» — человек всячески старается сохранить внутренний и внешний баланс и старается не допустить в свою жизнь ничего, что его пошатнет. А если все же возник дисбаланс, то он приложит максимум усилий, чтобы все расставить по местам.

Резюме

Перед вами характеристика человеческого консерватизма. Зачем учиться после школы (института, техникума), если все что нужно уже есть? Зачем что-то менять, если имеющееся вполне достойно? Зачем стремиться к большему, если и меньшее вполне устраивает? С одной стороны — несколько «застойно», но с другой — крайне стабильно и прогнозируемо.

5 ЖЕЗЛОВ

Non annumero verba sed appendere.
Слова следует не считать, а взвешивать.

Принцип реализации компонента

«Лезет в бутылку», «спорит по поводу и без», «цепляется к словам» — так общество характеризует поведение человека с описываемым качеством. Он не готов к компромиссу — его интересует только его точка зрения, которую он будет отстаивать не смотря ни на что. Но не нужно переживать — эта форма хоть и раздражает окружающих, но при этом не является агрессивной.

Поведенческий признак стиля (почерк поведения)

В качестве признака поведения можно добавить к уже описанным определениям еще одну характеристику — «в каждой бочке затычка»: человек имеет мнение по любому вопросу, он готов дать совет по любой теме и имеет мнение обо всем, начиная с молекулярной химии и заканчивая тем, как управлять страной.

Методы защиты от сторонних влияний

«Занудство» или бесконечная гонка по кругу — он готов повторять свое мнение ровно до тех пор, пока собеседник не сдастся и не согласится с его мнением. Он будет убеждать, увещевать, приводить доводы и аргументы. Причем чаще всего в этих доводах не будет логики. Но он «глух» и не слышит, что ему говорят — он готов только говорить сам.

Методы управления или манипуляции сильными

К сильным он обычно не подходит со своими советами, поскольку жизненный опыт говорит, что они могут и не пойти на попятную, а «забить» его мнение, став крайне агрессивными. Инстинкт самосохранения точно подскажет, кого можно заговорить, а кого нет.

Методы управления или манипуляции слабыми

Со слабыми все просто — давить, давить и давить. Аргументами, словами, примерами, цитатами. Всем, что является в той или иной степени обоснованием его словам. Причем это делается с высокой скоростью, чтобы человек не опомнился и не одумался.

Схемы в отношении женщин

В отношении женщин существует две схемы поведения. В отношении логичных женщин все именно так, как в отношении со слабыми — стать авторитетом и долго (и часто нудно) вещать о своем мнении. В отношении эмоциональных женщин поведение складывается так, как с сильными — подальше от возможных проблем.

Схемы в отношении мужчин

К сожалению (для мужчин) большинство из них тяготеют к проявлению данной характеристики. Даже в древности говорили: «Мужик умен, да мир дурак». Поэтому всегда найдется сочувствующий собеседник, способный выслушать «умные речи».

Профессиональные качества

Поскольку человек «знает все», он на самом деле знает крайне мало. Люди с подобной характеристикой хорошо говорят, но крайне редко хорошо делают. А за счет «суетливости ума» почти не способны достичь серьезного результата в какой-либо профессии. Зато они прекрасно могут рассказать о том, что что-то не получилось из-за «жуткого стечения обстоятельств», «чужой воли» и иных форм, на которые нельзя повлиять.

Принцип принятия решения

Решения старается не принимать. Услышать, подслушать, получить совет, выполнить указание — вот все, на что способен данный типаж. И не стоит учить его самостоятельно принимать решение. Поскольку у него всегда несколько мнений по одному вопросу, следовательно, и несколько решений, среди которых он попросту запутается.

Резюме

Крайне общителен, разговорчив, красноречив и даже выглядит разумным. Но все это пустое. Если не верите, посмотрите внимательно, чего он действительно достиг в жизни и что реально имеет.

6 ЖЕЗЛОВ

Vita brevis, ars vero longa, occasio autem praeceps, experientia fallax, judicium difficile.

Жизнь коротка, наука же обширна, случай шаток, опыт обманчив, суждение затруднительно.

Принцип реализации компонента

Одним из наиболее точных описаний реализации данного компонента будет слово «задумчивость» или размышление — в зависимости от того, говорим мы о том, как это выглядит или что происходит с человеком. Он никогда не будет принимать решение, не взвесив всего и не учтя всех доводов. Возможно это будет «не спешно», но такова плата за умение думать.

Поведенческий признак стиля (почерк поведения)

Человек может показаться медлительным и даже крайне медлительным. Кажется, что он плохо соображает и не может понять простые вещи. Нет, на самом деле он соображает, даже больше «среднестатистического индивидуума». Именно это позволяет ему видеть больше и глубже, а как следствие — больше размышлять над увиденным.

Методы защиты от сторонних влияний

В качестве метода защиты от сторонних влияний человек выберет не замечать эти сторонние влияния. Он не погружается в себя, не абстрагируется от реальности. Нет, он просто не готов спорить или не готов подчиняться тому, что происходит. А пояснить свою точку зрения он часто не успевает — ее не просто сформулировать. Поэтому молчит и ждет, пока «давление ослабнет».

Методы управления или манипуляции сильными

Сам человек, обладающий описываемой характеристикой, никогда не будет управлять теми, кого считает сильнее — все равно бессмысленно. Если он молчит и с чем-то соглашается, то чаще всего не из-за того, что согласен, а из-за того что не надеется переубедить человека. И поэтому «проще промолчать».

Методы управления или манипуляции слабыми

В качестве схемы управления слабыми в большинстве случаем предлагается вариант «подумать» — подумать над своим поведением, отношением, выводами. Самостоятельно, без подсказок — «я думаю, думай и ты». Проку от этого ровный «0», но ничего другого в ассортименте у такого человека нет.

Схемы в отношении женщин

Человек с подобным поведением достаточно часто избегает женского общества. Причем независимо от того, о какой половой принадлежности человека мы говорим. С ними одна морока, т. к. эмоции, чувства — все это не поддается корректной оценке, а значит не его сфера интересов.

Схемы в отношении мужчин

С мужчинами вступает в общение только по делу. Есть о чем поговорить, есть что обсудить — присутствует диалог. Нет темы для разговора — молчит и это может продолжаться практически до бесконечности.

Профессиональные качества

«Хороший середнячок» — так можно назвать профессиональный потенциал человека. Он прекрасно выполняет взятые на себя обязательства, добросовестно относится к работе, корректен с коллегами. С неба звезд не хватает, но делает все качественно и исправно.

Принцип принятия решения

Решение принимается после основательной оценки происходящего, когда взвешены все «за» и «против». Когда человек точно знает, что решение будет верным. А если нет, то будет ждать, и это будет продолжаться до тех пор, либо пока ситуация «не исчезнет», либо пока он соберет всю необходимую информацию.

Резюме

Мало говорим, много думаем, качественно делаем — вот три главных определения рассматриваемого нами компонента.

7 ЖЕЗЛОВ
Oderint, dum metuant.
Пусть ненавидят, лишь бы боялись.

Принцип реализации компонента
Реализацию компонента очень хорошо можно отследить в детском возрасте — о таких обычно говорят «забияка» или «задира». Человек всегда чем-то недоволен, всегда пытается настоять на своем, «качает права», выводит на скандал, давит, настаивает, третирует.

Поведенческий признак стиля (почерк поведения)
В качестве ключевой характеристики рассматриваемого компонента можно назвать такие черты, как брезгливость, надменность, «гонор». Человек как бы смотрит на все и на всех свысока, демонстрируя, что все они ниже его (в силу различных причин). Он умнее, лучше, привлекательнее, значимее и т. д. — но все, как вы понимаете, только с его оценочной позиции.

Методы защиты от сторонних влияний
В случае обнаружение подозрений или фактов внешних влияний человек сразу начинает подавлять источник этих влияний. Подавление в большей степени волевое, отчасти эмоциональное. Переход к прямым физическим действиям не предусмотрен. Поведение можно сравнить с реакцией кошки на собаку — взъерошен, шипит, сейчас бросится.

Методы управления или манипуляции сильными
Поскольку данный компонент подразумевает наличие высокого интеллекта, усиленного волей, то управление сильными будет строиться через их слабости. А затем, найдя эти ниточки управления, он будет манипулировать ими до тех пор, пока ему это нужно.

Методы управления или манипуляции слабыми
Слабые ему не интересны как таковые. Поэтому с ними он не будет поддерживать общение и постарается их игнорировать. А если почувствует, что кто-то ему мешает — раздавит безжалостно.

Схемы в отношении женщин
В отношении женщин будет проявлена схема крайнего высокомерия. Те, что поглупее, поведутся на нее и будут кружиться вокруг,

обожая «столь сильную личность». С теми, что умнее, все обстоит сложнее — или «вооруженный до зубов нейтралитет», или война до победного конца.

Схемы в отношении мужчин

В отношении мужчин все тоже самое, что с женщинами, с одной лишь разницей — большинство мужчин рассматриваются как глупые и ни на что не способные особи. А значит являются «слабыми» и не представляющими опасности (или интереса).

Профессиональные качества

Не смотря на столь «сложный характер», человек чаще всего достигает высот профессиональной карьеры. И за счет умения «убирать лишнее с дороги», и за счет высокого интеллекта, который и ценится в профессии. Единственной опасностью для него самого является «прыжок выше своей головы» — на уровень, который пока не изучен. Там может быть все и прежде всего неприятные неожиданности.

Принцип принятия решения

Человек принимает решение, основываясь только на своем видении ситуации. Его почти невозможно переубедить или заставить что-либо делать. Если он подчиняется чему-то, то не потому, что согласился с указанием, а потому что ему это выгодно.

Резюме

Сильная, яркая, но вместе с тем очень тяжелая составляющая человеческой личности. С таким человеком хорошо дружить (если повезет), плохо враждовать (если не повезет), но лучше вообще не сталкиваться.

8 ЖЕЗЛОВ
Iners negotium.
Бездеятельная занятость.

Принцип реализации компонента

Легкая суета — как во время переезда, когда все уже собрано, все подготовлено, но еще не загружено в машину. Кажется, что что-то забыто или осталось, что-то не доделано и это что-то крайне важно. Беспокойство, волнение, переживания, основанные на реальном процессе или событии.

Поведенческий признак стиля (почерк поведения)

Суетливость, взволнованность, беспокойство, которое проявляет человек, когда дело касается его интересов. Он начинает чуть быстрее говорить, чуть взволнованнее себя вести, проявляет излишнюю эмоциональную активность, которая инициирована размышлениями, подгоняемыми временем.

Методы защиты от сторонних влияний

В качестве метода защиты от сторонних влияний человек использует «подавление» — схемы, описанные в 5 или 7 жезлов. Он как бы спускается в ряду эмоций, тратя силы на противостояние. «Не мешайте мне!» — такова яркая форма защиты. Это не агрессия — просто не мешайте думать человеку.

Методы управления или манипуляции сильными

В качестве метода управления сильными используется аргументация-план. Все продумано, все согласовано, все просчитано — и вся эта схема предоставляется «сильным». Причем эта схема практически не подлежит корректировке или изменениям — он будет стоять на своем до последнего.

Методы управления или манипуляции слабыми

В качестве метода управления слабыми используется приказ, указ, резолюция — форма доведения продуманной схемы, которая не требует обсуждения или согласия. Причем форма чаще всего жесткая, категоричная, не терпящая никаких комментариев.

Схемы в отношении женщин

В отношении женщин схема поведения почти такая же, как и в отношении «слабых» — медленное, но настойчивое давление, продавливание своего видения и схемы поведения. Периодически выбросы эмоций, выраженные в 5 или 7 жезлов.

Схемы в отношении мужчин

В отношении мужчин все проще — если перед ним «подчиненный», то будет исполнять. Если «начальник» — то будет конфликт. И все потому, что человек, действуя подобным образом, не готов к диалогу, компромиссу или согласованию — «Все готово, что ждать?!»

Профессиональные качества

Чаще всего подобной характеристикой обладают профессионалы высокого уровня. Но при этом им не хватает чуть-чуть, чтобы стать профессионалами высочайшего уровня. Периодически они совершают досадные ошибки, движимые своей суетливостью и поведенческим беспокойством.

Принцип принятия решения

Решение принимается быстро, практически молниеносно. Но не потому, что человек действительно умеет принимать быстрые (и верные решения), а потому что схема уже готова, план прописан и когда поступает команда «На старт», остается только реализовать задуманное.

Резюме

Карта описывает характеристику, которая встречается у большинства людей и которая описывается как «волнение перед стартом» или «ожидание праздника». Но помимо самого описания состояния карта говорит: «Еще есть немного времени и его можно использовать с выгодой для ситуации». Но кто бы это услышал…

9 ЖЕЗЛОВ
Errare humanum est, stultum est in errore perseverare.
Человеку свойственно ошибаться,
но глупо упорствовать в своих ошибках.

Принцип реализации компонента

Обижен, подавлен, недоволен тем, что общество отвергло его идеи. И было бы странно, если бы произошло по-иному — давил, убеждал, даже угрожал. И в итоге те, кто по его мнению должны быть на его стороне, отвернулись от него. Поэтому он обижен на тех, кого хотел облагодетельствовать, поэтому подавлен, не понимая, почему отказались от «настойчивой помощи». Недоволен тем, как осадили и поставили на место.

Поведенческий признак стиля (почерк поведения)

В качестве признака поведения можно выделить постоянное недовольство, которое преследует все поступки человека. Он как бы делает одолжение, прилагает сверхусилия, чтобы что-то сделать. Делает все, поглядывая свысока и как бы не понимая, почему сами не смогли сделать.

Методы защиты от сторонних влияний

В качестве схемы защиты от сторонних влияний используется поведение обиженного и недовольного. Теперь, чтобы что-то от него добиться, его нужно уговорить, убедить и извиниться перед ним «за то, что не правильно к нему подошли». Большинство людей это раздражает, и он остается один.

Методы управления или манипуляции сильными

В качестве метода управления сильными человек использует выжидательную позицию. Нужно — придут, попросят, вот тогда, став «слабыми», они в его власти. А в ином случае что-либо сделать в отношении сильных он попросту не может.

Методы управления или манипуляции слабыми

Управление слабыми строится на 2-х составляющих. Первая — убедить в своей «гениальности», вторая — управлять этой убежденностью. Чаще всего «гениальность» дутая, а уровень информации, которой гордится человек, крайне мал. Просто пока об этом мало кто знает.

Схемы в отношении женщин

В отношении женщин занимается позиция, описанная в управлении «слабыми», за исключением того, что чаще всего от женщин ему нужно «почитание его таланта», восхищение и признание. Если он получает это, то готов на все, чтобы поддерживать это состояние как можно дольше. Не случайно именно люди с таким типажом попадают в «плен» к женщинам, особенно в период «кризиса среднего возраста».

Схемы в отношении мужчин

В отношении мужчин действует схема сильный/слабый. Причем чаще всего сильный — и тогда дистанция, отстраненность и выжидание своего шанса.

Профессиональные качества

Как профессионал часто «не плох» — у него много времени, чтобы подумать и что-то сделать. Но часто срывается, поскольку делает что-то не для себя, а для демонстрации в обществе. А общество, как вы понимаете, не всегда солидарно с «гениями», к которым он себя причисляет.

Принцип принятия решения

Решение принимается только на основании собственного представления о ситуации. Человеку с подобным типажом не требуется помощь или совет — он сам вполне способен понять, что ему нужно от этой жизни. Но чаще всего решения бывают не верными, поскольку не учитывают ничьих интересов, кроме его собственных.

Резюме

Крайне противоречивая характеристика. С одной стороны — «заявка на гениальность», с другой — не желание сделать ее доступной для людей. Ключевой признак «непризнанных гениев», которые в большинстве случаев заканчивается одиночеством и разочарованием.

10 ЖЕЗЛОВ
Amat victoria curam.
Победа любит заботу.

Принцип реализации компонента

В данном типаже можно увидеть завершение ситуации, которая описывалась в 8 жезлов. Но теперь уже все — машина разгружена, вещи подняты на 10 этаж без лифта и осталась последняя коробка. Человек устал, измотан, он почти выбился из сил. Да, он при этом достиг желаемого и может считаться победителем, но пока он просто не способен радоваться — уже нет сил для эмоций.

Поведенческий признак стиля (почерк поведения)

В качестве поведенческого признака в человеке мы видим усталость, утомленность, бессилие — перед нами человек, который измотан и крайне утомлен. Он сделал все, что от него требовалось и даже больше и уже не способен ни на что без серьезного отдыха.

Методы защиты от сторонних влияний

Человек не способен защититься от каких-либо влияний. И что характерно, судьба редко посылает такому человеку испытания — он уже справился со всем, что было предназначено ему на данном этапе. Поэтому он просто идет, не замечая недовольных, и потому что нет сил, и потому что ему есть чем гордиться. Просто чуть позже.

Методы управления или манипуляции сильными

От сильных ему нужно одно — не мешайте! Дайте отдохнуть и собраться с силами, проявите милосердие. Причем чаще всего эта просьба выражена не словами, а самим видом, поведением человека.

Методы управления или манипуляции слабыми

Управлять слабыми он также не в состоянии. Но часто слабые, видя его силу и достижения, стремятся воспользоваться моментом беззащитности. И часто им это удается, но только на какое-то время.

Схемы в отношении женщин

Со стороны женщин человек ищет поддержку и понимание, а лучше всего заботу и сочувствие. Это неосознанное стремление — стремление быть поближе к матери, которая защитит и поддержит. А в ком или в чем будет этот образ — не так важно.

Схемы в отношении мужчин

В отношении мужчин человек проявляет полную апатию, как в отношении сильных. Они не способны его подержать, а все остальное его пока в них не интересует, отсюда — отстраненность, дистанцированность, холодность.

Профессиональные качества

Описывая данную характеристику сложно говорить о высоких профессиональных успехах, поскольку описываемое состояние бывает как у ученика, который долго и упорно постигал науку, так и у профессионала, выполнившего серьезную работу. Но можно сказать одно, что вряд ли найдется кто-то лучше, кто сделает то, что было только что сделано.

Принцип принятия решения

Никаких решений до тех пор, пока не отдохнет! Вот единственное, что можно сказать о поведении человека. И если от него что-то требуется, то сначала дайте ему то, в чем он нуждается. А затем с ним можно о чем-то говорить.

Резюме

Карта описывает состояние человека «за финишной чертой» — все реализовано, все, что можно, уже получено и теперь осталось только перевести дух и понять, что именно получено.

1 ДИНАРИЕВ

Radix malorum est cupiditas.
Жадность есть источник всего зла.

Принцип реализации компонента

В мире денег все начинается с денег и заканчивается ими же. Чувства, эмоции, отношения, иные межчеловеческие процессы — все это находится между «началом и концом» процесса и часто приносится в жертву ради достижения цели. Принцип реализации компонента такой же, как во всей масти — выгода, получение фактического материального преимущества перед остальными.

Поведенческий признак стиля (почерк поведения)

В качестве ключевого признака отметим такой фактор, как деловая суетливость, подобно гончей собаке, которая принюхивается, стараясь учуять запах дичи. Так же и человек с описываемой характеристикой «прислушивается» к вселенной, стараясь понять, что ему может сулить выгоду.

Методы защиты от сторонних влияний

В качестве метода защиты от сторонних влияний человек предпочитает безразличие. Не интересно, не выгодно, бесперспективно, сомнительно? «Простите, я занят». Также важно отметить, что подобная реакция совершенно не говорит о том, что все так плохо — для него плохо, вернее не выгодно.

Методы управления или манипуляции сильными

В качестве манипуляции сильными используются Большие деньги. Вернее возможность их получения. Доводы приводятся разные, но итог один — вместе с ним деньги будут и будут большими. А это сила, власть, возможности… Но все это пока в виде предполагаемых планов, но больших.

Методы управления или манипуляции слабыми

В качестве метода управления слабыми используются все те же деньги, но небольшие и в будущем. «Забывчивость» и неблагодарность — нормальные последствия отношений с людьми подобного типажа. Дело сделано, зачем платить?

Схемы в отношении женщин

В отношении женщин реализуется одна схема в разных вариантах и исполнения, но единая по сути — покупка за возможные, иллюзорные или реальные деньги. Причем реальные в последнюю очередь.

Схемы в отношении мужчин

В отношении мужчин, которые могут представлять интерес для человека с данными типажом, используется схема выгодного партнерства. «Ты со мной, значит мы вместе можем заработать большие деньжищи!» Важно отметить, что при такой постановке вопроса человек описываемого типажа нуждается в привлекаемом человеке гораздо больше, чем последний. А часто вообще не нуждается.

Профессиональные качества

Делец, деловой человек, бизнесмен — уровень не имеет значения для данной категории. Он может быть и торговцем на рынке и владельцем самого рынка. Важно не только наличие компонента, но и его уровень развития.

Принцип принятия решения

Решения принимаются «по чутью» и по выгоде. Комбинация двух этих факторов сулит солидные барыши. Один фактор — более сомнителен, но тоже может послужить основой для поступка.

Резюме

Карта описывает присутствие в человеке «деловой жилки» — способность извлекать выгоду из сложившихся ситуаций. В большинстве случаев это — выгода материального толка, но иногда бывает и событийного.

2 ДИНАРИЕВ

Ex nihilo nihil fit.
Ничто из ничего не получается.

Принцип реализации компонента

Суета, которая возникла в связи со вновь открывшимися обстоятельствами, подобна поведению Буриданова осла. Есть два варианта развития событий, из которых желательно выбрать один. И важно не прогадать, не упустить свой шанс, получить максимальную выгоду!

Поведенческий признак стиля (почерк поведения)

В качестве ключевого признака поведения мы можем описать поведение, схожее с качелями. Это может натолкнуть вас на неверный вывод, что человек не уверен в себе. Но в действительности это не так. Человек не уверен в том, что ему следует выбрать. И старается затянуть выбор, понять, что же ему предпочесть.

Методы защиты от сторонних влияний

В качестве метода защиты от сторонних влияний человек с описываемым типажом использует схему затягивания с решением. Причем затягивание может быть как в области траты денег — зачем платить сейчас, если можно заплатить через месяц, а может вообще не нужно будет платить. Или затягивание в принятии решения — давайте я завтра приму решение, а лучше через недельку или через месяц. Но месяц нужен не для того, чтобы все взвесить, а для того чтобы в ситуации произошли изменения и стало очевидно, что выбрать.

Методы управления или манипуляции сильными

В качестве схемы управления сильными используется схема предложенного выбора. Выбор между выгодным и выгодным. Но только один вариант, который подчеркивается и всячески подталкивается, выгоден самому человеку. А второй, скорее всего, проигрышный.

Методы управления или манипуляции слабыми

В качестве метода управления слабыми также предоставляется выбор. Выбор между ничем и чем-то, совсем малым и незначительным. А зачем платить больше, если можно вообще не платить?

Схемы в отношении женщин

В отношении женщин часто используется схема материальной заинтересованности. И часто схему дает сама женщина, говоря о том, что она хочет. А дальше все просто — в схему «накачивается» эмоция возможности и начинает казаться, что именно он или только он может помочь в достижении этой цели.

Схемы в отношении мужчин

В отношении мужчин часто реализуется схема отказа от решения с той целью, что будет выбрано верное решение, к которому можно пристроиться. А если решение принято не верное, то свалить все на того, кто его принимал.

Профессиональные качества

Перед нами человек, который может делать достаточно большие дела. Его умение двигаться в схеме и выбирать верного помощника дает ему большой шанс на успешное завершение дела. Но важно понимать, что он будет действовать лишь в своих интересах, а интересы других если и будут реализовываться, то всего лишь подспудно.

Принцип принятия решения

Решение не принимается до тех пор, пока это вообще возможно. Пока не появится фактор, который склонит чашу весов на сторону принятия решения. А до этого времени — суета, неуверенность, избегание поступка.

Резюме

Делать/не делать, платить/не платить, тратить/не тратить — все крайне не просто. И не нужно спешить — после того, как «выбит кассовый чек, деньги нельзя вернуть».

3 ДИНАРИЕВ

Serva me, servando te.
Выручи меня, а я выручу тебя.

Принцип реализации компонента

Когда нет идей в своей голове, а жажда выгоды толкает вперед, человек с описываемым типажом часто прибегает к помощи других людей. Это активное стремление воспользоваться чужой схемой, чтобы получить что-то для себя. Часто это — ошибочное стремление, поскольку чужое имеет своего хозяина-инициатора, который умеет контролировать процесс.

Поведенческий признак стиля (почерк поведения)

Заискивающий взгляд, крайний поведенческий интерес, любопытство сверх меры и легкая суетливость — описание проявления характеристики. Если у них интересно и перспективно, значит и мне может пригодиться. Значит и я что-то получу. Значит нужно сделать это быстрее них!

Методы защиты от сторонних влияний

В качестве защиты от сторонних влияний человек использует скорость. Как можно быстрее принять решение, как можно скорее достичь цели, быстрее всех оказаться на месте, сказав «Чур, мое!» И не важно, что думают окружающие — кто успел, тот и съел.

Методы управления или манипуляции сильными

Для того чтобы убедить сильных в необходимости своего участия или присутствия используется рекламная компания «себя любимого». Расписываются достоинства, демонстрируются возможности и все для того, чтобы пустили. Но чаще всего такая схема заканчивается использованием человека.

Методы управления или манипуляции слабыми

Брезгливая неприязнь — это не только эмоциональное состояние, это внутреннее состояние человека: что можно ожидать от слабых, которые ничего не могут по сравнению с ним, «сильным». И как только все поверят в его силу, он получает то, к чему стремился — контроль за схемой.

Схемы в отношении женщин

В отношении женщин схема выглядит как «держусь на дистанции». И так много эмоций и не понятно, что делать — не хочется отвлекаться попусту на всякую ерунду. Но если учуял интерес, то соколом вьётся, коршуном парит, ожидая свой шанс.

Схемы в отношении мужчин

В отношении мужчин действует схема сильный и нужный. Если мужчина не является носителем ни одной из перечисленных возможностей, значит он не интересен и не стоит тратить на него свое время.

Профессиональные качества

Карьера такого человека развивается прыжками. И эти прыжки могут быть направлены как вверх, так и в низ. Если есть чутье, то чаще вверх. Если оно слабо, то чаще вниз до полного краха. И в среднем человек выбирает торговлю — не так страшно падать в одном секторе, можно просто перейти на другой и так до бесконечности.

Принцип принятия решения

Решение принимает не разум и здравый смысл, а чутье и желание извлечь выгоду. Если есть и то и другое, решение незамедлительно принимается. В ином случае поиск кандидатов на выгодную идею будет продолжен.

Резюме

Человек, как магнит, притягивается к интересным и выгодным проектам. Но не всегда может извлечь выгоду для себя, поскольку стремится на тот уровень, до которого пока не дорос. И тогда — крах, фиаско и вновь суета и поиск интересного дела.

4 ДИНАРИЕВ
Cui bono.
Кому выгодно?

Принцип реализации компонента

У каждого человека существует свой базис, на котором основывается уверенность в себе. Кто-то «просто уверен в себе», демонстрируя свой эгоцентризм (мечи). Кто-то уверен в себе, потому что знает, что именно в нем хорошо и как оно влияет на его мир (жез-лы). Кто-то чувствует внутреннюю гармонию и это придает ему уверенность в себе (кубки). Динарии же чувствуют уверенность в себе, основываясь на «тугом кошельке», который оттягивает их карман.

Поведенческий признак стиля (почерк поведения)

В качестве признака поведения человека, реализующего рассматриваемый компонент, вы можете видеть того, «кто может все купить». Он не только мерит процессы с позиции денег, он точно знает, что всегда дело за деньгами и ничем больше.

Методы защиты от сторонних влияний

В качестве метода защиты от сторонних влияний, не отвечающих интересам человека, рассматривается такая категория, как «выгода». Мне не выгодно! Это не прибыльно! В этом нет экономической перспективы! И либо его слова будут обоснованно опровергнуты, либо с ним не удастся найти общий язык.

Методы управления или манипуляции сильными

В сложившейся ситуации он не стремится кем-либо управлять. Он вполне доволен тем, что у него есть, и поэтому не предпринимает никаких шагов, чтобы завоевать сердца будущих инвесторов. Но вместе с тем он проявляет некоторую настороженность — вполне возможно, что кто-то захочет покуситься на его активы.

Методы управления или манипуляции слабыми

В качестве метода управления слабыми используются деньги. Деньги как демонстрация силы и морального подавления слабого. Деньги как метод подкупа или приобретения расположения того, кто его интересует. В общем, все сводится к покупке слабого.

Схемы в отношении женщин

В отношении женщин демонстрируется надменная холодность. Они «угроза», поскольку могут вывести его из состояния приятного блаженства. И поэтому дистанция — лучшее, что может быть для данного индивидуума.

Схемы в отношении мужчин

Схемы в отношении мужчин менее сдержанные, поскольку подобное состояние в большей степени влияет на мужчин, нежели на женщин. И в этом случае, помимо холодной надменности «подключается» хвастовство как в прямом, так и в косвенном виде.

Профессиональные качества

«Человек крепко стоит на ногах» — так говорят о подобных людях. Он умеет не только зарабатывать, но и удерживать контроль за деньгами. Поэтому, видя его умение корректного распоряжения финансами, такого человека активно приглашают в те области, где есть или намечаются финансовые проблемы. Цель — наведение порядка. Но порядок будет наводиться только в одной случае — если ему это будет выгодно.

Принцип принятия решения

Человек старается не принимать никаких решений. «Рубль в минус» — уже не нравится. «Рубль в плюс» — а зачем он мне нужен? Только естественная трансформация может заставить его предпринять какие-либо шаги.

Резюме

Карта описывает такой образ человека как «копилка, наполненная до краев»: всего уже полно и можно бы дальше копить. Но класть уже некуда, а тратить не хочется. Это состояние временное. В большинстве случаев жизнь заставляет тратить. В редких случаях человек сам находит место, где он готов расстаться с деньгами.

5 ДИНАРИЕВ
Per fas et nefas.
Правдами и неправдами.

Принцип реализации компонента

Каждый рано или поздно попадает в затруднительную ситуацию, когда чего-то не достает и это состояние приводит к отчаянию. Кажется, что выхода нет. Но если описываемая ситуация имеет причину, то она может рассматриваться как логичный отклик на существующие обстоятельства. Но есть и «состояние души», при котором человек страдает из-за того, что чего-то не имеет, при этом и сам факт страдания под вопросом, и необходимость терзаний сомнительна.

Поведенческий признак стиля (почерк поведения)

Заискивающий взгляд, тоска в глазах, скромная и часто сильно изношенная, но вполне опрятная одежда — классический стиль «опрятного бомжа». За исключением одной детали, которая все ставит под сомнение, — дорогая сумочка или часы, или обувь, что-то что диссонирует с тоской об утраченном счастье.

Методы защиты от сторонних влияний

Метод защиты от сторонних влияний один — «что с меня взять, у меня и так ничего нет!?» Чаще всего метод работает, так как мало кто может так вдохновенно унижаться, чтобы не платить денег. А если обман раскрывается, то вызывает еще большее чувство брезгливости.

Методы управления или манипуляции сильными

Попрошайничество, выпрашивание, сопровождаемое эмоциональным давлением в купе с «историей бед», — вот наиболее яркий образ человека, который стремится заставить сильного что-то сделать. Чаще всего — дать денег или сделать что-то бесплатно. Мол, сильный (и богатый), может и поделиться.

Методы управления или манипуляции слабыми

Метод управления слабыми более жесткий, чем сильными. Что с них взять? Но важно не только взять, но и убрать с дороги «лишние рты». И тогда агрессивно, настойчиво выдавить тех, кто мешает. Но при этом продемонстрировать всем, что у них и так все хорошо — нечего занимать чужие места.

Схемы в отношении женщин

В отношении женщин, которые чаще всего проявляют сочувствие, работает схема «сильных», усиленная эмоциями и страданиями. И в этом случае 80% женщин идут на поводу у человека — он же умирает!

Схемы в отношении мужчин

В отношении мужчин используется схема «превозношения», когда оппонент превозносится в его же собственных глазах до небес. Откровенная лесть, безмерные похвалы — все идет в ход. А далее просьба — разве такой «сильный и могучий» может отказать «слабому и беззащитному»?

Профессиональные качества

В профессии человек с подобной чертой характера редко добивается успеха. Он не очень хорошо работает, но крайне хорошо «страдает» о своей работе и о тех «копейках», которые ему платят. Чаще всего люди данного типажа встречаются в сфере госуслуг.

Принцип принятия решения

Решение принимается по принципу «мне нужно» — дальше тянется все, что плохо или хорошо лежит. А если кто схватит за руку, у него есть обоснование — он бедный, несчастный, ему очень-очень нужно.

Резюме
Крайне неприятная реализация компонента. Даже во временной стадии. Но временное проходит и человек, борясь за свои интересы, выбирается из этой моральной ямы. Но есть и те, кто в ней живет постоянно, не испытывая дискомфорт.

6 ДИНАРИЕВ
Benefacta male locata malefacta arbitror.
Благодеяния, оказанные недостойному, я считаю злодеяниями.

Принцип реализации компонента
В жизни каждого бывают моменты, когда нужно «помочь ближнему», причем помочь реально и помочь в той ситуации, с которой человек не может справиться сам. Каждый делает это по своему — описываемый нами персонаж делает это несколько высокомерно и, как говорят в народе, «с барского плеча». Да, он может объяснить, почему он помогает или отказывает. Но это не объясняет, почему он себя так ведет.

Поведенческий признак стиля (почерк поведения)
«Я могу, но буду ли…?» — так выглядит поведение человека. Он как бы делает одолжение, расставаясь с собственными возможностями. Многие воспринимают это за демонстрацию статуса — он ценит себя. Но для тех, кто понимает, его поведение не больше чем обычное высокомерие.

Методы защиты от сторонних влияний
В качестве метода защиты от сторонних влияний используется принцип убеждения. Но убеждает не он — убедить должны его. Как человек, который приходит в банк за кредитом и должен убедить банкира дать ему деньги. И человек, желая получить помощь, забывает, что не только ему нужны деньги — банкиру они тоже нужны, ведь он на нем зарабатывает.

Методы управления или манипуляции сильными
Методов управления сильными у данного индивидуума нет. Все его «психологические трюки» и надменность на них не работают. А иной формы поведения он уже не имеет — забыл со временем.

Методы управления или манипуляции слабыми

Вот слабыми мы умеем управлять достаточно эффективно — слабым всегда что-то нужно. И стоит просто не лишать их надежды, и они будут идти и делать все, что он скажет. Ведь он рано или поздно отблагодарит их, поделится своими возможностями.

Схемы в отношении женщин

С женщинами данные индивидуумы не умеют общаться. Женщины хотят конкретики, то есть денег от описываемого типажа. Есть деньги — есть общение. Нет денег — общения нет. А «ползать» в мольбе они не согласны. Тем более перед таким снобом.

Схемы в отношении мужчин

В среде мужчин разыскиваются «слабые» и «готовые к использованию» — они нужны для целей нашего индивидуума. Остальные не интересны. Более того, могу быть опасны для его самолюбия — поставят на место и будет «больно».

Профессиональные качества

Делец, банкир, финансист, торговец — проявления описываемой характеристики мы может видеть прежде всего в этих профессиях. В иных сферах, где деньги не властвуют над людьми, описываемые типажи практически не встречаются.

Принцип принятия решения

Решения принимаются по принципу «выгоды». Помочь — в чем выгода? Дать в долг — под какой процент? Оказать благотворительную помощь — а мне зачтется и от кого? Все только на базе перспективного вложения средств.

Резюме

Карта описывает яркую черту делового человека, способного распоряжаться своими ресурсами не смотря на эмоции или давление, которое, возможно, присутствует в ситуации. Жаль только, что данная характеристика делает индивидуума менее человечным и более алчным. Но, как говорится, во всем есть свои плюсы и минусы.

7 ДИНАРИЕВ
Dictum factum.
Сказано — сделано.

Принцип реализации компонента

Каждый из типажей получает «личное вознаграждение за свой труд. Мечи — в виде достигнутой цели (и поверженного врага в виде преодоленной преграды). Кубки — в виде эмоций, радости, чувства внутренней полноты. Жезлы — в виде того, что все «прошло по плану» или «план завершен. Динарии — в виде реальной выгоды — плодов своего труда.

Поведенческий признак стиля (почерк поведения)

Человек доволен тем, чего он достиг, что он имеет и каковы его перспективы. Это образ человека, который уверен в себе, в дне сегодняшнем и завтрашнем. Он спокоен, немного равнодушен, потому что ему кажется (и часто обоснованно), что любая проблема решаема, если что-то делать и делать верно.

Методы защиты от сторонних влияний

В качестве методов защиты от сторонних влияний человек использует схему «сделай сам» — предлагает своему оппоненту инструмент, предоставляет возможности, «дальше все в твоих руках». Он никогда не будет делать что-то за других. Для других — вероятно и даже возможно. Но «сесть ему на шею» не удастся — он прекрасно знает цену своему времени.

Методы управления или манипуляции сильными

Сильные ему «не интересны» — у них свои дела, у меня свои. Но если приходится сталкиваться с теми, кто сильнее и кто нужен для его целей, то это, безусловно, будут честные переговоры. Он знает, что хочет и готов предложить «разумную плату» за то, что ему нужно.

Методы управления или манипуляции слабыми

Слабые интересны еще меньше, чем сильные, поскольку редко могут что-либо сделать. Но если хотят и «есть время», пожалуйста — инструмент в руки и действуй. Докажи, что ты сильный и что с тобой можно говорить на равных.

Схемы в отношении женщин

Схема поведения в отношении с женщинами не нравится прежде всего самим женщинам — все по-деловому, практично и даже прагматично. А зачем, собственно говоря, тратить время на пустые разговоры? За это время можно многое сделать.

Схемы в отношении мужчин

В отношении мужчин все проще, «по Марксу»: товар-деньги-товар. И формула может быть изменена иными выгодными составляющими, но суть от этого не меняется.

Профессиональные качества

Рассматриваемый индивидуум является профессионала высокого уровня. Он востребован, его «продукт» пользуется популярностью и он готов предпринимать все шаги, чтобы так продолжалось как можно дольше.

Принцип принятия решения

Решения принимаются только из расчета собственных интересов. Здесь нет понятия выгоды в приоритете, но план, расчет, схема поведения — все это должно или стать лучше, или остаться неизменным. Любое подозрение на ухудшение ситуации, сомнения, неуверенность незамедлительно приведут к отказу человека.

Резюме

Карта типажа, который «пашет» как в прямом, так и в переносном смысле и готов нести ответственность за все, что он делает. Это практичный и реалистичный индивидуум, которого сложно чем-либо удивить. Да и не нужно, по большому счету.

8 ДИНАРИЕВ
Pacta sunt servanda.
Договоры нужно соблюдать.

Принцип реализации компонента

Один из ключевых признаков делового человека — это умение правильно распределить силы. Форсирование или избыточное ускорение приведут к тому, что человек истратит силы на данном этапе и в следующем он уже будет не способен к серьезным шагам.

Поведенческий признак стиля (почерк поведения)

Деловая неторопливость, неспешность, размеренная речь, скупые и точные жесты — вот яркие описания почерка поведения человека. Он точно знает, когда, как и в каком количестве расходовать свои силы — это не столько опыт, сколько черта характера, отшлифованная с годами.

Методы защиты от сторонних влияний

В качестве защиты от сторонних влияний человек использует схему «гашения давления» — все успеем, никто не нервничает, никто никуда не спешит. Он гасит колебания до тех пор, пока ритм внешнего влияния не совпадет с его собственным. А далее схемой можно управлять.

Методы управления или манипуляции сильными

В качестве аргументов управления сильными используется профессиональный или личностный авторитет, а также умение донести свои мысли до человека. Он просто спокойно и не спеша убеждает сильного, что ситуация именно такова, как он ее описывает.

Методы управления или манипуляции слабыми

Метод управления слабыми такой же, как и сильными, с той лишь разницей, что человек тратит меньше слов и усилий, чтобы донести свои мысли до человека. Обычно это форма «будет так и так» и затем, в случае возникновение диспута, молчание — никто не собирается вступать в переговоры, нужно просто выполнять инструкции.

Схемы в отношении женщин

В отношении женщин используется схема «сильных» — она гасит эмоциональные колебания, демонстрирует реальное положение вещей, наводит порядок в головах и делах. Спокойно, уверенно, рассудительно — и сразу возникает чувство, что у него все под контролем.

Схемы в отношении мужчин

С мужчинами все сложнее. Если человек видит, что перед ним «вменяемый» индивидуум, то он готов потратить какое-то время на объяснения и пояснения. Но если он считает, что тот «слабый» или маловменяемый, то используется схема «слабого» — чаще всего в сокращенном варианте.

Профессиональные качества

Людей с подобными качествами называют «ремесленники» — они встречаются практически во всех областях, обеспечивая высокое качество работы. Про таких часто говорят «золотые руки», а, познакомившись единожды, стараются не терять с ними контакт, поскольку знают, что всегда получат желаемое.

Принцип принятия решения

Решение принимается на основании тщательного взвешивания ситуации. Когда все «за» и «против» ясны, когда понятны перспективы, когда нет сомнений ни в чем, человек принимает решение. В ином случае ситуация «завешивается» до тех пор, пока в ней не наступит ясность.

Резюме

Карта демонстрирует качество человека, который имеет тесную связь с реальностью и умело управляет процессами окружающего мира там, где они находятся с ним во взаимосвязи. Это «практичный управленец» или «прекрасный ремесленник» — не важно, где он найдет применение своим талантам, важно то, что там все будет сделано на самом высоком уровне.

9 ДИНАРИЕВ
Primus inter pares.
Первый среди равных.

Принцип реализации компонента

Богатство, роскошь, достаток и довольство — вот четыре ключевые характеристики компонента. Человек наслаждается богатством, живет в роскоши, доволен своим достатком и кроме этого его мало что интересует. Эдакий богатый сноб — но, как вы понимаете, «у богатых свои причуды». Единственное, что важно отметить, что «сумма богатства» является индивидуальной — для кого-то это совсем не много, для кого-то — это «рог изобилия в собственности».

Поведенческий признак стиля (почерк поведения)

В качестве ключевого признака поведения человека с описываемой характеристикой можно отметить такое поведение, как «усталость от жизни». Человек выглядит так, как будто все имеет, все попробовал и его сложно чем-либо удивить. На ранних стадиях формирования капитала такая форма поведения чаще всего выглядит карикатурной, на более поздних уже смотрится как «обоснованная солидность».

Методы защиты от сторонних влияний

Человек старается не замечать сторонние влияния — «Меня не беспокоить!». И только действительно серьезные ситуации способны разрушить этот кокон довольства. Но большинство разбиваются об него, сохраняя зону комфортного существования человека.

Методы управления или манипуляции сильными

В качестве ключевого метода управления сильными фигурирует такое понятие, как «материальная воля» или «я хочу!». Не всегда работает, но ничего другого человек не способен предоставить — как минимум просто лень.

Методы управления или манипуляции слабыми

Слабыми не управляют — слабыми повелевают, распоряжаются и используют, причем в категоричной форме. «Пусть радуются, что имеют честь общаться с таким человеком и быть ему полезны» — вот базовый девиз поведения в отношении тех, кто «не достиг», «не смог», «не сумел».

Схемы в отношении женщин

Все зависит от женщины. Если она ровня или стоит чуть выше его в иерархии, то это — «приятная компания», которая сможет оценить все достижения, усилив чувство собственной важности, которое присутствует в описываемом образе. Если не ровня, то и говорить с ней не о чем.

Схемы в отношении мужчин

В отношении мужчин акцент отношений более практичный. Ведь капитал нужно и сохранить, и приумножить. А чаще всего именно мужчины могу это сделать «для такой важной особы». То есть принцип отношений — это польза и выгода.

Профессиональные качества

Человек с проявлением данной характеристики умеет владеть и пользоваться, умеет получать удовольствие от обладания чем-то, но не умеет ни с кем делиться. А значит в большинстве случаев не хочет или не умеет работать. Независимо от статуса и уровня он будет искать теплое место, где много денег и мало дел.

Принцип принятия решения

Решения принимаются по принципу «для себя любимого» — все, что так или иначе будет радовать глаз или кошелек. Все, что не выгодно, не нравится и не имеет перспектив, будет отвергнуто. Даже если отказ будет угрожать человеку — часто найдется тот, кто спасет ситуацию.

Резюме

В «чистом виде» это — характеристика простого человеческого довольства от того, что получено, от того, чем обладает человек. Простое наслаждение имеющимся в материальной сфере, но оно часто гипертрофировано и редко реализуется корректно.

10 ДИНАРИЕВ

In partem salari.
В награду за труды.

Принцип реализации компонента

Если 9 динариев демонстрирует нам удовлетворение человека от того, чем он обладает, 10 динариев описывает реакцию человека, который что-то достиг. Своим трудом, своими усилиями он реализовал то, к чему так долго стремился. Он доволен, счастлив, он получил реальный отклик от своих усилий.

Поведенческий признак стиля (почерк поведения)

В качестве поведенческого признака необходимо отметить приподнятое настроение, благодушие, довольство. Человек как бы всем видом говорит: «У меня получилось, получится и у вас, будьте оптимистичнее».

Методы защиты от сторонних влияний

Человек не защищается от сторонних влияний — в этом просто нет смысла. Он получил, что хотел, а новое еще не началось и поэтому никто и ничто не могут побеспокоить его на «празднике жизни».

Методы управления или манипуляции сильными

Управлять сильными человек захочет только в том случае, если его будут интересовать перспективы общения с ними — партнеры, инвесторы, заказчики — те, кто может быть полезен. Тогда он будет готов поделиться своей радостью — «похвастаться» своими достижениями, сделав небольшую рекламу своим успехам.

Методы управления или манипуляции слабыми

Максимум, что могут получить слабые в общении с этим человеком, — это положительные эмоции и несколько советов, которые человек готов дать, «распираемый» собственным благодушием.

Схемы в отношении женщин

В отношении женщин человек станет более общительным и открытым. Основное стремление — поделиться своими эмоциями и получить адекватный отклик. От женщин этого добиться проще всего.

Схемы в отношении мужчин

В отношении мужчин человек будет стараться вести себя несколько скромнее, чем с женщинами. Демонстрация своих преимуществ далеко не всегда по душе мужскому полу, значит, возможен конфликт, который испортит настроение. Нужен ли он?

Профессиональные качества

Как профессионал этот человек успешен. Он способен довести дело до конца и получить реальную выгоду. По сути, это общая характеристика, если бы не одно «но» — он возьмется только за то дело, которое возможно довести до конца.

Принцип принятия решения

Решения приниматься не будут — все, что может обождать, обождет. Сейчас нет ни желания, ни настроя для того, чтобы думать. Может завтра или послезавтра, когда эмоции немного стихнут и можно будет подумать о том, что еще предпринять.

Резюме

Карта демонстрирует состояние человека, который привык достигать поставленную цель и получать удовольствие как от процесса, так и от его завершения.

Карты Двора

ВСТУПЛЕНИЕ

Карты Двора получили такое название по той причине, что в своем графическом ряду содержат изображения Королей и Королев, а также придворных — Рыцарей и Пажей, то есть персонажей, которые образуют костяк Королевского Двора и его ближайшее окружение.

Не смотря на столь средневеково-сказочное отображение элементов, каждый из них несет определенную смысловую нагрузку, определяемую как стихией, так и уровнем карты.

Каждая карта будет нами рассмотрена в отдельности по своей индивидуальной схеме, не похожей ни на описание карт Старшего аркана, не на описание Числовых карт Младшего аркана. Это конструкция, которая наиболее точно описывает влияние той или иной карты Двора в ситуации или относительно человека.

Но прежде чем мы перейдем к детальному описанию каждой карты необходимо рассказать о том, чем в действительности являются карты Двора.

ЛЮДИ

Каждая карта Двора — это люди, вполне определённые люди со своим поведенческим типажом, схемами действий и намерениями. Они являются частью жизни человека или потому, что человек их сам «впустил» в свою жизнь, сделав их влияние базовым. Или потому, что они «вошли» ненамеренно, закрепив свое влияние в человеке на подсознательном уровне.

Первую схему влияния, когда человек в суждении опирается не на свое мнение, а на мнение сторонних людей, мы можем видеть в отношении к другу, учителю, или даже «книжному авторитету» — образу, который демонстрирует ту или иную форму поведения. И этот образ, схема, используется человеком вполне осознанно.

Вторую схему — схема образов, которые проникают в подсознание человека, минуя логическую оценку. Это может быть и авторитет родителей в каком-либо аспекте жизни, и влияние знакомых, которым подражает человек, не осознавая своего поведения. В любом случае карта покажет «источник информации» — то, откуда человек черпает идеи своего поведения.

ЭМОЦИИ-СТИХИИ

Каждая карта Двора имеет свою эмоционально-поведенческую окраску, свой стиль влияния, который обусловлен поведением человека, который вошел или вторгся в жизнь. Стиль, схема поведения крайне важна — она описывает так называемый алгоритм достижения цели.

Мечи буду действовать жестко, беспринципно, агрессивно, добиваясь своего.

Кубки будут оперировать эмоциями — давить на жалость, петь хвалебные песни, переживать или сочувствовать.

Динарии будут преследовать выгоду и «говорить» о деньгах, независимо от того, что происходит и в каком виде.

Жезлы будут действовать по плану, делая все последовательно, взывая к разуму и здравому смыслу.

Тем самым, видя стихию реализации, вы можете видеть, какой компонент реализуется и какое влияние он оказывает на человека. Также это может быть демонстрацией того, как ведет себя сам человек, «наученный» сторонним авторитетом.

СТАТУС

Король, Дама, Рыцарь, Паж — у каждой карты есть своей статус или свой уровень влияния на человека. В зависимости от уровня-значения карты вы можете сказать, какое влияние оказано.

Паж — самое простое влияние, ограниченное только информацией. Не случайно Пажа часто называют Вестником, а в значении карты фигурирует слово «известие». Перед нами человек, оказавший только информационное влияние: рассказал, пересказал, уведомил, сообщил, передал информацию — и все в аспекте стихии, к которой он принадлежит.

Рыцарь представляет собой локальное влияние в определенном аспекте. Его полномочия не только в том, чтобы информировать, а чтобы что-то делать. Врач, сантехник, электрик, печник — все эти люди «вошли» в жизнь человека в конкретном секторе, оказав определенное влияние. Они не двигаются в другие сектора, оказывая влияние лишь там, куда их «позвали» или где они имеют право влиять.

Король и Королева — описание «глобальных» типажей, людей, которые могут «ходить» по всем секторам и оказывать серьезное влияние на человека. Так, например, родители до определенного времени контролируют жизнь ребенка и могут вмешиваться практически во все процессы, которые происходят в его жизни.

ОПИСАНИЕ

Каждая карта Двора описана нами вполне определенным способом, который наиболее точно и емко рассказывает о том, как выглядит влияние каждой карты и в чем она может детально проявляться.

1. Краткая характеристика — общее описание стиля поведения, характера и манер карты Двора.

2. Форма поведения — тот образ или тот стиль, который присущ только этой карте и описываемому ей человеку.

3. Отношение к людям — схемы взаимодействия с людьми, или «о чем они говорят».

4. Внешние признаки — внешние поведенческие признаки, которые помогут различить типажи между собой.

5. Целевые установки — стремления, которые преследует человек, попадая в ситуацию.

6. Сильные стороны — сильные компоненты личности, на которые он делает ставку.

7. Слабые стороны — слабые компоненты личности, которые скрываются и считаются уязвимостями.

8. Основные ошибки поведения — «смещения» поведения, продиктованные стихией поведения, которые часто возникают в ситуации.

9. Рекомендации относительно реализации типажа — ответ на вопрос «Что делать или как себя вести при появлении такого типажа?»

После того как вы ознакомились с базовым описанием карт Двора в Младшем аркане, приступим к изучению каждой характеристики в отдельности.

ПАЖ МЕЧЕЙ
Clavus clavo pellitur.
Клин клином вышибают.

Краткая характеристика

Мечи — это активное, целеустремленное и часто агрессивное поведение. Причем форма агрессии, выраженная в конфликте или давлении со стороны мечей, не всегда является нормой. Скорее это проявление силы воли, моральное давление, угрожающий вид и напор, который свойственен только мечам.

Паж мечей — это настойчивый совет, информационное давление, которое можно расценивать как приказ. Но чаще всего это просто форма передачи информации.

Форма поведения

Быстро, резко, действенно, как разрубить мечом воздух (или противника). Паж мечей не стремится сгладить неровности и произвести впечатление — обычно он действует так, как думает. Важна цель, а все остальное является второстепенным.

Отношение к людям

Как таковые люди не заботят Пажа мечей, поскольку он обычно нацелен на одного человека — того, на кого, по его мнению, ему необходимо оказать влияние. Паж мечей достаточно хорошо абстрагируется от внешних раздражителей или «гасит» внешние раздражители проявлением агрессии.

Внешние признаки

Паж мечей, как молодой солдат, собран, подтянут, активен. Он стремится «стать генералом» и поэтому старается показать себя с лучшей стороны. Но при этом важно понимать, что паж не будет делать ничего за кого-то — он только источник информации, выраженный в такой напористой манере.

Целевые установки

Приказ реальный или внутренний. Если что-то не так, если что-то не по натуре человека, который представлен в виде Пажа мечей, это незамедлительно вызывает агрессивную реакцию. Цель — тот итог, к которому он стремится, и ничто не может помешать ему.

Сильные стороны

Сильные стороны Пажа мечей — умение концентрироваться на цели и умение не замечать то, что второстепенно и является не важным. Сила — это сама сила характера и личности, которая представлена в виде описываемой формы.

Слабые стороны

За целевыми установками Паж мечей не замечает изменения в ситуации и совершает ошибки, которые, при вдумчивом и взвешенном подходе, он бы не совершил.

Основные ошибки поведения

Конфликтность, избыточное давление на людей, категоричность и прямолинейность — вот основной список ошибок человека, который умеет действовать. А значит, если что-то не так, сможет и переделать.

Рекомендации относительно реализации типажа

Мечам часто не достает воздуха — плана, оценки ситуации, способности взвешивать происходящие изменения и оценивать будущие последствия. Появление в компании Пажа мечей кого-то из стихии воздуха может привнести гармонию в процесс.

ВСАДНИК МЕЧЕЙ

In pugna non numerus multum, sed fortitude eorum vincit.
В битве к победе ведет не большое число, а отвага.

Краткая характеристика

Всадник мечей — активный персонаж, который способен изменить жизнь в отдельно взятом аспекте человеческой жизни. Всадник мечей — это «полицейский» или «милиционер», а может «пожарный», который призван навести порядок там, где в этом есть необходимость. Это помощник или противник — все зависит от того, каковы цели и интересы Всадника мечей. В любом случае его появление не останется незамеченным.

Форма поведения

Он не спрашивает совета, он не интересуется происходящим. Он не извиняется и не вступает в полемику. Он просто делает то, что нужно и целесообразно в данной ситуации. Всадник мечей — это тот, к кому обращаются за помощью в самом крайнем случае и категорически не хотят, чтобы он стал врагом.

Отношение к людям

Отношение к людям холодное, жесткое, расчетливое. Всадник разделяет ситуацию на две составляющие — контролируемую и не контролируемую им. И внимательно, и пристально наблюдает за тем, что происходит вокруг.

Внешние признаки

Внимательный взгляд, немногословность, спокойные и неспешные движения. Впрочем, все это может в один миг поменяться, если Всадник мечей почувствует угрозу или посчитает, что необходимо проявить силу в отношении «угрожающего фактора».

Целевые установки

Поскольку его цель — «агрессивная защита», он будет действовать в этом направлении. Он будет защищать свои интересы или интересы других людей. И будет делать это целеустремленно, активно и максимально быстро — мечи не любят ждать.

Сильные стороны

К сильным сторонам Всадника мечей можно отнести умение принимать решения и воплощать их в жизнь. Пока жезл думает, кубок переживает, динарий определяется с выгодами, меч уже сделал тот, что от него требовалось.

Слабые стороны

Слабой стороной типажа, представленного в виде Всадника мечей, можно назвать то, что он периодически злоупотребляет своей силой. Не всегда он в состоянии рассчитать свое влияние и, как следствие, вынужден урегулировать последствия собственных поступков.

Основные ошибки поведения

Ошибкой поведения является тот «козырь», которым обладает типаж мечей. А именно умение действовать. Но не всегда важны поступки. Иногда нужно просто посочувствовать. Иногда провести переговоры. Иногда все как следует рассчитать. Но все это недоступно Всаднику мечей.

Рекомендации относительно реализации типажа

Рекомендации Всаднику точно такие же, как и пажу мечей, — найти в себе силы «к развитию» проявления жезла. Или, на крайний случай, друга-жезла, который поможет слишком активному мечу не потерять контроль над реальностью.

КОРОЛЕВА МЕЧЕЙ

Roma locuta, causa finite.
Рим высказался — дело окончено.

Краткая характеристика

Королева мечей может показаться несколько «мужественной» на фоне представителей других знаков. И все потому, что проще, яснее, менее эмоциональнее, категоричнее и целеустремленнее действует в достижении поставленной цели. Впрочем, совершенно не значит, что Королеве мечей чужды эмоции и практичность. Но все это отходит на второй план. Особенно когда перед Королевой мечей возникает цель.

Форма поведения

Королева мечей может быть практически любой, поскольку хорошо подстраивается под манеры поведения любого знака — никогда не знаешь, какая «личина» поможет сегодня. Но это всего лишь личина, которая быстро уступает место истинной Королеве мечей — властной, сильной и целеустремленной.

Отношение к людям

Отношение к людям ровное, спокойное — чтобы быть королевой, нужно иметь двор и ни в коем случае не пренебрегать никем, кто может быть нужен. Но это не значит, что она общительна. Просто она старается сохранить со всеми «вооруженный до зубов нейтралитет».

Внешние признаки

Строгая или практичная одежда, ухоженный внешний вид, забота и внимание к своей персоне. «И доспехи вычищены, и лошадь накормлена — к бою все должно быть готово». Но при этом часто одевается «невпопад» ситуации — важно не то, что требует ситуация, а то, что требует она сама.

Целевые установки

Цели могут быть разные, равно как и интересы. Но в них всегда присутствует определенная практичность и реалистичность. Мечи редко витают в облаках и не способны бесконечно долго разбираться в каком-либо процессе. Есть цель — мы движемся к ней.

Сильные стороны

Сильная сторона Королевы мечей — умение брать под контроль любую ситуацию. Независимо от мнения людей или их реакций — пришел, увидел, победил. А если не победил? Пришел еще раз, чуть позже, еще более подготовленный. Королеву мечей может остановить только сама Королева мечей.

Слабые стороны

К слабой стороне Королевы мечей можно отнести низкую эмоциональную восприимчивость. Она не всегда понимает чувства людей и не всегда готова проявить сопереживание.

Основные ошибки поведения

Второстепенность окружения при первостепенности цели — люди вокруг могут стать просто инструментами, что чаще всего их не очень радует. И из-за этого — конфликты, претензии и упреки. И все это во имя цели, которая, возможно, не стоила таких жертв.

Рекомендации относительно реализации типажа

Королева мечей является «сокрушительной силой», которая притягивает окружающих людей. С ней лучше дружить, чем воевать. С ней лучше иметь совместные дела, которые сулят выгоду и перспективу.

КОРОЛЬ МЕЧЕЙ
Non progredi est regredi.
Не идти вперед, значит идти назад.

Краткая характеристика

Король мечей — самый «жесткий» персонаж в картах Двора. С точки зрения описания образа он — военачальник, командир, лидер, способный вести за собой людей. Впрочем, способность захватить плацдарм совершенно не говорит о способности его удержать.

Форма поведения

Король мечей может быть практически любым, поскольку хорошо подстраивается под манеры поведения любого знака — никогда не знаешь, какая «личина» поможет сегодня. Но это всего лишь личина, которая быстро уступает место истинному типажу Короля мечей — властному, сильному и целеустремленному человеку.

Отношение к людям

Отношение к людям ровное, спокойное — чтобы быть военачальником, нужно иметь армию и ни в коем случае не пренебрегать никем, кто может быть нужен. Но это не значит, что он общителен, скорее наоборот. Просто он старается сохранить со всеми «вооруженный до зубов нейтралитет».

Внешние признаки

Строгая или практичная одежда, ухоженный внешний вид, забота и внимание к своей персоне. «И доспехи вычищены, и лошадь накормлена — к бою все должно быть готово». Но при этом часто одевается «невпопад» ситуации — важно не то, что требует ситуация, а то, что требует от короля мечей его внутренний подсказчик.

Целевые установки

Цели могут быть разные, равно как и интересы. Но в них всегда присутствует определенная практичность и реалистичность. Мечи редко витают в облаках и не способны бесконечно долго разбираться в каком-либо процессе. Есть цель — мы движемся к ней.

Сильные стороны

Сильная сторона Короля мечей — умение брать под контроль любую ситуацию. Независимо от мнения людей или их реакций — пришел, увидел, победил. А если не победил, то пришел еще раз, чуть позже, еще более подготовленный. Короля мечей может остановить только сам Король мечей (или Королева мечей, если они идут в паре).

Слабые стороны

К слабой стороне Короля мечей можно отнести низкую эмоциональную восприимчивость. Он не всегда понимает чувства людей и не всегда готов проявить сопереживание.

Основные ошибки поведения

Второстепенность окружения при первостепенности цели — люди вокруг могут стать просто инструментами, что чаще всего их не очень радует. И из-за этого — конфликты, претензии и упреки. И все это во имя цели, которая, возможно, не стоила таких жертв.

Рекомендации относительно реализации типажа

Король мечей является «сокрушительной силой», которая притягивает окружающих людей. С ним лучше дружить, чем воевать.

С ним лучше иметь совместные дела, которые сулят выгоду и перспективу.

ПАЖ КУБКОВ
Panem et circenses.
Хлеба и зрелищ.

Краткая характеристика

Паж кубков — это демонстрация эмоции, чувств, которые являются ключевым элементом влияния. Комплимент, оскорбление, признание в любви, слова ненависти, сплетня, эмоциональное обсуждение — у Пажа кубков много граней, но по сути — лишь эмоции, которые практически никогда не имеют никакой серьезной подоплеки.

Форма поведения

Человек (или источник информации), содержащий это влияние, ярок, эмоционален и почти не сдержан. Его интересует две составляющие — «заразить» окружающих той эмоцией, которую он испытывает и эмоционально насладиться своим влиянием.

Отношение к людям

К людям отношение поверхностно-эмоциональное, с позиции нравится/не нравится. Часто позиция субъективная и может меняться «по нескольку раз на дню». Стоит его похвалить или сделать комплимент — он ваш друг навеки. Но стоит наступить ему на ногу — и в тот же миг вы становитесь последней сволочью, которой «нет места в этом мире».

Внешние признаки

Человек ведет себя эмоционально и столь же эмоционально выглядит. Яркие тона, вызывающие одежды — все, чтобы усилить свое эмоциональное давление на человека. Но при этом все стильно и достаточно гармонично.

Целевые установки

Основная цель — произвести «эмоциональный удар», т. е. сделать так, чтобы человек почувствовал тоже, что и Паж. Поэтому информация, передаваемая Пажом кубков, часто содержит много эмоциональных составляющих — «усилителей влияния», а так же изобилует описаниями, которые призваны еще больше «украсить» картину.

Сильные стороны

Способность ярко, очень ярко передать или продемонстрировать эмоцию. Как актер, от которого требуется максимальная эмоциональная выкладка, чтобы его чувства дошли до аудитории.

Слабые стороны

Слабые стороны — логика и умение сопоставлять факты. Обычно Паж кубков не думает, а вываливает всю информацию в одну кучу, считая, что так вернее. Но оценить ее или осмыслить он попросту не в состоянии.

Основные ошибки поведения

Ключевая ошибка поведения Пажа кубков — контакт с любым представителем Мечей. Это как на раскаленную сковородку вылить воду — брызги, пар, шипение, поэтому ситуация всегда заканчивается конфликтом, в котором Паж кубков всегда проигрывает.

Рекомендации относительно реализации типажа

Рекомендация относительно типажа достаточно проста — «высушите» воду и у вас может остаться немного качественной информации. Если повезет — при условии, что она там присутствовала.

ВСАДНИК КУБКОВ

Verum est, quod pro salute fit mendacium.
Ложь во спасение правде равносильна.

Краткая характеристика

Всадник кубков — это весьма и весьма эмоциональная персона, которая решает все вопросы за счет схем эмоционального влияния. Скандал, истерика, слезы, лесть, дифирамбы, похвалы — в ход идет все от негативного до позитивного использования своего эмоционального инструментария. Решение о применении той или иной схемы принимается как на основании ощущения ситуации, так и на основании собственного внутреннего состояния.

Объект под названием Всадник кубков — это человек, который находится в непосредственном контакте с другим человеком, оказывая эмоциональное давление, «заставляя» принять то или иное решение.

Форма поведения

Форма поведения зависит от эмоциональной окраски. Если негативная — то яркое неприятие, беспричинная раздражительность, ощущение того, что «брось спичку и человек взорвется эмоциями». Если позитивная — то крайняя любезность, заботливость, проявления лести и беспричинной похвалы. Эдакий образ лисы.

Отношение к людям

Отношение к людям, безусловно, зависят от эмоциональной окраски реакции, но по сути это отношение, построенное на собственном эмоциональном состоянии. Что «хотят» эмоции, то и реализует человек, не ограничивая себя рамками социума.

Внешние признаки

Громкая речь, яркие жесты, сопровождающие речь, проявление раздражительности, если что-то начинает идти не так. Обычно таких людей называют взбалмошными или, стараясь защитить себя от будущих нападок с их стороны, экстравагантными.

Целевые установки

Главная задача — заставить или убедить человека принять их эмоциональную точку зрения и часто сделать что-то под воздействием этих эмоций. Суть процесса — доказать себе самому, что эмоции были верными.

Сильные стороны

Сильной стороной Всадника кубков является умение выразить собственные эмоции и использовать свой эмоциональный ряд в качестве инструментов влияния. Человек очень хорошо чувствует эмоциональный настрой других людей и буквально играет на их сильных и слабых сторонах.

Слабые стороны

К слабым сторонам типажа относится не высокий уровень логики. Как только требуется что-то обосновать, продумать, построить логическую цепочку — человек пасует, потому что он не может почувствовать эмоцию следующего шага и, как результат, не может сказать, что нужно делать дальше.

Основные ошибки поведения

Основной ошибкой поведения является использование своего инструментария в отношении «всех подряд». Далеко не все подчиняются эмоциональному давлению и, как результат, формируют активную или пассивную защиту, которая сводят на нет все схемы манипуляций.

Рекомендации относительно реализации типажа

В качестве рекомендации для данного типажа можно предложить делать упор на рациональную составляющую своей личности. Логика, разум, знания — все это дополнят картину личности, сделав ее достоинства более выдающимися.

КОРОЛЕВА КУБКОВ
Homo sum et nihil humani a me alienum puto.
Я человек, и ничто человеческое мне не чуждо.

Краткая характеристика

Эмоциональная, экстравагантная, импульсивная и достаточно ранимая особа. Она общается с этим миром посредством эмоций, получая и отдавая свои ощущения окружающим людям. Ее поступки не логичны, ее реакции не всегда понятны с позиции здравого смысла — она делает то, что говорит ее внутренний мир. Уровень Королевы кубков указывает на то, что она имеет доминирующее влияние на человека или на ситуацию, может «двигаться» в процессе и вмешиваться во многие вопросы. Как ферзь в шахматах — так Дама в картах Таро.

Форма поведения

Форма поведения может меняться от «тихой и замкнутой», если внутреннее эмоциональное состояние спокойно, до неконтролируемых проявлений эмоций, если ситуация, а чаще внутренний мир, требуют от нее демонстрации собственных эмоций.

Отношение к людям

Отношение к людям базируется на разделении их на две категории — друзья и враги (последних больше). Друзья — это те, кто как минимум готовы воспринимать ее эмоции и идти у них на поводу. Враги — те, кто не управляются ее эмоциональным рядом или же осуждают ее схемы поведения. «Вы ничего не понимаете! Я ухожу от вас!» — классическая схема защиты Дамы кубков от врагов.

Внешние признаки

Дама кубков старается сохранить молодость в любом возрасте. Но если молодость в подростковом возрасте кричаще-элегантная, то в более зрелом или пожилом она чаще всего выглядит несколько странно. Человек намеренно одевается по-современному, на несколько десятков лет младше своего возраста, стараясь произвести впечатление на окружающих.

Целевые установки

Ключевая целевая установка — реализация своих эмоциональных потребностей в окружающий мир. Чаще всего там, где это возможно. Если нет такой возможности, или «мир черств и эгоистичен» — замыкается в себе, страдая в одиночестве.

Сильные стороны

Сильной стороной личности является умение демонстрировать свои эмоции, умело управлять ими и подчинять им некоторых людей.

Слабые стороны

Слабая сторона — «глухота» к эмоциям других людей. Ее эмоции в приоритете — остальное не так важно.

Основные ошибки поведения

Ключевая ошибка поведения — сильнейший эгоизм и эгоцентризм, который делает неразрешимыми большинство ситуаций. Человек просто не способен понять, что не он является центром вселенной.

Рекомендации относительно реализации типажа

Главной задачей Дамы кубков является поиск и нахождение компаньона-друга-подруги, желательно Мечей или Жезлов. Они станут важной опорой для такого типажа. В ином случае депрессия «длиною в жизнь» обеспечена.

КОРОЛЬ КУБКОВ

Carmina morte carent.
Стихи лишены смерти.

Краткая характеристика

Король кубков отличается от Королевы кубков только половой принадлежностью. Он эмоционален, экстравагантен, импульсивен и достаточно раним. Он общается с этим миром посредством эмоций, получая и отдавая свои ощущения окружающим людям. Его поступки не логичны, его реакции не всегда понятны с позиции здравого смысла — он делает то, что говорит ему его внутренний мир. Уровень Короля кубков указывает на то, что он имеет доминирующее влияние на человека или на ситуацию, может «двигаться» в процессе и вмешиваться во многие вопросы.

Форма поведения

Форма поведения может меняться от «тихой и замкнутой», если внутреннее эмоциональное состояние спокойно, до неконтролируемых проявлений эмоций, если ситуация, а чаще внутренний мир требуют от него демонстрации собственных эмоций.

Отношение к людям

Отношение к людям базируется на разделении их на две категории — друзья и враги (последних больше). Друзья — это те, кто как минимум готовы воспринимать его эмоции и идти у них на поводу. Враги — кто не управляются его эмоциональным рядом или же осуждают его схемы поведения. «Вы ничего не понимаете! Я ухожу от вас!» — классическая схема защиты Короля кубков от врагов.

Внешние признаки

Король кубков старается сохранить молодость (или моложавость) в любом возрасте. Но если молодость в подростковом возрасте кричаще-элегантна, то в более зрелом или пожилом возрасте она чаще всего выглядит несколько странно. Человек намеренно одевается по-современному, на несколько десятков лет младше своего возраста, стараясь произвести впечатление на окружающих.

Целевые установки

Ключевая целевая установка — реализация своих эмоциональных потребностей в окружающий мир. Чаще всего там, где это возможно. Если нет такой возможности, или «мир черств и эгоистичен» — замыкается в себе, страдая в одиночестве.

Сильные стороны

Сильной стороной личности является умение демонстрировать свои эмоции, умело управлять ими и подчинять им некоторых людей.

Слабые стороны

Слабая сторона — «глухота» к эмоциям других людей. Его эмоции в приоритете — остальное не так важно.

Основные ошибки поведения

Ключевая ошибка поведения — сильнейший эгоизм и эгоцентризм, который делает неразрешимыми большинство ситуаций. Человек просто не способен понять, что не он является центром вселенной.

Рекомендации относительно реализации типажа

Главной задачей Короля кубков является поиск и нахождение компаньона-друга-подруги, желательно Мечей или Жезлов. Они станут важной опорой для такого типажа. В ином случае депрессия «длиною в жизнь» обеспечена.

ПАЖ ЖЕЗЛОВ
Dum docemus, discimus.
Пока учим, учимся.

Краткая характеристика

Жезлы — это интеллект, знания, мысли, идеи и планы. Жезлы далеко не всегда хватают звезды с неба, поскольку низкая скорость реализации и логичная последовательность не позволяет им вырваться слишком высоко. Но в житейских вопросах и вопросах, касающихся практических тем, им нет равных. Они спокойны, уравновешены и являются приверженцами строгого порядка, корректных норм поведения и схем общения с людьми.

Паж жезлов — это информационный вброс: идея, информация, новость, рассказ о ком-то или о чем-то, но не в виде сплетни, а в виде повествования и информирования. Основная задача Пажа жезлов — донести информацию до человека так, чтобы он понял.

Форма поведения

Человек, представленный в виде Пажа жезлов, спокоен и рассудителен. Он как «справочное бюро» или книга, которая дает ответ на интересующий вопрос, но при этом ничего не советует, ни во что не вмешивается.

Отношение к людям

Отношение к людям корректное, взвешенное. Человек, представленный в виде Пажа жезлов, крайне культурен и обходителен. Он свято соблюдает нормы поведения в обществе.

Внешние признаки

Внешние признаки — опрятность, скромность в одежде, спокойная, размеренная и внятная речь. Четкие и ясные формулировки, последовательность изложения мысли.

Целевые установки

Основной задачей пажа жезлов является донесение информации до человека. Он, как письмо, должен довести до сведения своего оппонента данные и двигаться дальше «по своим делам».

Сильные стороны

Низкая эмоциональность и нежелание влиять на ход событий. Просто рассказ, просто информация и ничего больше.

Слабые стороны

Слабая сторона — отсутствие обратной связи. Чаще всего человек обладает только той базой информации, которой поделился. И любые уточнение или дополнения невозможны.

Основные ошибки поведения

Основной ошибкой, совершаемой Пажом жезлов, является отслеживание результата переданной информации. Смесь любопытства и стремления все держать под контролем очень характерно для жезлов.

Рекомендации относительно реализации типажа

Основной рекомендацией реализации типажа является необходимость максимально точной и развернутой передачи информации. «За что купил, за то и продаю» — так говорят в народе.

ВСАДНИК ЖЕЗЛОВ

Amicus (mihi) Plato, sed magis amica veritas.
Платон — друг, но больший друг — истина.
(Платон мне друг, но истина дороже.)

Краткая характеристика

Всадник жезлов — это человек, который оказывает информационное или интеллектуальное влияние на другого человека или событие. При этом он является активным участником события, но только в одном аспекте процесса. Это может быть товарищ, который дает толковый совет. Это может быть друг, который помогает в сложной ситуации. Это может быть бухгалтер, который наводит порядок для руководителя фирмы. Все вместе — это описание активной работы с информацией и умелое распоряжение этой информацией.

Форма поведения

Форма поведения авторитарна и может показаться, что немного надменна. Человек как бы диктует свою волю и свой план действий, не желая слушать ничего вопреки. Но он редко вступает в конфликт — чаще молча продолжает действовать.

Отношение к людям

Отношение к людям корректное, но в некоторых случаях, когда дело касается его умений и навыков, немного свысока. Человек доминирует над другими — теми, кто нуждается в его помощи.

Внешние признаки

Целеустремлен, но неспешен, активен, но не суетлив — он точно знает, что нужно делать и как следует поступить в каждый последующий шаг. Обычно такие люди вызывают симпатию и чувство уверенности — он же все знает.

Целевые установки

Ключевой целью является «наведение порядка» в отдельно взятой ситуации. Если это — совет, то будет «выдана» полная инструкция. Если это — просьба рассказать о чем-то, то будет изобилие информации, полностью удовлетворяющей человека. Человек прекрасно ориентируется в законах, правилах и условностях и готов помочь в этом окружающим.

Сильные стороны

Сильными сторонами является умение доводить дело до конца, наводить порядок, вносить ясность, отстаивать интересы людей. Высокий уровень деловой активности с прекрасной информационной подготовкой.

Слабые стороны

Слабой стороной является консерватизм — неумение выходить за рамки ситуации или понимания. Человек действует «по инструкции» и не обладает свободой к действию.

Основные ошибки поведения

Ошибкой поведения является то, что не всем нужна помощь, совет, поддержка. Но часто это не смущает Всадника жезлов и для того, чтобы его остановить, недостаточно просто слов. Часто только конфликт может остановить его нравоучения.

Рекомендации относительно реализации типажа

Типаж крайне полезен для Кубков и Динариев, да и Мечи не откажутся от его помощи. Если бы не одно но — он будет вмешиваться не только в те дела, в которых нужна его помощь, но и во все, до которых дотянется его пытливый ум.

КОРОЛЕВА ЖЕЗЛОВ
Omnia tempus habent.
Всему свое время.

Краткая характеристика

Высокая идейность, покладистость, моральная устойчивость и определенный идеализм взглядов — вот основные черты Королевы жезлов. Нередко пребывает в задумчивости, растерянности из-за обилия вариантов поступка или из-за полного отсутствия идей. Коммуникабельна, образована, вежлива, но совершенно не стремится схватить звезду с небе. Домоседка, хорошая хозяйка и жена.

Королева жезлов — персонаж, который появился в жизни или ситуации и формирует обширное влияние на процессы. Чаще всего — наводить порядок и делать все «под себя», медленно и методично убеждая в этом людей.

Форма поведения

Спокойна, уравновешена, деловита. Всегда готова прийти на помощь другим людям. Это создает вокруг нее обилие друзей и знакомых, которые нередко забирают у нее массу свободного времени.

Отношение к людям

Отношение к людям миролюбивое, взвешенное, корректное. Человек редко вступает в конфликты — чаще просто не общается с тем, кто по каким-либо причинам (обоснованным, понятным) вызывает у нее неприязнь.

Внешние признаки

Всегда аккуратно одета, следит за собой, не позволяет себе лишнего ни в чем — все в рамках дозволенного и собственного понимания об этом.

Целевые установки

«Все должно быть правильно» — таков девиз Королевы жезлов и она свято следует этой внутренней установке. Она требует это от себя и старается получить это влияние от окружающих.

Сильные стороны

Сильные стороны Королевы жезлов — прагматизм, логичность и последовательность. Для женщин столь высокая практичность является несомненным плюсом.

Слабые стороны

Слабая сторона — низкая эмоциональность и бескорыстность. Последнее отдадут, но помогут — так можно определить слабость Королевы жезлов.

Основные ошибки поведения

Основная ошибка поведения заключена в том, что «не все хотят жить» так, как настаивает Королева жезлов. Давление на человека является одним из наиболее применяемых инструментов — давление фактами, убеждением, авторитетом.

Рекомендации относительно реализации типажа

Для того чтобы Королева Жезлов окончательно не загнала весь окружающий ее мир в рамки, ей не хватает помощниц — Кубков и Мечей. Кубки будут компенсировать ее низкую эмоциональность, а Мечи периодически «ускорять» процесс, в котором Королева жезлов остановилась, чтобы в сотый раз все взвесить.

КОРОЛЬ ЖЕЗЛОВ
Noli nocere!
Не навреди!

Краткая характеристика

Король жезлов — человек, для которого идея происходящего и само понимание важнее, чем сам процесс. Он прежде должен вникнуть во все и разобраться, прежде чем принять решение.

Хорошо развита память и в случае получения хорошего образования из таких людей получаются достойные исполнители. С неба звезд такой человек не хватает, но за счет исполнительности и ответственности может достичь много.

Аккуратен, педантичен и местами занудлив в быту.

Домосед, любит уют и комфорт и, что характерно, любит многое делать своими руками.

Король жезлов сдержан по натуре, поэтому эмоции гасит в себе, а не выплескивает на объект раздражение. Но в тоже самое время эти же эмоции, если не успели перегореть в человеке, могут быть излиты на того, кто попадется под горячую руку.

Если Король жезлов появился в ситуации, у него одна цель — навести порядок там, где он появился, и он будет делать все, чтобы прошло так, как он задумал.

Форма поведения

Спокоен, уравновешен, деловит. Всегда готов прийти на помощь другим людям. Это создает вокруг него обилие друзей и знакомых, которые нередко забирают у него массу свободного времени.

Отношение к людям

Отношение к людям миролюбивое, взвешенное, корректное. Человек редко вступает в конфликты — чаще просто не общается с тем, кто по каким-либо причинам (обоснованным, понятным) вызывает у него неприязнь.

Внешние признаки

Всегда аккуратно одет, следит за собой, не позволяет себе лишнего ни в чем — все в рамках дозволенного и собственного понимания об этом.

Целевые установки

Все должно быть правильно — таков девиз Короля жезлов и он свято следует этой внутренней установке. Он требует это от себя и старается получить это влияние от окружающих.

Сильные стороны

Сильные стороны Короля жезлов — прагматизм, логичность и последовательность. Причем настолько сильные качества, что нередко они превращаются в минусы.

Слабые стороны

Слабая сторона — низкая эмоциональность и бескорыстность. Последнее отдадут, но помогут — так можно определить слабость Короля жезлов.

Основные ошибки поведения

Основная ошибка поведения заключена в том, что «не все хотят жить» так, как настаивает Король жезлов. Давление на человека является одним из наиболее применяемых инструментов — давление фактами, убеждением, авторитетом.

Рекомендации относительно реализации типажа

Для того чтобы Король Жезлов окончательно не загнал весь окружающий его мир в рамки, ему не хватает помощниц — Кубков и Мечей. Кубки будут компенсировать его низкую эмоциональность, а Мечи периодически «ускорять» процесс, в котором Король жезлов остановился, чтобы в сотый раз все взвесить.

ПАЖ ДИНАРИЕВ
Pecunia non olet.
Деньги не пахнут.

Краткая характеристика

Значение этой карты на языке вульгарной интерпретации Таро означает «денежные вести». В психологическом аспекте карта имеет подобное описание — «он всегда говорит о деньгах». Деньги проходят как мера оценки, уровня, обоснования для достижения цели и всего, что окружает человека. Но важно понимать, что эта информация может быть как позитивного, так и негативного характера.

Форма поведения

Суетливо-деловито, как на базаре: хочешь купить — купи, не хочешь покупать — проходи. Так часто выглядит образ человека, для которого деньги являются идолом, кумиром и смыслом существования.

Отношение к людям

Отношение к людям проходит через призму экономического уровня. Есть деньги — подобострастие и крайнее уважение, вплоть до лизоблюдства. Нет денег — апатия, скука во взгляде, пространный интерес к персоне.

Внешние признаки

Человек всегда пытается выделиться среди окружающих чем-то, что дорого и ценно (или является брендовой вещью и потому престижно). Но поскольку уровень персоны не велик, денег обычно хватает только на один «дорогой элемент», который чаще всего является подделкой.

Целевые установки

От жизни нужно получить максимум — и человек стремится заработать, получить, урвать все, что можно и что нельзя. Причем чаще нельзя, поскольку типаж еще не вполне созревший.

Сильные стороны

Сильной стороной описываемого типажа является его умение «быстро передвигаться» — он ищет выгоду, он стремится к ней, он готов сделать все, чтобы быть в выигрыше. Высокая активность и жизнелюбие, пусть и весьма своеобразное и ограниченное, являются сильными сторонами человека.

Слабые стороны

К слабым сторонам индивидуума можно отнести слабое планирование и полное отсутствие ощущения перспектив. Человек просто не видит ничего дальше своего носа.

Основные ошибки поведения

К ошибкам поведения можно отнести субъективную оценку людей. Он часто ошибается, поскольку видит только «динарскую» составляющую, забывая, что есть и другие, которые могут нести опасность.

Рекомендации относительно реализации типажа

Если Паж динариев хочет дорасти до Короля динариев, ему нужно многому учиться и в первую очередь получать выгоду не только в виде денег, но и в виде иных компонентов других стихий. К сожалению, это редко удается данному типажу.

ВСАДНИК ДИНАРИЕВ

Pecunia est ancilla, si scis uti, si nescis domina.
Деньги служат тебе, если умеешь ими пользоваться,
если же не умеешь, властвуют над тобой.

Краткая характеристика

В отличие от Пажа динариев, который может только рассуждать о деньгах и имеет мало перспектив для их получения, Всадник динариев является более сильным и действенным персонажем. Это тот, кто при помощи денег или возможностей, связанных с деньгами, вмешивается в ситуацию, управляя ею. Это может быть клерк в банке, может быть друг, который дает взаймы (но обязательно под проценты), — это персонаж, который, имея деньги, влияет на мир при помощи этого инструмента.

Форма поведения

Собран, деловит, погружен в свои мысли и сосредоточен на процессе. Он имеет один из серьезнейших инструментов в мире и, опираясь на свою натуру, хочет максимально выгодно им управлять.

Отношение к людям

Отношение к людям слегка высокомерное — они не достигли того уровня, что достиг он. А нужда, в прямом или переносном смысле, лишний раз заставляет их почувствовать себя могучими и влиятельными особами.

Внешние признаки

Дорого и модно одет, но одежда не «кричит» о своей дороговизне, а подчеркивает статус человека. Он деловит, неспешен, старается быть внимательным к собеседнику, даже если ему тот не интересен — а вдруг в будущем пригодится. Непременно — дорогие часы, престижная машина и иные аксессуары, которые призваны укрепить его имидж.

Целевые установки

Целевой установкой является рост благосостояния. Он готов на все, чтобы оно неуклонно росло, а он будет прикладывать все силы для этого. Это менеджеры среднего звена, финансисты-середнячки — те, кто уже почувствовал запах больших денег, но еще не держал их в руках.

Сильные стороны

К сильным сторонам можно отнести высокую работоспособность и умение концентрироваться на поставленной задаче. Как гончая, которая взяв след, не остановится, пока не поймает добычу.

Слабые стороны

К слабым сторонам можно отнести деление процессов своего мира на важные и второстепенные. Часто, особенно после 35, это дает о себе знать в виде серьёзных пробелов в личной жизни или здоровье.

Основные ошибки поведения

Стремясь выйти на более высокий уровень, человек начинает упускать простые составляющие процессов. Он забывает, что большое начинается с малого и берет только «большие куски», которые потом не в состоянии удержать.

Рекомендации относительно реализации типажа

Классический типаж делового человека — того, кто работает на Короля или Королеву динариев. Без них, без их возможностей, он — полный ноль. Но с ними и для них весьма выгодный работник.

КОРОЛЕВА ДИНАРИЕВ
Utile dulce miscere.
Сочетать приятное с полезным.

Краткая характеристика

Деньги — вот приоритет, цель и смысл жизни. Далеко не всегда этот приоритет «ярко выражен», но как только речь заходит о том, что Королева динариев должна за что-то платить, в глазах появляется «калькулятор». Выгода, интерес, получение прибыли — все это приоритетные задачи Королевы динариев. И, естественно, она должна распоряжаться всем этим для получения удовольствия.

Форма поведения

По форме поведения Королева динариев слегка суетлива (пытлива и подвижна), старается вникнуть в процесс как для того, чтобы ее «не надули», так и для того, чтобы иметь возможность контролировать процессом. Нетерпелива и капризна, если что-то идет не по ее плану или это может оказать влияние на оппонента.

Отношение к людям

Отношение к людям спокойное до тех пор, пока она не начинает делить их на нужных и ненужных людей — иного деления для Королевы динариев не существует. С нужными людьми поддерживаются хорошие отношения, налаживаются «дружеские контакты» и периодически проводятся «ревизии связей». С ненужными разговор короткий — явная демонстрация своего нежелания общаться.

Внешние признаки

Часто не слишком внимательны к своей внешности, но всегда внимательны к тому, что носят. Это ярко, это модно, это дорого и чаще всего не идет Королеве динариев. Можно одеться в золото — но это тяжело, это душно, зато как красиво!

Целевые установки

Целевая установка — деньги правят миром. Она может быть ярко выражена, может быть скрыта, но 99% ситуаций, в которые попадает Королева Динариев, начинаются со слов «сколько это стоит?» или «сколько за это нужно заплатить?»

Сильные стороны

Сильные стороны — умение распоряжаться деньгами и умение управлять деньгами и при помощи денег управлять людьми. Причем делается это без каких-либо стеснений и угрызений совести. Но не потому, что ее нет, а потому что совесть «настроена» на подобную реализацию.

Слабые стороны

Слабая сторона Королевы динариев заключается в том, что в лозунге «Всех можно купить за деньги» есть некоторые исключения. И когда она сталкивается с ними, это всегда приводит к проблемам в ее жизни. Причем к проблемам неразрешимого характера, с которыми она живет всю оставшуюся жизнь.

Основные ошибки поведения

Основная ошибка поведения Королевы динариев — восприятие мира и людей через ограниченную призму нужности, важности и перспективности. Это ограничивает оценку и часто приводит к ошибкам как суждения, так и поведения.

Рекомендации относительно реализации типажа

Типаж Королева динариев — типаж деловой женщины, которая обрела власть над одним из важнейших инструментов. Но управлять всеми типажами динарии не могут. Это важно помнить и не использовать один инструмент во всех случаях жизни.

КОРОЛЬ ДИНАРИЕВ

In me omnis spes mihi est.
Вся моя надежда только на себя.

Краткая характеристика

Король динариев — та же Королева динариев, только в брюках. Деньги — вот приоритет, цель и смысл жизни. Далеко не всегда этот приоритет «ярко выражен», но как только речь заходит о том, что Король динариев должен за что-то платить, в глазах появляется «калькулятор». Выгода, интерес, получение прибыли — все это приоритетные задачи Короля динариев. И, естественно, он должен распоряжаться всем этим для получения удовольствия.

Форма поведения

По форме поведения Король динариев слегка суетлив (пытлив и подвижен), старается вникнуть в процесс как для того, чтобы его «не надули», так и для того, чтобы иметь возможность контролировать процессом. Нетерпелив и капризен, если что-то идет не по его плану или это может оказать влияние на оппонента.

Отношение к людям

Отношение к людям спокойное, до тех пор, пока он не начинает делить их на нужных и ненужных людей — иного деления для Короля динариев не существует. С нужными людьми поддерживаются хорошие отношения, налаживаются «дружеские контакты» и периодически проводятся «ревизии связей». С ненужными разговор короткий — явная демонстрация своего нежелания общаться.

Внешние признаки

Часто не слишком внимательны к своей внешности, но всегд внимательны к тому, что носят. Это ярко, это модно, это дорого и чащ всего не подходит Королю динариев. Фирма, бренд, роскошь — вс это эпитеты, относящиеся к одеянию Короля динариев.

Целевые установки

Целевая установка — деньги правят миром. Она может быть ярко выражена, может быть скрыта, но 99% ситуаций, в которые попадает Король динариев, начинаются со слов «сколько это стоит?» или «сколько за это нужно заплатить?».

Сильные стороны

Сильные стороны — умение распоряжаться деньгами и умение управлять деньгами и при помощи денег управлять людьми. Причем делается без каких-либо стеснений и угрызений совести. Но не потому, что ее нет, а потому, что совесть «настроена» на подобную реализацию.

Слабые стороны

Слабая сторона Короля динариев заключается в том, что в лозунге «Всех можно купить за деньги» есть некоторые исключения. И когда он сталкивается с ними, это всегда приводит к проблемам в его жизни. Причем к проблемам неразрешимого характера, с которыми он живет всю оставшуюся жизнь.

Основные ошибки поведения

Основная ошибка поведения Короля динариев — восприятие мира и людей через ограниченную призму нужности, важности и перспективности. Это ограничивает оценку и часто приводит к ошибкам как суждения, так и поведения.

Рекомендации относительно реализации типажа

Типаж Короля динариев — типаж делового человека, который обрел власть над одним из важнейших инструментов. Но управлять всеми типажами динарии не могут. Это важно помнить и не использовать один инструмент во всех случаях жизни.

В ЗАКЛЮЧЕНИИ

...аключении я бы хотел вернуться к тем словам, что написал в начале. Перед вами книга, цель и задача которой не «прими-...Психологию и Эзотерику, но показать, что между двумя эти-...правлениями исследования человека гораздо больше общего, ...ожет показаться с первого взгляда.

...а, еще существует много предрассудков, есть непонимание, ...ые пятна» и домыслы. Но если не делать шаги, не приклады-...ь усилия к постижению, пусть не понятной, но вполне рацио-...ьной точки зрения, невозможно разумно понять, что перед вами: ...д предрассудков и суеверий, или иная версия действительности, ...ормулированная «неканоническим» языком.

СОДЕРЖАНИЕ

Описание карт Таро

Карты Двора

МАГ ДМИТРИЙ НЕВСКИЙ

Консультации и магическая помощь по вопросам: Семьи и брака, Личным вопросам, Бизнесу, вопросам Судьбы и Жизни, успешности и удачливости и всему тому, что не входит в рамки «обычных человеческих явлений». Диагностика, корректировка, магическая помощь – все, что необходимо в конкретной ситуации.

Любой магической помощи предшествует консультация.

Обучение: Практической магии, Магии Свечей, Магии Судьбы, Работе с картами Таро, Рунической магии, Созданию талисманов и пантаклей, Противодействие магическим влияниям, Бизнес-магия, Повышение квалификации Специалистов.

Обучение только индивидуальное, по индивидуальной программе, по результатам тестирования.

Нательные талисманы, соединившие в себе мастерство ювелира и мудрость мага, созданы для повседневного ношения. Именно так достигается максимальный эффект, результат, получается польза от магического влияния талисмана.

Индивидуальный заказ и разработка.

А также книги, фильмы, статьи, которые вы можете найти на сайте Дмитрия Невского.

В интернете   www.nevskiy.name

Тел. 495-796-3495

Дмитрий Невский

ТАРО И ПСИХОЛОГИЯ. ПСИХИЛОГИЯ И ТАРО ТЕОРИЯ, ПРАКТИКА, ПРАКТИЧНОСТЬ

Верстка: Владимир Странников

Издательство Медков С. Б.
E-mail: Medkovs@yandex.ru
Оптовые заказы: Medkovs@yandex.ru, тел. 8-968-527-82-86

Подписано в печать 20.11.13. Формат 60x90/16.
Бумага офсетная. Печать офсетная.
Гарнитура «Таймс». Усл. печ. л. 20.
Тираж 500 экз. Заказ №   .